ÉTUDES

SUR

L'HISTOIRE DE PRUSSE

OUVRAGES DU MEME AUTEUR

PUBLIES PAR LA LIBRAIRIE HACHETTE ET Cie

La jeunesse du Grand Frédéric, 2e édition. 1 vol. in-8, broché . . . . 7 fr 50

Le Grand Frederic, avant l'avènement. 1 vol in-8. broché. . . . . . 7 fr 50

Etude sur l'une des origines de la monarchie prussienne, ou la marche de Brandebourg sous la dynastie ascanienne; 2e édition. 1 vol. in-8, broché . . . (epuise)
 Ouvrage couronné par l'Académie française

Essais sur l'Allemagne impériale; 2e édition. 1 vol. in-16. broché. . . . . 3 fr. 50

Coulommiers — Imp. PAUL BRODARD — 364 96

ÉTUDES

SUR

L'HISTOIRE DE PRUSSE

PAR

ERNEST LAVISSE

Ouvrage couronné par l'Académie française

QUATRIÈME TIRAGE

PARIS
LIBRAIRIE HACHETTE ET Cie
79, BOULEVARD SAINT-GERMAIN, 79

1896

ÉTUDES
SUR
L'HISTOIRE DE PRUSSE

AVANT-PROPOS

Les études réunies dans ce volume sont des morceaux détachés de l'histoire de Prusse, et je voudrais montrer en quelques pages ce qu'elles peuvent apprendre au lecteur sur cette histoire.

La Prusse est un *État* allemand fondé hors des frontières d'Allemagne. Cette définition explique une grande partie de sa destinée. Elle distingue la Prusse de l'Autriche, qui est, non pas un *État*, mais une réunion de principautés et de royaumes produite par des accidents, et de l'ancienne Allemagne, qui était une région politique sans-contours déterminés, et dont les frontières, comme une draperie flottante, tantôt recouvraient et tantôt découvraient une partie du sol français, italien et slave. L'Autriche a laissé subsister en elle les différences de races ; l'Allemagne, les différences de provinces et la variété des gouvernements ; au lieu que toutes les parties de l'État prussien, si disséminées qu'elles fussent, ont été de bonne heure réunies en une communauté ayant ses intérêts généraux : le chef y exerçait la souveraineté, non point comme seigneur du territoire, mais comme dépositaire de la puissance publique.

En Prusse, toutes les forces ont été disciplinées et pliées au service de l'État. Jamais l'Église catholique elle-même n'a été indépendante en Brandebourg ni dans la vieille Prusse, pas même au temps où elle gouvernait le reste du monde. Après la Réforme, les Églises nouvelles ont été les servantes de l'État, et certains recueils officiels de prières où le roi est traité à peu près comme Dieu, et les princes et les princesses comme des saints, montrent bien l'existence d'un christianisme à l'usage du roi de Prusse. L'État, il est vrai, a mérité le culte dont il est l'objet. S'il sait exactement les devoirs de tous envers lui, il connaît les siens et les remplit. Il n'est point absorbé dans le prince : il est au-dessus de lui, et c'est un mot très remarquable que celui du roi Frédéric-Guillaume Ier : « Je suis le ministre de la guerre et des finances du roi de Prusse. » Ce roi de Prusse idéal, perpétuel, dont les rois qui se succèdent sont les ministres, c'est-à-dire les serviteurs, c'est l'État. Jamais roi n'a été mieux servi.

Si la Prusse a prévalu sur l'Autriche et sur l'Allemagne, c'est parce qu'elle a été un État. Une des plus importantes questions que puissent étudier l'historien et le politique est donc celle-ci : Comment la Prusse est-elle devenue un État ? Il faut, pour y répondre, creuser fort avant dans le passé. L'État prussien moderne date du xviie siècle, du jour où le grand électeur mit le même uniforme sur le dos de ses soldats des duchés rhénans, du Brandebourg et de la Prusse, et plaça au-dessus des états provinciaux et des privilèges de chacun de ces pays une administration centrale qui représenta la patrie prussienne; mais le Brandebourg et la Prusse étaient déjà de vrais États au moyen âge, alors qu'ils vivaient, le premier sous le gouvernement des margraves de la maison ascanienne, le second sous le commandement des chevaliers teutoniques, et que ni l'un ni l'autre ne connaissait les Hohenzollern. L'Europe était alors dans la période féodale ; partout les droits attachés à la propriété du sol étouffaient la puissance publique, qui faisait effort pour s'en dégager ; et déjà en Brandebourg et en Prusse il y avait un souverain qui gouvernait.

La Prusse et le Brandebourg ont vécu sous ce régime parce qu'ils ont été des colonies du peuple allemand, et il faut renoncer à comprendre l'histoire de la Prusse, si l'on ne connaît point ce fait ou qu'on en mesure mal l'importance.

Pour tous les peuples, les voisins sont des ennemis, et les frontières, des champs de bataille : le Germain a été l'ennemi du Slave, son voisin de l'est. Il l'a combattu en quelques grandes rencontres, pendant le temps très court où l'Allemagne du moyen âge a joui d'une sorte d'unité politique ; mais il l'a vaincu, repoussé, exterminé, par l'effort quotidien, quelque peu désordonné, des marchands, des chevaliers, des moines et des paysans allemands, qu'attiraient en pays slave l'ardeur du prosélytisme, l'amour des aventures et la passion du gain. Les villes,

les monastères et les châtellenies furent comme les cadres naturels où entra cette migration ; mais les colonies allemandes n'auraient pas duré si elles n'avaient trouvé deux cadres plus larges et plus solides : sur la rive droite de l'Elbe, l'État militaire des margraves de Brandebourg; sur la rive droite de la Vistule, l'État militaire des chevaliers teutoniques. Le Brandebourg et la Prusse se sont donné des institutions spéciales et qui ne ressemblaient point à celles de l'Allemagne, parce que ces deux États ont été des créations et non des pousses naturelles abandonnées à la liberté de la croissance ; parce qu'ils ont été fondés chez l'ennemi, en face de l'ennemi; parce que les colonisateurs de ces deux territoires ont été, non point des peuples ou des fractions de peuples, apportant avec eux leurs lois antérieures, mais des individus détachés de tous les cantons de l'Allemagne, et qui ont accepté sur la terre conquise des lois appropriées aux besoins de cette terre.

Cinq chapitres de ce volume sont consacrés à ces lointaines origines de l'État prussien, les deux premiers à l'histoire de la Marche de Brandebourg jusqu'au XIVe siècle; du Brandebourg, c'est-à-dire de ce pays de déserts et de marécages, mais situé à mi-chemin de la Baltique et de la chaîne silésienne, entre l'Elbe, tributaire de la mer du Nord, et l'Oder, tributaire de la Baltique, et dont le réseau fluvial semble dessiné pour établir des communications entre l'Elbe et le Niémen. Ce pays n'est couvert, mais aussi n'est contenu par aucune frontière ; il est menacé de toutes parts, mais il peut s'étendre de tous les côtés : un peuple s'y est formé, mêlé de Slaves et d'Allemands de toutes les régions, propre à recevoir sans cesse des éléments étrangers, pauvre et endurci par la pauvreté, patient, tenace comme le pin des sables de Brandebourg, vaillant à la peine et opiniâtre à en garder le fruit.

Dans les troisième, quatrième et cinquième chapitres, on a essayé de retracer à grands traits les destinées de la corporation chevaleresque allemande. Les chevaliers teutoniques ont fait sur la rive droite de la Vistule la même œuvre que les margraves de Brandebourg sur la rive droite de l'Elbe ; ils ont été, bien loin du corps de bataille, une avant-garde allemande, exposée aux efforts de l'ennemi et dont l'histoire a le dramatique intérêt d'une lutte perpétuelle entre deux races.

Il est vrai que, lorsque les Hohenzollern sont devenus margraves de Brandebourg au xv⁰ siècle et ducs de Prusse au xvii⁰, la Marche n'était plus ce que les margraves ascaniens l'avaient faite, ni la Prusse le riche pays bien ordonné du beau temps des chevaliers; mais les institutions anciennes n'avaient pas si complètement disparu qu'il n'en restât de fortes traces; puis, malgré la différence des temps, la condition du pays et du peuple qui l'habitait était demeurée la même : le pays avait les mêmes ennemis; sa sécurité, son existence n'étaient pas plus assurées ; il était toujours réduit à trouver sa force en lui-même, son salut dans ses institutions et dans la discipline. Le prince avait beau ne point savoir peut-être les noms des margraves ascaniens et ne point se souvenir des chevaliers : il faisait ce qu'avaient fait les margraves et les grands maîtres; et les chapitres sixième et septième de ce volume, où il est parlé des Hohenzollern colonisateurs, montreront que l'État des Hohenzollern a été, avec des moyens meilleurs et des idées plus nettes, le continuateur des margraves et des chevaliers.

L'histoire de la fondation de l'Université de Berlin est le sujet de la dernière étude, où l'on trouvera quelques traits essentiels de l'histoire de la Prusse. L'Université de Berlin a été créée au temps où la Prusse semblait sur le point de mourir moins encore de sa défaite que des défauts de sa constitution. Un régime politique où l'individu est un instrument au service de l'État qui lui prend toute son âme, procure au prince pendant un certain temps des forces extraordinaires ; mais il tarit à la fin la source vive de toute force, qui est la valeur morale des individus. Les intelligences et les volontés, après qu'elles se sont employées à la construction de cette belle machine de l'État qui sait tout et peut tout, se reposent sur lui du soin de tout savoir et de tout faire, et s'il arrive que quelque coup imprévu brise ou même dérange le mécanisme, l'individu éperdu ne sait où se prendre pour résister, ni comment il faut faire pour continuer de vivre. Iéna fut ce coup imprévu, mais cette grande journée ne fit que prouver la supériorité du génie militaire de Napoléon : l'effondrement de l'État prussien qui la suivit montra que la machine était vermoulue.

Ce fut une noble idée que de vouloir relever un État par la création d'une École. Elle fut vite comprise par le roi de Prusse ; car les Hohenzollern, qui connaissent le prix de toutes les forces, n'ont point dédaigné les forces intellectuelles. Ils ont eu cette bonne fortune que celles-ci se sont mises à leur service, comme la religion. La tolérance religieuse, cette première forme de la liberté de l'esprit, a été une des maximes de leur gouvernement, et le lecteur verra dans ce livre l'énorme profit qu'ils en ont tiré. Ils n'ont pas eu à souffrir même de la libre pensée, qui est née très vite en Prusse de l'examen de l'Écriture, et il est remarquable que le rationalisme ait fait en ce pays bon ménage avec le pouvoir absolu. C'est que le rationalisme s'est reconnu dans ce gouvernement rationaliste : Pufendorff, Thomasius, Wolf, Kant, Fichte, Hegel, ont trouvé réalisée dans la monarchie prussienne l'idée spéculative de l'État. Pourtant la Prusse n'était pas capable à elle seule de ranimer l'Allemagne à un foyer intellectuel. Elle n'avait point pris part au mouvement littéraire du xviiie siècle. Toute l'intelligence prussienne était requise pour le service public. Au lieu qu'en France, en Angleterre, en Italie, de grands noms nobles brillent sur la liste des écrivains et des érudits, la noblesse prussienne n'a produit que des soldats, des administrateurs et des diplomates. La bourgeoisie n'a guère fourni que des marchands et des employés. C'est dans les petits pays allemands que se rencontrent les érudits, les poètes, les écrivains et les artistes. Là, l'esprit n'était point discipliné à la prussienne; les misères d'une vie politique sans grandeur n'étaient point capables de le contenir, et il s'élevait, d'un élan naturel, vers les hautes régions. Il s'y est égaré : il a perdu la terre de vue pour conquérir, comme a dit un Allemand, l'empire de l'air; mais c'était beaucoup que d'avoir reconstitué un empire allemand, même dans les nuages, et le temps vint où les hommes, pénétrés de cette haute culture et de l'orgueil qu'elle fait lever dans les âmes, se sentirent atteints par l'humiliation de leur patrie et résolurent de faire contribuer l'esprit à son relèvement. Ils s'adressèrent alors au pays qui avait la force, c'est-à-dire à la Prusse; ils mirent dans ce corps robuste l'âme allemande et, par la fondation de l'Université de Berlin, consommèrent cette redoutable alliance de la force militaire prussienne et de l'esprit national allemand, qui a relevé la Prusse et l'Allemagne, vaincu l'Autriche et vaincu la France.

L'établissement de cette grande école est donc un des plus importants épisodes des relations de l'État prussien avec l'Allemagne. Il convient de dire ici un mot de ces relations. La Prusse a ses flatteurs, comme tous les victorieux; ils n'ont pas manqué de dire que le principal et constant souci des Hohenzollern a été de mettre leur puissance au service de l'Allemagne, et ils attribuent à la Prusse une « mission allemande », mais toute l'histoire proteste contre cette flatterie. Sans doute la Prusse a reculé vers l'Orient les frontières de l'Allemagne, et ses électeurs et ses rois sont admirables, comparés aux princes du centre et de l'ouest, gens naïvement égoïstes et superbes, et qui considéraient l'État comme un instrument tout exprès inventé pour leur commodité personnelle. Le petit potentat allemand qui vendait ses sujets au roi Georges d'Angleterre pour être expédiés comme chair à canon en Amérique, fait un contraste instructif avec son contemporain Frédéric II, qui achetait des sujets, pour ainsi dire, en distribuant aux colons appelés en Prusse de l'argent et des terres. L'un déshonorait l'Allemagne, l'autre l'honorait et l'agrandissait; mais il y a de la malhonnêteté à prétendre que les créateurs de la Prusse aient jamais songé à travailler pour la gloire et le profit de l'Allemagne. Rome fut jadis en Italie, comme la Prusse en Allemagne, une terre d'asile; elle prit ses citoyens d'abord parmi les tribus voisines, puis dans toute l'Italie, comme la Prusse a pris ses sujets, d'abord dans les cantons voisins, puis dans toute l'Allemagne; Rome a formé de ces éléments divers l'État romain, création artificielle, comme l'État prussien; mais Rome ne s'est jamais vantée d'avoir vécu et travaillé pour l'Italie : elle a vécu de l'Italie, non pour elle, comme la Prusse a vécu de l'Allemagne, non pour l'Allemagne.

Il est vrai toutefois que, depuis longtemps, cet État, qui avait la force et une politique, a été l'objet d'une admiration où il y a de la fierté, de la part de tous les Allemands dont l'impuissance politique de l'Allemagne offensait l'orgueil et le patriotisme. Après la guerre de Trente ans, quand l'Allemagne est déshonorée, ruinée, annulée, ce qui reste de patriotes allemands regarde faire avec joie le grand électeur. Au siècle suivant, les exploits du grand Frédéric — c'est Gœthe qui le dit — ont éveillé la poésie allemande. Au commencement de ce siècle enfin, l'Allemagne vaincue par Napoléon attend son salut de la Prusse, et vers elle accourent le Nassovien Stein, les Hanovriens Hardenberg et Scharnhorst, le Mecklembourgeois Blücher, le Saxon Gneisenau, tous les hommes de bonne volonté, hommes d'épée ou hommes d'idées. Alors est fondée l'Université de Berlin, et c'est un honneur pour la Prusse que d'avoir été choisie comme le seul terrain où pût prospérer cette œuvre allemande.

Comme l'objet de cet avant-propos est d'introduire auprès du lecteur les chapitres de ce volume, et de les encadrer, pour ainsi dire, dans l'histoire de la Prusse, il doit s'arrêter où finit le dernier chapitre. Tout le monde sait d'ailleurs comment la grande espérance que le peuple allemand avait mise dans la Prusse en 1813 a été trompée; les défaillances du gouvernement prussien après les victoires de ses armées; le retour à la politique égoïste; les colères que cette trahison a soulevées en Allemagne et même en Prusse. La bonne volonté du peuple allemand ne s'est point lassée pourtant, et le parlement germanique n'a rien imaginé de mieux, dans la tourmente de 1848, que d'offrir le sceptre impérial au roi de Prusse; mais le roi de Prusse l'a refusé, et la révolution allemande a été châtiée par lui. Ceux-là mêmes qu'il a châtiés ont continué d'espérer en lui; un grand parti, répandu dans toute l'Allemagne, lui a demandé de faire l'unité de la patrie allemande : il l'a faite, mais ce parti vient de se dissoudre, après avoir subi d'amers déboires. Les représentants de l'Allemagne réunis dans le *Reichstag* s'efforcent en vain de se faire prendre au sérieux en cette qualité de représentants de l'Allemagne, et il est trop clair que la vocation allemande de la Prusse n'a eu pour effet que de mettre la patrie allemande sous l'hégémonie prussienne.

C'est une grande question que de savoir si l'entente définitive est possible entre l'esprit prussien et l'esprit allemand, produits très différents de deux histoires qui ne se ressemblent pas. Elle se débat sous nos yeux. *Sub judice lis est.* On n'en pourrait donner tous les éléments que dans une sorte de philosophie des histoires d'Allemagne et de Prusse, que nous entreprendrons peut-être un jour, après l'achèvement de travaux depuis longtemps commencés. C'est une œuvre difficile que d'apprendre une histoire étrangère. On a beau y mettre la bonne foi, qui est l'envie de trouver la vérité, et la patience dans les recherches. qui est le moyen de la rencontrer; on a beau aller voir de ses yeux tourbillonner sous le vent les sables du Brandebourg et la Vistule couler aux pieds des vieux châteaux teutoniques : on n'a point vécu de la vie de ce peuple, dont on prétend raconter l'histoire. Les traces profondes que le passé a laissées dans le présent, on ne les voit point du premier coup d'œil à l'étranger. Chacun de nous a dans son âme française un secret instinct qui le guide à travers les temps où il recherche l'histoire de la France, parce que l'âme française a été formée par cette histoire. Si faible que soit la lueur, quand on arrive aux siècles éloignés, elle dissipe l'obscurité : mais une histoire étrangère demeure toujours obscure ; malgré soi, on la compare sans cesse à celle de son pays; on ne la connaît point à fond, en elle-même; on l'éclaire par des reflets.

Du moins, nous avons suivi cette règle de ne rien écrire sur l'histoire de la Prusse qui ne fût vrai au jugement de notre conscience. Il ne faut pas chercher dans ces études une parole haineuse ni un mot injuste. Que ceux qui ont envie de porter la passion et la partialité dans l'histoire de l'Allemagne lisent les élucubrations de certains Allemands, qu'on appelle mangeurs de Français, sur l'histoire de la France ; le spectacle de la grossière ivresse de ces ilotes les dégoûtera pour jamais de l'imitation. L'histoire de la Prusse est d'ailleurs un sujet où nous avons le devoir de ne pas nous tromper : ici l'erreur serait presque un crime. Et, pourquoi ne point admirer ce qui est admirable en Prusse? C'est une belle histoire que celle d'une nationalité factice créée par des princes avec l'aide de bureaux où a travaillé l'administration la plus laborieuse du monde. C'est une belle œuvre que d'avoir formé ce peuple prussien, habitué à l'ordre, à l'économie, à l'obéissance, instrument docile et fort d'un gouvernement qui a su, mieux qu'aucun autre en Allemagne, penser et vouloir. Mais c'est une belle histoire aussi que celle d'une longue vie nationale, animée d'une foule de passions, où l'on sent à travers les fortunes diverses, aux heures de folie et aux heures de raison, aux heures de lassitude et aux heures d'héroïsme, un homme, le Français, à l'esprit mobile, ouvert, généreux, et qui a tant agi et tant pensé que ses actes et ses idées ont profité à ses ennemis. Dénigrer par envie ou par ressentiment l'histoire de la Prusse, c'est faire outrage à la nôtre.

LIVRE PREMIER

LES
PRÉDÉCESSEURS DES HOHENZOLLERN
EN BRANDEBOURG

LA FONDATION
DE LA
MARCHE DE BRANDEBOURG

Une opinion nouvelle sur les origines de l'État prussien.

Il n'y a pas longtemps encore qu'on attribuait la fortune de l'Etat prussien aux vertus héréditaires de la maison des Hohenzollern et au génie de deux princes : le grand-électeur Frédéric-Guillaume et le grand roi Frédéric II ; mais depuis que cet État est arrivé au point où nous le voyons, son histoire, telle qu'elle avait été comprise jusqu'ici, ne suffit plus aux historiens allemands. Pour porter l'édifice de la grandeur prussienne, les qualités de quelques hommes leur paraissent une base étroite, et ils ne veulent plus que la fortune de la Prusse date seulement de deux siècles et demi, de peur qu'on ne croie que la rapidité de sa croissance la condamne à un dépérissement aussi rapide. Ils vont donc chercher les véritables origines de la monarchie prussienne jusque dans cette lointaine et obscure période du moyen âge, où la race allemande colonise la région slave et lithuanienne des bords de l'Elbe, de l'Oder et de la Vistule. C'est ainsi qu'un illustre écrivain, M. Léopold Ranke, vient d'ajouter à ses neuf livres de l'*Histoire de Prusse* des chapitres où il explore cette vieille histoire, en s'excusant de l'avoir dédaignée jusqu'ici [1]. Qu'il ait été guidé dans cette recherche rétrospective par un intérêt patriotique, peu importe, s'il a rencontré la vérité. Or il l'a rencontrée, et le titre qu'il donne au premier volume de son ouvrage, *Genèse de l'État prussien*, est bien trouvé ; très lente et laborieuse a été la genèse de cet État, et il a fallu, pour qu'il naquît, que la race allemande livrât, hors du domaine de l'Allemagne, un combat acharné, plusieurs fois séculaire.

Ces origines de l'État prussien, qui n'avaient guère intéressé jusqu'ici que quelques érudits, ou des sociétés savantes de Berlin et de Kœnigsberg, méritent la tardive curiosité qu'elles éveillent. Elles ne ressemblent pas aux origines de la plupart des États de l'Europe ; quel contraste, par exemple, avec celles de la France ! La France était prédestinée : je veux dire que le pays compris entre

---

1. Ranke, *Genesis des Preussischen Staates*. Leipzig, 1874.

l'Océan, les Pyrénées, la Méditerranée, les Alpes et le Rhin était fait pour recevoir une nation. Si haut que l'on remonte dans l'histoire, on y trouve une vie nationale : les Gaulois étaient un peuple distinct de leurs voisins; quand les Romains conquirent la Gaule, ils en formèrent une circonscription administrative spéciale, et en respectèrent l'intégrité; c'est sur la Gaule entière que prétendirent régner les Mérovingiens et les Carolingiens; ce sont enfin les frontières de la Gaule que les Capétiens s'efforcèrent d'atteindre dès qu'ils purent sortir de l'Ile-de-France. Où trouver, au contraire, un cadre naturel à la monarchie prussienne ? Au siècle dernier, elle s'allongeait, comme une chaîne à plusieurs endroits brisée, du Niémen au Rhin. Aussi les mots qu'emploie d'ordinaire en France la langue de l'histoire et de la politique ne peuvent-ils servir pour parler de la Prusse : il n'y a pas de nation prussienne, il y a un État prussien; encore le terme n'est-il pas exact, car la Prusse n'est qu'une des parties de l'État. Faute de les pouvoir nommer toutes dans un titre commun, on dit d'ordinaire *État brandebourgeois-prussien.*

La marche de Brandebourg et le duché de Prusse sont, en effet, les deux parties principales de la monarchie prussienne. Elles n'ont été réunies qu'au XVII⁰ siècle; mais leur histoire a plus d'un point de ressemblance, car le Brandebourg est un pays slave dont la conquête a été faite aux XII⁰ et XIII⁰ siècles par des margraves allemands de la maison ascanienne, et la Prusse est un pays lithuanien, conquis au XIII⁰ siècle par l'ordre allemand des Chevaliers teutoniques. Héritiers des margraves et des chevaliers, les Hohenzollern doivent beaucoup aux uns et aux autres, mais surtout aux margraves. C'est comme ducs de Prusse qu'ils sont devenus rois, mais c'est comme électeurs de Brandebourg, qu'ils ont grandi au milieu du corps germanique et qu'ils en sont devenus les maîtres; enfin, c'est dans la Marche qu'ils ont trouvé la tradition de cette autorité singulière, à la fois militaire et patriarcale, qu'ils ont étendue ensuite sur les divers pays soumis à leur domination, et qui en a été le lien solide.

Le pays de Brandebourg. — Slaves et Allemands des bords de l'Elbe.

Le Brandebourg est une des plus tristes régions de la triste plaine de l'Allemagne du nord. La Havel et la Sprée en sont les deux grandes rivières, et si les cours d'eau sont, comme dit Pascal, de grands chemins qui marchent, ceux-ci sont bien tracés, car ils partent des extrémités du pays pour arriver au centre, et de là se diriger vers l'Elbe, qui mène à la mer; mais que ces chemins brandebourgeois marchent mal ! Dès qu'elle entre dans la province, la Sprée, qui ne trouve plus de pente, semble s'arrêter; elle se partage en petits bras, qui coulent à moitié endormis entre des prairies et sous des bois d'aunes. Le courant de la Havel s'affaiblit en s'épanchant dans un grand nombre de lacs. Du moins ces imperfections ont leur charme : les bois, les étangs où se reflètent les grands nuages du ciel septentrional reposent l'œil du voyageur que fatigue l'aridité de cette terre, et les rares collines qu'on rencontre au bord des rivières rompent la monotonie de la plaine. Ailleurs on se croirait, l'été, transporté dans le Sahara. Ce n'est pas sans raison qu'on appelle le Brandebourg « la sablière de l'Allemagne »; telle petite ville y est enveloppée, quand le vent est fort, par des tourbillons de sable; le vent apaisé, il faut dégager les portes obstruées des maisons, et balayer les rues, où le sable monte jusqu'au genou. Sur le plateau de Fläming, les habitants reçoivent de l'autorité municipale une ration d'eau quotidienne, mesurée parcimonieusement. Au matin, dans chaque village, on se réunit autour de la fontaine; le bourgmestre arrive avec les clefs, fait la distribution et referme soigneusement les portes du trésor.

La lumière de l'histoire se lève tard sur ce pays déshérité. Au début de l'ère chrétienne, il est occupé par des Germains qui l'abandonnent pour se diriger vers le sud et vers l'ouest, quand la grande migration des peuples, que nous appelons l'invasion des barbares, se répand sur les provinces de l'empire romain. Alors les Slaves, qui habitaient la rive droite de la Vistule, s'avancent et prennent possession des terres abandonnées jusqu'à l'Elbe, qu'ils dépassent par endroits. Entre l'Elbe et l'Oder, on les appelle les Wendes, et ils sont divisés en trois groupes : Obotrites dans le Mecklembourg, Wiltzes dans le Brandebourg, Sorabes en Lusace et en Misnie. Placés à l'avant-garde du monde slave, les Wendes occupent un poste de combat en face de l'Allemagne du nord.

C'est à la faveur de l'invasion que les Slaves avaient fourni, presque sans lutte, cette longue marche en avant : leurs progrès s'arrêtèrent le jour où elle s'arrêta, c'est-à-dire quand des peuplades germaniques, parmi lesquelles étaient les Francs, eurent pris au ve siècle possession définitive de la Gaule, dont elles défendirent les frontières contre les nouveaux arrivants. Les Francs sont ainsi mêlés à la plus ancienne histoire de ce pays transalbin où naîtra la Prusse. Ce sont eux qui, après avoir arrêté sur le Rhin les dernières bandes d'envahisseurs, attaquent la Germanie pour lui imposer leurs lois et la foi chrétienne : les Mérovingiens commencent l'œuvre, que les Carolingiens achèvent, et dès que

Charlemagne a soumis les Saxons et reculé jusqu'à l'Elbe les limites de son empire, il guerroie contre les Wendes, qu'il oblige au tribut. Si la mort ne l'eût pas arrêté, il aurait fait entrer de force ces païens dans la communauté chrétienne, dont il était le chef laïque; mais il n'eut que le temps d'armer contre eux la frontière orientale de l'Allemagne, le long de laquelle il échelonna les *marches*. C'étaient de petits États organisés pour l'offensive : combattre les Wendes, exiger d'eux le tribut, appuyer par la force la prédication chrétienne, tel était l'office de leurs chefs, qu'on appelait *margraves*, c'est-à-dire comtes de la frontière, et qui étaient les sentinelles avancées de l'empire chrétien.

Il était inévitable qu'à la mort de Charlemagne la lutte s'engageât, sur les rives de l'Elbe, entre les deux races et les deux religions ennemies. Elle dura plusieurs siècles. Les Slaves valaient peut-être les Germains du temps de Tacite, mais ils n'étaient point de force à lutter contre les Allemands civilisés et organisés par la conquête franque. Ils furent pendant longtemps protégés par diverses circonstances : la faiblesse et l'impuissance des successeurs de Charlemagne, les guerres intestines et les invasions des Normands et des Hongrois qui désolèrent l'empire. Les margraves défendirent mal les postes où ils étaient comme oubliés, et l'Elbe demeura la frontière mal assurée de l'Allemagne mal unie. Un moment, il sembla que l'œuvre de Charlemagne allait être reprise, quand le danger réveilla le sentiment national et que le duc de Saxe, Henri l'Oiseleur, fut élu roi allemand [1]. Les Hongrois furent repoussés, les Wendes vigoureusement attaqués, et même en grande partie convertis et soumis. Sous Henri et sous son successeur Otton, la prédication accompagna la conquête ; missionnaires et margraves se donnèrent la main ; des évêchés furent fondés en même temps que des forteresses. Magdebourg fut érigée en métropole des pays slaves, où Otton voulait qu'elle reprît le rôle si bien joué en Germanie par Mayence ; Brandebourg et Havelberg devinrent des sièges épiscopaux. Quelques années de plus auraient suffi pour faire entrer les Wendes dans le royaume de Germanie ; mais Otton prépara de ses mains la destruction de son œuvre. En relevant, pour la placer sur sa tête, la couronne impériale tombée au pouvoir des petites maisons italiennes [2], il s'abandonna au rêve irréalisable de la domination universelle. Il sentit la première atteinte de la passion pour l'Italie qui perdit ses successeurs. Ceux-ci veulent dominer Milan, la reine des cités lombardes, et Rome, la ville éternelle devenue la ville sainte : ils sont rois de Naples et convoitent la

---

1. En 919.
2. En 962.

couronne des successeurs de Constantin, afin de réunir les deux empires jadis séparés par Théodose. Que leur importe l'obscur combat qui se poursuit au delà de l'Elbe? Les margraves sont écrasés, et la frontière, à la suite d'une grande révolte qui éclate sous le successeur d'Otton, est reportée de l'Oder à l'Elbe [1]. Tous les dieux de la mythologie slave, ceux qui habitent des temples et portent leurs noms inscrits sur le piédestal de leurs statues, ceux dont on ne sait pas les noms, mais qui se manifestent par le bruissement des feuilles du chêne ou le murmure des sources, reprennent au xie siècle possession du pays d'où les ont chassés Notre-Dame de Magdebourg et l'enfant Jésus.

Le paganisme wende trouvait un appui naturel dans le paganisme du reste des Slaves, qui était à peine entamé, et dans celui des Scandinaves, qui était intact. Le temple d'Upsala était alors le centre d'un empire de pirates. Danois et Normands faisaient retentir le chant des scaldes sur toutes les mers et sur toutes les côtes du nord; ils visitaient l'Islande au même temps que la Russie, menaçaient Michel l'Ivrogne dans Constantinople et le duc de France dans Paris; mais surtout ces fidèles d'Odin faisaient une guerre persévérante aux Germains

---

[1]. En 983, l'année qui suivit la défaite essuyée dans l'Italie méridionale par Othon II, à Basentello.

apostats; les coups qu'ils frappaient sur l'Elbe inférieur répondaient aux coups que frappaient les Wendes sur l'Elbe moyen.

Il faut bien dire aussi que le christianisme s'offrait aux Slaves sous les plus tristes couleurs. Les Allemands ont été fort inhabiles à prêcher la parole de miséricorde et de charité : ils n'ont pas donné au monde un seul grand apôtre, et les quelques missionnaires zélés dont on pourrait dire les noms ont été contrariés dans leur œuvre par les princes leurs compatriotes. Les chroniques allemandes s'accordent à flétrir l'avarice et la cruauté des margraves, ducs et comtes de la frontière. « Les princes allemands, dit Helmold après le récit d'une victoire, se partagèrent le butin; mais de christianisme il ne fut pas fait mention. On voit par là l'insatiable avidité des Saxons : entre toutes les nations, ils excellent aux armes et à la guerre, mais ils sont toujours plus enclins à augmenter les tributs qu'à conquérir des âmes au Seigneur, *proniores tributis augmentandis quam animabus Deo conquirendis...* » Avant Helmold, Adam de Brême avait dit : « L'âme des Saxons est plus portée aux exactions qu'aux conversions. » Avant Adam de Brême, Dithmar de Mersebourg avait reproché aux Allemands la barbare coutume de diviser après la victoire les familles de leurs prisonniers pour les vendre comme esclaves, car le prisonnier wende était un des objets du commerce germanique avec l'Orient. Enfin, un de ces vieux écrivains met dans la bouche d'un chef slave parlant à un évêque allemand cette harangue, qui fait penser à celle du paysan du Danube : « Nos princes d'Allemagne nous accablent d'une telle sévérité, les impôts et la servitude sont si lourds, que nous préférons la mort à la vie. Tous les jours, on nous pressure jusqu'à nous faire rendre l'âme. Comment voulez-vous que nous remplissions les devoirs qui nous sont imposés par la religion nouvelle, nous que tous les jours on contraint à la fuite ! Si seulement il y avait un lieu où l'on pût chercher un refuge ! Mais à quoi bon passer la Trawe ? Les mêmes malheurs nous attendent au delà de cette rivière. Ils nous attendent au delà de la Peene. Il ne nous reste plus qu'à nous confier aux flots de la mer et à vivre sur l'abîme... »

Rien de plus monotone ni de plus lugubre que l'histoire des événements qui se succèdent à la frontière orientale de l'Allemagne du nord, depuis la révolte qui a suivi la mort d'Otton le Grand. Les Sorabes, il est vrai, demeurent soumis aux margraves de Misnie ; mais les Wiltzes et les Obotrites défendent avec une admirable obstination leurs dieux et leur liberté, jusqu'à ce qu'il se présente, au début du xiie siècle, un concours de circonstances qui leur est fatal. Presque partout autour d'eux le paganisme a été vaincu par les efforts de la prédication chrétienne; les Danois convertis sont désormais les propagateurs zélés de la foi qu'ils ont si longtemps combattue; les Tchèques et les Polonais ont reçu le baptême : l'influence chrétienne pénètre donc chez les Wiltzes et les Obotrites de tous les côtés à la fois. Les Obotrites cèdent les premiers : il est remarquable que la résistance ait duré le plus longtemps chez les Wiltzes, c'est-à-dire dans le Brandebourg. Le sable de cette plaine a bu bien du sang; bien du sang a rougi les lacs de la Havel et les canaux du Spreewald avant qu'une conquête définitive posât sur la rive droite de l'Elbe la première pierre de la monarchie prussienne.

Avènement des Ascaniens.

En face des Wiltzes veillaient sur le territoire allemand les margraves du nord, comme les ducs de Saxe en face des Obotrites, et les margraves de Misnie en face des Sorabes. Placé entre eux, mais bien moins puissant qu'eux, le *marchio aquilonalis*, comme on appelait le margrave du nord, gouvernait une étroite bande de territoire, sur la rive gauche de l'Elbe, entre l'embouchure de l'Ohre et celle de l'Aland, deux petits affluents du grand fleuve. Il n'était pas de taille à contenir ses turbulents voisins, et son nom n'est guère associé qu'au souvenir de désastres subis par les armes allemandes, jusqu'au jour où l'empereur Lothaire II donna l'investiture de la Marche au comte ascanien Albert l'Ours. C'était en 1134. L'avènement des Ascaniens doubla la force de la Marche, car cette famille possédait sur les dernières pentes orientales du Harz nombre de fiefs et des châteaux forts; parmi ces châteaux était celui d'Aschersleben, appelé en latin *Ascaria* et par corruption *Ascania*, d'où est venu le nom qu'Albert l'Ours et ses successeurs ont illustré.

Albert fut un des plus rudes batailleurs d'un temps fertile en héros. Il prodigua les coups d'épée sur le chemin de Rome, en compagnie de Lothaire et de Barberousse, dans ces singulières expéditions où les chefs du Saint-Empire se frayaient une voie sanglante jusqu'à la basilique de Saint-Pierre; en Bohême, où il vit tomber tous les siens autour de lui, quand le duc Sobislav surprit dans la montagne et fit capituler l'armée allemande; en Saxe, où il disputa l'étendard ducal à Henri le Lion, cet autre héros du XIIe siècle; au delà de l'Elbe enfin, où il prit part à une croisade prêchée par saint Bernard contre les Wendes. Chose singulière pourtant, c'est par politique plutôt que par force que le margrave réussit à établir sa domination sur la rive droite de l'Elbe. Au pied d'une colline haute de 66 mètres, ce qui est une merveille en ce pays plat, entre les lacs formés par la Havel, et sous les bois qui en couvraient les rives, était caché Brandebourg, l'humble capitale d'une tribu des Wiltzes. Le petit prince qui y régnait — il avait nom Pribislaw — s'était fait chrétien, au milieu de ses sujets demeurés idolâtres ; il avait bâti une chapelle et fait quelques tentatives de prosléytisme. Pour être soutenu dans cette entreprise, qui n'était pas sans périls, il entra en relation avec Albert, qu'il fit son héritier. A la mort du Wende, le margrave, prévenu par sa veuve, prit possession de l'héritage, mais, distrait comme il était par mille soucis, il le garda mal. Une révolte éclata; il dut la réprimer : Brandebourg, assiégé l'hiver sur la glace de ses étangs et de ses fleuves, capitula quand le froid et la faim eurent fait tomber les armes des mains de ses défenseurs, et le margrave du nord, définitivement vainqueur, prit le titre de margrave de Brandebourg. C'est un événement que l'apparition de ce nom dans l'histoire : les ancêtres du roi de Prusse, empereur d'Allemagne, le portaient encore il y a moins de deux siècles.

Albert l'Ours, conquérant d'une ville slave, restaurateur des évêchés de Brandebourg et de Havelberg, jadis érigés par Otton le Grand et détruits aussitôt après lui, a toutes les apparences d'un héros chrétien et allemand : les historiens amis de la Prusse, qui attribuent à ce pays une mission allemande et chrétienne, n'ont pas manqué de s'y laisser prendre ; mais la vérité historique ne s'accommode pas de ces illusions volontaires. Ni l'Allemagne ni aucun État allemand n'a eu la volonté de continuer la tradition carolingienne. Un effort sérieux aurait eu raison des dernières résistances du paganisme wende, enveloppé, comme on a vu, par des États chrétiens, excepté au nord-est, où la Poméranie gardait le culte de ses idoles ; mais chez les Poméraniens et même chez les Wendes, les princes inclinaient vers le christianisme, par politique et pour sauvegarder leur indépendance. Tout fanatisme avait disparu du peuple ; comme les Romains aux derniers temps du paganisme, les Slaves sentaient que leurs dieux s'en allaient. Ils refusaient le martyre aux missionnaires les plus résolus à le chercher, témoin le moine espagnol Bernard. Bernard s'était aventuré en Poméranie, sans guide, sans escorte, et, dans son ferme propos de mourir pour le Christ, il se laissa emporter à toutes les ardeurs d'un zèle sacré. Les païens se contentèrent de se moquer de lui, montrant du doigt ses pieds nus, et disant que Dieu, dont il était l'envoyé, aurait bien dû lui faire cadeau de souliers. Un jour qu'il brisa une idole, ils le battirent ; puis, comme il continuait à prêcher, ils le mirent en barque sur l'Oder : « Si tu en as tant envie, lui dirent-ils, va-t'en sur mer prêcher aux poissons et aux oiseaux. » Bernard revint en Allemagne, vivant malgré lui. Sa tentative fut reprise par l'évêque Otton de Bamberg, que les Allemands appellent pompeusement l'Apôtre de la Poméranie ; mais c'est faire de lui à trop bon compte un héros de l'apostolat chrétien. Le prélat entreprend le voyage, accompagné d'un grand nombre de prêtres et suivi par un long convoi chargé de provisions de route. Le duc de Pologne lui donne des instructions et des guides. A la frontière, Otton trouve le duc de Poméranie lui-même, qui est venu au-devant de lui, et qui, à moitié chrétien, souhaite son succès. L'entrevue aux bords de la Netze fut curieuse ; à peine le prince aperçut-il l'évêque, qu'il le prit à part pour l'entretenir. Cependant l'escorte militaire du duc se trouvait en présence du cortège épiscopal ; la nuit tombait, la campagne était déserte et triste. Les Poméraniens s'aperçurent que les prêtres allemands étaient inquiets ; ils prirent à dessein des airs féroces : aussitôt les prêtres de s'agenouiller, de chanter des cantiques, de se confesser entre eux ; les soldats redoublent leurs menaces, tirent leurs couteaux, les aiguisent, et font le geste de scalper. Cette scène tragi-comique dura jusqu'à ce que l'entrevue fût terminée. Le duc Wratislaw vint rassurer lui même les compagnons d'Otton, qui aussitôt se mirent à prêcher ceux qui leur avaient fait si grand'peur [1]. Ces Poméraniens

---

1. Cette mission est de l'année 1127.

n'avaient pas l'étoffe de bourreaux, ni ces Allemands celle de martyrs.

A voir l'extrême facilité avec laquelle se faisaient ces missions, on s'étonne qu'elles n'aient pas été plus fréquentes. Il semble que le Brandebourg aurait dû avoir deux missionnaires attitrés : c'étaient les évêques de Brandebourg et de Havelberg, car ces évêchés avaient conservé des titulaires pendant tout le temps que leurs sièges demeurèrent aux mains des païens. Au temps d'Albert l'Ours, un de ces titulaires était Anselme de Havelberg, une des lumières de l'Église au xiiiᵉ siècle; mais quelle indifférence pour le troupeau infidèle qui lui était confié ! Anselme fut envoyé par le pape à Constantinople pour argumenter sur la question de savoir si le Saint-Esprit procède du Père seul ou bien du Père et du Fils tout ensemble. Quand Albert eut reconquis le diocèse, il fallut bien qu'Anselme habitât sa ville épiscopale : elle n'était point gaie ; l'évêque se mit à relire les œuvres des Pères ; il entretint une vaste correspondance avec ses amis, écrivit le récit de son ambassade théologique ; bref, il s'ennuyait, mais il disait aux siens : « Il vaut mieux être dans l'étable du Christ que devant le tribunal, entouré de Juifs qui crient : Qu'il soit crucifié ! qu'il soit crucifié ! » Et le prélat, qui préférait l'étable au calvaire, s'empressa, lorsque le pape l'eut élevé à l'archevêché de Ravenne, de quitter le poste militant et obscur où Albert l'Ours l'avait placé. Le margrave n'était pas plus zélé que l'évêque ; il a frappé ses plus rudes coups sur des Allemands, et sans nul doute, pour être duc de Saxe, il aurait donné avec joie tout son domaine transalbin et la gloire de gagner au paradis les âmes de tous les Slaves réunis. C'est seulement la suite des événements qui a décidé que l'acte le plus important de sa vie fût la prise de possession de quelques lieues carrées sur la rive droite de l'Elbe, et il a fallu toute la bonne volonté des historiens allemands pour transformer ce batailleur en champion de la Germanie et en apôtre du christianisme.

Progrès territorial de la Marche de Brandebourg.

Aucun État ne fut plus faible à son début ni plus menacé que ce petit État brandebourgeois à sa naissance. Qu'on se figure en effet un pauvre territoire à peu près égal en superficie au quart de la province actuelle de Brandebourg, placé sur les deux rives de l'Elbe, dans cette plaine de l'Allemagne du nord où il est impossible de se couvrir par aucune frontière naturelle, de sorte que les petits et les faibles semblent une proie désignée à l'appétit des grands et des forts. Il est vrai que le Brandebourg est bien situé pour s'agrandir : à l'est, dans le pays des Wendes, vaincus et désorganisés, l'espace s'ouvre devant lui, tandis que les États du centre de l'Allemagne sont pressés les uns contre les autres, que les Alpes arrêtent ceux du sud, et que la royauté capétienne menace ceux de l'ouest ; mais le duché de Saxe, l'archevêché de Magdebourg, la marche de Misnie sont aussi bien situés que le Brandebourg ; ils ont les mêmes ambitions et sont plus puissants que lui. Enfin il est impossible que les margraves fondent une véritable principauté tant que les successeurs de Charlemagne pourront, du haut du trône impérial, revendiquer sur les pays slaves leurs droits de souveraineté.

Par une fortune extraordinaire, les obstacles qui se dressaient devant le Brandebourg furent successivement écartés. Le Saint-Empire succomba au milieu du XIIIe siècle, dans la lutte qu'il engagea contre la papauté ; au lendemain de sa chute, la féodalité, dont il couvrait les progrès d'un voile transparent, apparut dans la plénitude de sa force, et l'Allemagne ne fut plus qu'une confédération anarchique de principautés et de villes. Avant l'Empire, le duché de Saxe avait disparu, ne laissant qu'un nom et un souvenir. Ce duché, qui s'étendait du Rhin à l'Elbe, était le plus redoutable adversaire du Brandebourg. Au temps d'Albert l'Ours, Henri le Lion y régnait : il était aussi duc de Bavière et possédait des fiefs considérables en Italie; sa principauté s'étendait de la Baltique à l'Adriatique. Pour l'agrandir encore, il avait porté la guerre sur la rive droite de l'Elbe, soumis les Obotrites, et appelé tant de colons dans leur pays que l'immigration allemande noya ce qui subsistait de la population slave. Les ducs de Poméranie et de Rugen reconnaissaient la suzeraineté « du prince des princes du pays », comme l'appelle un vieux chroniqueur, de celui « qui courbait le front des révoltés, brisait leurs forteresses et faisait la paix sur la terre »; mais un si grand État, debout au milieu de l'Allemagne déjà morcelée par la féodalité, s'accroissant tous les jours de la dépouille des faibles qu'il opprimait, provoqua une formidable coalition et fut brisé. La Bavière fut détachée de la Saxe, et la Saxe morcelée en une quantié de petits fiefs laïques et ecclésiastiques et en villes libres [1]; du même coup, ses entreprises sur le pays transalbin s'arrêtèrent, et une grande place devint vacante à la frontière orientale de l'Allemagne.

Cette place fut prise non par l'archevêché de Magdebourg, ni par la marche de Misnie, mais par la marche de Brandebourg. Une série de furieux

---

1. En 1181.

combats, où les archevêques et les margraves se rencontrèrent à plusieurs reprises les armes à la main, délivra la Marche de la rivalité de l'archevêché. Enfin, les désordres qui troublèrent, au milieu du XIIIe siècle, la puissante famille des Wettin, margraves de Misnie et de Lusace, landgraves de Thuringe et palatins de Saxe, permirent aux Ascaniens de mettre la main sur la Lusace, et même, pour un temps, sur la Misnie. Chute de l'Empire, affaiblissement des Wettin, destruction du duché de Saxe, toutes ces ruines profitèrent donc au Brandebourg; il devint le seul gardien de la frontière, le principal adversaire du Danemark et de la Pologne, ces deux États étrangers qui pouvaient disputer à l'Allemagne la conquête du pays wende.

Le Danemark et la Pologne ont tous les deux une histoire tragique au moyen âge : tantôt redoutables et tantôt méprisés, ils connaissent toutes les extrémités de la fortune. A peine entrée dans la communauté chrétienne, la Pologne se fait conquérante; au commencement du XIe siècle, elle déborde sur la rive gauche de l'Oder; mais bientôt, et pour une longue succession d'années, elle est occupée par des guerres avec tous ses voisins, et par de violentes dissensions qui, à cause de l'incertitude des règles sur la transmission du pouvoir, se renouvellent à chaque avènement. Toute la rive gauche de l'Oder échappe alors à sa suzeraineté :

les margraves y avancent d'un pas lent, mais qui ne s'arrête pas. Ils atteignent le fleuve, puis le dépassent, et la frontière de la Marche pousse le long de la Warta et de la Netze sa pointe vers la Baltique.

En même temps qu'ils s'avançaient vers l'est, les margraves faisaient des progrès au nord; c'est là qu'ils se heurtèrent au Danemark. Chaque fois qu'il était gouverné par des mains habiles, le vaillant petit royaume scandinave disputait aux Allemands la région de l'Elbe inférieur : aux XIIe et XIIIe siecles, une succession de grands princes, Waldemar Ier, Canut VI, Waldemar II, lui assura pour un temps la victoire. Ce dernier se fait confirmer par l'empereur Frédéric II les conquêtes de ses prédécesseurs et les siennes [1]; il obtient la renonciation de l'Empire à tous les pays situés sur la rive droite de l'Elbe : le Holstein, la grande ville libre de Lubeck et celle de Hambourg passent sous sa domination, et Waldemar s'appelle « roi des Danois et des Slaves, seigneur de la Nordalbingie ». Tous les princes de l'Allemagne orientale essayèrent leurs forces contre lui, mais ils durent faire leur paix les uns après les autres · les margraves de Brandebourg

1. En l'année 1214, Frédéric II arrivait en Allemagne pour disputer l'empire à Otton de Brunswick. Otton avait son principal appui chez les princes allemands de l'est, qui étaient les ennemis naturels du roi danois. Frederic s'allie avec celui-ci, et lui fait solennellement la cession des territoires allemands et slaves de la rive droite de l'Elbe inférieur et des côtes baltiques.

se résignèrent les derniers. Cependant le Danemark, comme plus tard la Suède pendant la guerre de Trente ans, avait fait un effort au-dessus de sa puissance réelle. Quelque admirablement policé qu'il fût, il ne pouvait entretenir longtemps sans s'épuiser des armées de 100 000 hommes et des flottes de 14 000 bateaux. Au reste, il devait beaucoup aux qualités personnelles de son prince, homme de guerre, diplomate, administrateur consommé. Or un des vassaux de Waldemar qui avait à se plaindre de lui s'inspira, comme dit un historien allemand, de la maxime : « aide-toi toi-même, » et il commit un acte dont la « force objective » fut, comme dit un autre écrivain du même pays, considérable. Nos voisins se servent quelquefois de ces mots pédantesques pour braver la morale, comme on se sert du latin pour braver l'honnêteté. Ce vassal, pieux personnage qui venait de rapporter de la Terre Sainte, dans une fiole d'émeraude, une goutte de sang du Sauveur, alla trouver un jour le roi son suzerain, qui l'accueillit à merveille et lui offrit le couvert et le gîte. Le comte accepta, puis, la nuit, il se saisit de la personne du vieux roi, le blessa, le bâillonna et l'emmena en lieu sûr, dans le cul-de-fosse d'une forteresse. Le captif accepta les plus dures conditions pour recouvrer sa liberté; libre, il déchira des traités arrachés par la félonie et par la force, mais. trahi encore une fois sur le champ de bataille de

Bornhoved, il fut vaincu le 22 juillet 1227, et le Danemark tomba dans un long abaissement.

Les margraves de Brandebourg profitèrent aussitôt de cette défaite. Ils se firent donner par Frédéric II la suzeraineté sur la Poméranie. C'était le plus important des petits États slaves; car elle s'étendait au loin le long de la Baltique, sur la rive droite de l'Oder, et elle s'était fort avancée sur la rive gauche dans le pays des Obotrites. Comme les ducs poméraniens ne voulurent pas les reconnaître pour suzerains, les margraves les y contraignirent par la guerre, et ils leur prirent un territoire qui équivaut à peu près aux grands-duchés de Mecklembourg, plus l'Uckermark, petite province qui fait au nord une pointe vers le golfe de Poméranie. Les margraves avaient ainsi trouvé une nouvelle route vers la Baltique.

Ils atteignirent un moment cette mer dans de singulières circonstances où se montrèrent au grand jour leur hardiesse, toujours en quête d'aventures, et l'âpre passion de l'agrandissement territorial qu'ils devaient léguer à leurs successeurs. La Marche, depuis les progrès qu'elle avait faits, touchait par quelques points de sa frontière orientale à la Pomérellie. Ce duché, qui avait été détaché au commencement du XIIe siècle de la Poméranie, était borné à l'est par la Vistule; il confinait de ce côté aux domaines de l'ordre teutonique, dont il n'était séparé que par la largeur du fleuve [1]. Les margraves et les chevaliers étaient de dangereux voisins pour le malheureux duché slave qui eut l'imprudence d'appeler à la fois les Allemands du Brandebourg et ceux de la Prusse à intervenir dans ses affaires.

Les Brandebourgeois arrivent les premiers, comme alliés d'un puissant parti révolté contre Loktiek, roi de Pologne et duc de Pomérellie ; ils entrent dans Danzig et mettent le siège autour du château. Le commandant, pressé par la nécessité, va demander du secours à l'ordre teutonique. Le grand maître envoie incontinent des chevaliers qui, moyennant une solde déterminée, devront renforcer pendant

[1]. On trouvera aux trois chapitres suivants l'histoire de l'ordre teutonique ; mais il est nécessaire d'en dire ici quelques mots pour encadrer l'histoire de la marche de Brandebourg dans celle de la colonisation germanique.
Au nord-est, l'empire chrétien de Charlemagne s'arrêtait à l'Elbe et à la Saale ; entre l'Elbe et l'Oder étaient les Wendes ; entre l'Oder et la Vistule étaient les Poméraniens au nord, et les Polonais au sud ; au delà de la Vistule s'échelonnaient des populations lithuaniennes et finnoises, Prussiens, Lithuaniens, Courlandais, Livoniens, Esthoniens. Tous ces peuples eussent été de bonne heure soumis et convertis s'il avait été possible que les successeurs de Charlemagne poursuivissent sans interruption l'œuvre de ce grand prince ; mais la conquête fut le résultat d'efforts isolés qui furent faits sur différents points de cette vaste région. Les margraves de Brandebourg sont les principaux agents de la conquête allemande de l'Elbe à la Vistule. Deux ordres militaires allemands ont fait la même besogne de la Vistule à la Duna. En 1200, Albert de Buxhowden, évêque de Riga, fonde l'ordre des Porte-Glaives qui sera le conquérant de la Livonie, de la Courlande et de l'Esthonie. — En 1230, Hermann de Salza, quatrième grand maître de l'ordre teutonique fonde en Terre Sainte,

un an la garnison polonaise. Aussitôt après l'arrivée du renfort, les Brandebourgeois lèvent le siège ; les Polonais veulent alors remercier les Teutoniques de leurs services, mais ceux-ci allèguent qu'ils sont venus pour un an, et qu'ils n'ont pas le droit de se retirer. Le règlement de la solde stipulée suscite d'ailleurs des contestations, des disputes, si bien qu'un jour les Teutoniques tombent sur les Polonais, qu'ils tuent ou qu'ils chassent. Renforcés par des secours, ils descendent du château par une nuit de novembre, et surprennent la ville, où ils font un épouvantable massacre, et voilà comment l'ordre des chevaliers allemands a pris pied en Pomérellie. Aussitôt il fait le long de la Vistule de rapides progrès ; sous prétexte que l'indemnité qui lui a été

envoie une escouade de chevaliers commencer la conquête de la Prusse. En 1237 se fait la fusion des deux ordres militaires. Toute la côte de la Baltique, de la Vistule jusqu'au lac Peipus, est bientôt conquise et administrée par des chevaliers allemands. Le duché slave de Poméranie, pris et resserré entre les deux colonies allemandes, devait disparaître. Il était depuis 1107 partagé en deux duchés, Poméranie et Pomerellie. On a vu que les margraves avaient conquis la suzeraineté sur la Pomeranie. Ils prétendaient aux mêmes droits sur la Pomerellie. Ils profitèrent des dissensions de la famille ducale pour faire reconnaître ces droits et obtenir des cessions de territoire, au temps du duc de Mestwin II (1268 1295) ; mais celui-ci chercha bientôt un appui contre eux auprès du roi de Pologne, auquel il assura sa succession. Les margraves font alors la guerre a Loktiek. C'est dans ces circonstances que le roi de Pologne, duc de Pomerellie, appelle les chevaliers teutoniques contre les margraves (1307-1308). Or il arriva que, ennemis au début, les margraves et les chevaliers s'entendirent pour spolier le roi de Pologne.

promise n'est pas encore payée, il met la main sur Dirschau. Le roi Loktiek veut traiter, on lui présente un mémoire où figurent les dépenses que les chevaliers ont faites pour lui prendre ses villes, et dont le total est si élevé que le malheureux prince ne peut s'acquitter; les chevaliers s'emparent de Schwetz, et se trouvent ainsi maîtres de tout le cours de la Vistule. Pour demeurer les possesseurs tranquilles de leurs précieuses conquêtes, ils entament des négociations avec les margraves de Brandebourg. Le margrave et le grand maître, ces deux chefs de la colonisation germanique, ces deux exterminateurs de Slaves, ces deux ancêtres de la monarchie prussienne, s'entendent sans difficulté : Waldemar de Brandebourg cède pour 10 000 marcs ses droits sur des villes qui ne lui appartiennent pas.

Waldemar est le dernier des margraves ascaniens, il en est en même temps un des plus illustres. L'éclat de ses mérites personnels, son amour des pompes chevaleresques, son talent poétique rehaussaient en sa personne la puissance des margraves de Brandebourg. Il se plaisait en la compagnie des petits princes du nord qui au commencement du xive siècle dépensaient en fêtes leur médiocre fortune. Il fit grande figure au tournoi de Rostock, présidé par le roi Érick de Danemark : quatre-vingt-dix-neuf de ses vassaux l'accompagnaient; tout le jour ses gens versèrent de la bière et du vin aux vilains accourus pour contempler le spectacle de ces splendeurs, et devant sa tente s'élevait une colline d'avoine où chaque palefrenier prenait à sa guise la nourriture de ses chevaux. Bref, on dit que le margrave dépensa dans ces prodigalités tout l'argent qu'il avait reçu de l'ordre teutonique, mais on vit bientôt que ce brillant personnage était en même temps un politique. A ces fêtes de Rostock, les princes allemands du nord-est s'étaient coalisés avec Érick contre Wismar, Rostock, Stralsund et autres villes dont la richesse tentait leur appétit et leur pauvreté. Waldemar marcha d'abord avec eux, mais ces nobles confédérés apprirent bientôt, non sans stupéfaction, qu'il avait signé avec Stralsund une alliance offensive et défensive; l'ambitieux margrave avait compris le parti qu'il pouvait tirer du protectorat des villes maritimes. Aussitôt se forma contre lui une ligue formidable où entrèrent, avec ceux dont les richesses de Stralsund ameutaient les convoitises, les princes qu'avait lésés la fortune croissante du Brandebourg. On y comptait les rois Érick de Danemark, Byrger de Suède, Loktiek de Pologne, les princes Witzlaw de Rügen, Canut Pors de Halland, Henri de Mecklembourg, Pribislaw de Werle, les ducs de Sonder Jütland, Slesvig, Lunebourg, Brunswick, Saxe-Lauenbourg, le margrave de Misnie, bon nombre de comtes et des vassaux du margrave. Celui-ci n'avait pour lui que les ducs de

Poméranie. La guerre dura deux ans, et fut marquée par de furieuses batailles; mais l'issue en fut indécise, et le Brandebourg ne fut pas entamé. La Marche avait prouvé son ambition en provoquant une telle lutte, et sa puissance en n'en étant pas ébranlée. Depuis Albert l'Ours, son fondateur, jusqu'à Waldemar, elle s'était accrue dans toutes les directions. Elle s'était considérablement élargie vers l'est; en plusieurs points, elle s'était rapprochée de la Baltique; au sud, les acquisitions faites au détriment des margraves de Misnie dans les pays qui appartiennent aujourd'hui à la province prussienne de Saxe et à la Saxe royale portaient la frontière jusqu'au quadrilatère de Bohême On pouvait, au commencement du XIVe siècle. voyager de l'Oder inférieur jusqu'au défilé par lequel l'Elbe entre en Allemagne sans quitter le territoire brandebourgeois.

LES INSTITUTIONS
DE LA
MARCHE DE BRANDEBOURG

Caractère exceptionnel des institutions de la Marche.

L'heureux concours des circonstances ne suffit pas pour expliquer la fortune de la Marche. Cette fortune est due en grande partie à des institutions exceptionnelles que la force des choses créa, qui se développèrent peu à peu, se transmirent de dynastie en dynastie, et qu'il est facile de reconnaître aujourd'hui encore dans la monarchie prussienne. Pour comprendre l'origine de ces institutions, il faut se représenter la manière dont fut faite par les margraves la conquête du pays transalbin. Ces conquérants ne ressemblent en rien aux rois germains qui s'approprièrent au ve siècle des provinces romaines; car ces rois étaient les élus de leurs compagnons; la conquête était l'œuvre commune de la tribu et de son chef; le peuple entier y prenait part, et il fallait compter avec lui. Revêtus d'un titre moins éclatant, les margraves étaient pourtant plus élevés au-dessus de leurs vassaux que les rois barbares au-dessus de leurs compagnons. La conquête était leur entreprise personnelle, non celle d'une nation; ils avaient des services à récompenser, non des droits à reconnaître, et, seuls maîtres du sol conquis, ils le distribuèrent aux conditions qu'ils voulurent entre leurs vassaux et leurs sujets.

Colonisation de la Marche.

Dans le voisinage de l'Elbe, la guerre qui sévissait depuis deux siècles sur les rives du fleuve avait si bien dévasté le pays qu'au dire d'un contemporain on n'y trouvait plus que « peu ou point d'habitations ». Il fallait donc repeupler cette terre désolée. Si l'on s'éloignait du fleuve vers l'est, on rencontrait une population plus dense, qu'il fallait germaniser. Tout était donc à créer ou à transformer dans la Marche : créations et transformations se firent par l'autorité du margrave. Il manda des colons de Saxe, des bords du Rhin et des Pays-Bas, et les colons vinrent en foule. Le chroniqueur Helmold raconte qu'Albert, après avoir « soumis un grand nombre de tribus et refréné leurs rébellions », s'aperçut « que les Slaves allaient manquer », et qu'il « envoya vers Utrecht, sur les rives du Rhin et chez les nations éprouvées par la violence de la mer, à savoir les Hollandais, les Zélandais, les Flamands, pour en faire venir une quantité de peuple, qu'il établit dans les villes et dans les forteresses des Slaves ». Ces colons rendirent à l'État naissant les plus grands services. Parmi eux se trouvaient des hommes de noble condition : certaines familles illustres, celles des Schulenbourg, des Arnim, des Bredow, semblent trahir par leurs noms mêmes leur origine hollandaise; car le premier rappelle un château aujourd'hui ruiné de la Gueldre, et les deux autres les villes d'Arnheim et de Bréda. La plupart étaient gens de labour ou de métier; on établissait ceux-là de préférence là où il fallait féconder un sol ingrat ou gagner à la culture de vastes territoires ensevelis sous l'eau des marécages; ceux-ci furent répartis entre les villes, qu'ils enrichirent par leur industrie et qu'ils embellirent par leur art. Avant eux, les villes brandebourgeoises étaient de fort laides bourgades; les maisons y étaient bâties en bois ou en grossiers moellons; les Hollandais élevèrent les premiers des édifices en briques, dont plusieurs subsistent encore et attestent la rapide prospérité qui suivit leur établissement.

Cependant les Slaves, anciens maîtres du territoire qu'on se partageait ainsi, n'avaient été ni expulsés en masse ni réduits en servage. Il en est qui furent admis dans la bourgeoisie et dans la noblesse brandebourgeoise, ce qui fait dire aux historiens allemands que les vainqueurs mirent beaucoup d'humanité dans le traitement des vaincus. D'autre part, il arriva maintes fois que les colons allemands s'établirent en place libre sans faire tort à personne. Mais le plus souvent ils se heurtèrent à un premier occupant, qui dut céder la place. On suit à travers les documents les transformations d'un grand nombre de noms de villages, slaves à l'origine, qui peu à peu s'altèrent et prennent une terminaison germanique, ou bien sont changés en noms allemands.

Longtemps après le combat, l'antipathie persista entre les deux races ; pour les Allemands, Wende était synonyme d'homme de rien ; on disait *unehrliche und wendische Leute*, c'est-à-dire « les vilains et les Wendes ». La cohabitation avec les vainqueurs était intolérable aux vaincus ; les corporations allemandes ne s'ouvraient pas pour eux ; il est même possible qu'ils aient été relégués dans des quartiers spéciaux. Ils durent naturellement s'efforcer de se soustraire à un si mauvais voisinage, et ils allèrent habiter dans de petits villages appelés *Kietzen*, d'un mot slave qui désigne un engin de pêche, et que les contemporains traduisent en latin par *villa slavicalis*. C'étaient de misérables hameaux, sans territoire labourable, et dont les habitants n'avaient d'autres ressources que la pêche : ils étaient si pauvres, que leur seigneur, le margrave, exigeait d'eux pour tout impôt un certain nombre de lamproies au jour de la Nativité. Un écrivain allemand explique l'existence de ces villages par le goût passionné qu'il attribue aux Slaves pour le poisson et les plaisirs de la pêche; mais il n'y a pas d'autre explication possible ici que la rigueur de la colonisation germanique. Le colon a si bien fait son œuvre que le souvenir de l'origine slave ne vit plus en Brandebourg que pour les érudits, dans des noms de villes, de villages ou de cours d'eau, sur lesquels on discute. La langue, qu'on n'avait pas le droit de parler devant les tribunaux du vainqueur, disparut; tout ce qui pouvait rappeler la vieille religion wende fut proscrit par le clergé. Maintes superstitions locales qui existent aujourd'hui encore, et que l'on a cru longtemps remonter aux temps antérieurs à la conquête, ont été reconnues purement germaniques. Les contes brandebourgeois parlent encore aujourd'hui de Wodan, de Freia, du chasseur de Hackelberg; mais il n'y a plus place au foyer pour les dieux slaves comme Radegast, le dieu hospitalier et de bon conseil, ou Swantwit, le dieu de la sainte lumière. Or le souvenir des légendes qui ont bercé l'enfance est le dernier que garde la mémoire des peuples comme celle des individus : il ne s'évanouit que dans la mort.

Le pays transalbin a donc été germanisé par l'établissement de colons sur des terres inoccupées, par la juxtaposition de l'Allemand et du Slave au détriment de ce dernier, en d'autres endroits par l'extermination des vaincus. Qu'on remarque ici encore l'originalité de l'histoire brandebourgeoise. En France, des couches romaine et germanique ont recouvert le fond celtique de la population, et à la fin du Ve siècle de notre ère, le mélange est fait : la France est à peu près au complet. En Brandebourg, la population primitive disparaît peu à peu; peu à peu elle est remplacée, non par une tribu quelconque, comme celle des Francs, des Burgondes ou des Wisigoths, mais par de petites troupes, qui arrivent sans cesse de contrées différentes. Aucune d'elles n'est assez considérable pour absorber les autres, imposer ses coutumes et ses lois; aucune n'est conduite par un chef puissant : toutes se rangent, en arrivant, sous le chef commun, le margrave, qui les a mandées, leur marque leurs places et leur dicte leurs devoirs. Ces immigrations se perpétuent à travers le moyen âge et les temps modernes; elles modifient sans cesse l'ethnographie de la Marche, mais non le caractère de l'État, personnifié dans le margrave, qui a composé, pièce par pièce, la population artificielle du

Brandebourg, et rallié autour de lui, comme autour d'un point fixe, ces éléments divers.

Organisation politique.

Les margraves ascaniens se gardèrent bien d'établir une grande noblesse en Brandebourg ; mais ils distribuèrent quantité de petits fiefs aux vassaux qui les avaient suivis, ou que le désir de conquérir un établissement attira dans la Marche En même temps, ils répartirent dans les villages les colons venus de Saxe ou de Hollande. Pour créer un village, le margrave vendait un certain nombre d'arpents à un entrepreneur qui se chargeait de les revendre en détail aux futurs habitants. L'opération terminée, l'entrepreneur devenait le bailli héréditaire du lieu. Là où le commerce et l'industrie se développaient, le prince créait un marché ; s'il y avait lieu, il transformait le village en ville après une enquête suivie d'une déclaration d'utilité publique. « Attendu, lit-on en tête d'une charte margraviale, qu'il a paru utile à nous et à nos conseillers de fonder une ville près de Volzen, nous y avons employé tous nos soins. » L'entrepreneur intervenait encore : il achetait au margrave un territoire qui s'ajoutait à celui du village, le revendait aux futurs bourgeois, faisait creuser les fossés, construire les murailles et les édifices publics; après quoi, il devenait le magistrat héréditaire de la cité nouvelle.

A l'origine, il n'y eut pas de distinction entre les habitants d'un même village ou d'une même ville; tous avaient des obligations déterminées envers le margrave, mais jouissaient de la liberté personnelle. La condition du paysan brandebourgeois était, au XIIe siècle, préférable à celle du paysan saxon, qui était attaché à la glèbe; aussi l'émigrant allait-il chercher au delà de l'Elbe ce qu'il va chercher aujourd'hui au delà de l'Atlantique, c'est-à-dire une propriété libre. Un curieux document, une glose du grand recueil juridique du temps, le *Sachsenspiegel* ou *Miroir de Saxe*, dit la raison vraie de cette situation privilégiée des Brandebourgeois : « ils sont libres parce qu'ils ont les premiers défriché le sol ». De même les villes, gouvernées par leurs baillis, assistés de conseils élus, avaient une certaine indépendance. Comme le terrain sur lequel elles étaient bâties était exposé à mille attaques, il fallait que les entrepreneurs et les premiers bourgeois fussent encouragés par de grandes franchises. Dans la charte de fondation de Soldin, le margrave dit que la création nouvelle « a besoin de beaucoup de liberté »; c'était reconnaître une loi qui a eu de nombreuses applications dans l'Europe septentrionale. Aux bords du Zuiderzée comme aux bords de la Baltique, en Hollande et en Livonie comme en Brandebourg, les fondateurs de villes ont demandé des libertés en compensation des difficultés et des périls qu'ils avaient à vaincre ; mais ces franchises avaient des limites : les bourgeois comme les paysans demeuraient les sujets des margraves, et leur indépendance dut se concilier avec la subordination envers leur seigneur.

L'Église subit la loi commune dans la Marche. Il était naturel qu'elle tînt une grande place dans un pays en partie conquis sur les païens par les armes allemandes. Les moines de Prémontré, disciples de saint Norbert, archevêque de Magdebourg ceux de Cîteaux, disciples de saint Bernard, les uns et les autres dans le premier élan de la jeunesse, s'établirent sur la rive droite de l'Elbe pour y prier, y prêcher et y labourer ; mais en Brandebourg, le clerc, malgré les services rendus par lui, dut céder le pas aux laïques. Depuis le margrave jusqu'au dernier paysan, chaque habitant de la Marche, qu'il eût contribué à l'œuvre commune par le fer de l'épée ou par le fer de la charrue, avait conscience des services qu'il avait rendus, et le margrave plus qu'aucun autre. Il y eut un conflit entre lui et les évêques, ou, pour parler la langue moderne, entre l'État et l'Église, et l'État l'emporta. L'objet en fut la dîme ; les Ascaniens prétendaient à la jouissance de ce revenu que l'usage général de la chrétienté réservait à l'Église; ils disaient, pour argument, qu'ils « avaient arraché le territoire des mains des païens », et « qu'ils payaient les soldats sans lesquels ceux qui professent la religion du Christ ne pourraient être en sûreté ». Les évêques brandebourgeois durent transiger; ils réservèrent leurs droits sur la dîme, mais ils en abandonnèrent la jouissance aux margraves de la famille ascanienne en leur qualité de conquérants du pays. Cette sorte de traité est la seule pièce où se trouve énoncée d'une façon précise la raison de tous les privilèges qui donnaient au pouvoir du margrave un caractère exceptionnel. Quant à lui, sa prétention est très nette : sans lui et sans les soldats qu'il commande et qu'il paye, dit-il, il n'y aurait pas d'Église; il sait qu'il est le personnage nécessaire de qui tout le reste tire l'existence.

Entre le margrave d'une part, ses vassaux et ses sujets de l'autre, l'intermédiaire était l'*avoué*, qui représentait le margrave dans sa circonscription, comme le comte représentait le roi dans son comté; mais le margrave sut prendre contre son délégué les précautions nécessaires : non content de ne nommer jamais d'avoué à titre héréditaire, il ne voulut même pas que la fonction fût viagère. Il n'est pas rare de trouver dans les documents mention d'avoués qui ont été transférés d'une circonscription dans une autre, et l'on rencontre des noms à côté desquels figure la mention d'ancien avoué, *quondam advocatus*, comme on dirait d'un fonctionnaire moderne.

Des paysans, des bourgeois, des vassaux, établis par les margraves dans leurs villages, leurs villes et leurs fiefs : telle est la population de la Marche. Un suzerain, presque un souverain, qui n'a pas de conditions à subir, pas de droits antérieurs à respecter, qui est lui-même pour ainsi dire antérieur à ses paysans, bourgeois, vassaux, évêques, et par conséquent leur est supérieur : tel est le margrave. Entre le margrave et ses vassaux ou sujets, des relations nombreuses, mais simples : nombreuses, parce que chacun de ses vassaux ou sujets avait envers lui des obligations personnelles; simples, parce qu'ils n'étaient point séparés de lui par les degrés multiples de la hiérarchie féodale : telle est à l'origine la constitution politique et sociale du Brandebourg. Elle s'altéra peu à peu, mais ne s'effaça point.

Décadence et persistance de ces institutions.

Elle s'altéra parce que les margraves, obligés de pourvoir aux frais d'une guerre sans trêve et d'une administration coûteuse, connurent de bonne heure les rigueurs d'une détresse financière, qui les força de battre monnaie avec leurs droits et leurs revenus. On vit alors des églises, des monastères, des villes, même de simples bourgeois, acheter les droits seigneuriaux, tantôt sur une partie de village, tantôt sur un village entier, quelquefois sur tout un district. On vit les seigneuries se former et la population rurale tomber dans le servage, les villes acheter une indépendance presque complète. A la fin, les margraves furent contraints, pour avoir abusé des levées d'impôts, à traiter avec leurs sujets et à subir des conseils chargés d'exercer sur eux un contrôle financier. On commettrait pourtant une grande erreur si l'on s'imaginait que l'institution primitive disparut dans le chaos et que le margrave devint un suzerain nominal, comme le duc de Saxe, après la chute de Henri le Lion. Son autorité, menacée de toutes parts, ne fut pas sérieusement atteinte. Les conseils organisés pour le contrôle financier devinrent, il est vrai, les états provinciaux; mais l'action de chacun de ces petits parlements demeura circonscrite dans d'étroites limites, et aucun lien ne rattacha ces fragments d'une représentation politique brandebourgeoise. Des états généraux auraient pu faire échec au margrave de Brandebourg, mais le margrave de Brandebourg demeura toujours supérieur aux états provinciaux de la Vieille-Marche, de la Lusace, de Lebus, etc. En lui demeura personnifié l'État brandebourgeois. D'ailleurs ni ses villes, ni ses vassaux, au profit desquels il avait aliéné un si grand nombre de ses droits, ne devinrent assez puissants pour conquérir une indépendance absolue. Quelques-unes des villes de la Marche commencèrent à jouir d'une certaine prospérité au XIIe siècle, et entrèrent dans la ligue Hanséatique; mais elles demeurèrent fort inférieures aux villes allemandes; qu'est-ce que Stendal, Salzwedel, Berlin, Brandebourg, Francfort-sur-l'Oder, à côté de Cologne, Brême, Hambourg, Lübeck, Nuremberg, Vienne? Les villes brandebourgeoises étaient situées à l'extrémité de la zone commerciale de l'Europe au moyen âge; le sol sur lequel elles étaient bâties n'était pas riche; le terrain sur lequel elles faisaient leurs échanges n'était pas sûr : aucune ne fut assez forte pour prétendre à l'honneur de faire peur aux margraves. Quant à la noblesse brandebourgeoise, elle demeura pauvre, à de rares exceptions près, car le pays n'était point riche, et il ne s'y forma pas de grandes seigneuries. Enfin le margrave se réserva toujours ce qu'il appelait sa « suzeraineté princière ». Personne n'eût osé la contester du temps des Ascaniens, et même les margraves surent la faire respecter, pendant la triste période qui s'écoule entre la mort de Waldemar et l'avènement du premier Hohenzollern. Sigismond de Luxembourg, si faible qu'il fût, résista énergiquement aux empiétements de la juridiction épiscopale : « Sachez, monsieur, écrivit-il à un évêque, qu'il est venu jusqu'à nous que vous mettez nos villes en interdit avant d'avoir porté plainte devant nous. Or nous entendons rester le juge de nos villes, et notre sérieuse volonté est que vous cessiez sur l'heure d'en agir ainsi ; sinon nous avons commandé qu'on vous donnât du tracas, à vous et aux vôtres, que cela vous plaise ou non. »

Ce n'étaient point là des paroles en l'air, ni de vaines prétentions, comme en ont les pouvoirs déchus. Un curieux procès qui s'éleva au xvie siècle entre l'Empire et la Marche abonde en témoignages qui attestent la permanence du caractère exceptionnel de l'autorité margraviale. Quand Maximilien d'Autriche créa la chambre impériale, il inscrivit les évêques de la Marche, comme ceux du reste de l'Allemagne, parmi les princes relevant directement de l'Empire, et de qui les querelles devaient être portées devant la juridiction nouvelle. Le margrave protesta, alléguant que les évêques de Brandebourg, de Havelberg et de Lebus n'avaient rien à voir avec l'Empire, puisqu'ils tenaient leurs régales et leurs fiefs uniquement de leurs seigneurs les margraves. Au cours du débat, qui dura longtemps et qui n'eut pas de conclusion, — ce qui équivaut à un désistement de l'Empire, — il fut produit un grand nombre de documents, dont plusieurs remontent au temps des margraves ascaniens, et des témoins autorisés vinrent déposer contre les prétentions impériales. De leurs dépositions il résulte que les évêques étaient sujets brandebourgeois et non princes d'Empire, qu'on en appelait de leurs tribunaux non à l'empereur, mais au margrave, et que les lettres impériales adressées aux évêques passaient d'abord par les mains du margrave. Les évêques devaient au margrave le service militaire et le service de cour ; leur place était marquée dans les cérémonies ; ils portaient les couleurs du suzerain, et se disaient, dans les lettres qu'ils lui écrivaient, « de sa grâce électorale les chapelains très soumis » ; le margrave les appelait « monsieur » ; il leur disait non pas « votre dilection », comme il est d'usage entre personnes de conditions princières, mais simplement *vous*. L'électeur Joachim Ier résume en quelques mots ses droits et les devoirs des évêques : « J'ai, dit-il, trois évêques dans mon pays, qui ne doivent de services qu'à moi. » Aucun autre exemple ne saurait mieux montrer combien est grande la différence entre les institutions de la Marche et celles de l'Allemagne : ici les évêques avaient partout l'indépendance que donnait l'immédiatité, et les plus belles des principautés souveraines étaient en des mains ecclésiastiques. La hiérarchie et la discipline instituées en Brandebourg à l'origine ne se sont donc pas perdues en traversant le siècle lamentable qui suivit l'extinction de la famille ascanienne, et les Hohenzollern, à leur arrivée, en ont trouvé la tradition vivante.

L'histoire des origines brandebourgeoises éclaire donc toute l'histoire de la Prusse : les prédécesseurs des Hohenzollern annoncent et expliquent les Hohenzollern eux-mêmes. N'a-t-on pas reconnu les traits principaux de la monarchie prussienne dans la Marche, telle qu'elle a été créée d'abord par les margraves ascaniens, puis modifiée par les circonstances? Des libertés provinciales, des libertés municipales, une nombreuse petite noblesse toute militaire, des seigneuries investies de la juridiction sur les campagnes, ce mélange singulier du féodal et du moderne, n'est-ce pas, avec les changements inévitables apportés par le temps, la Prusse moderne? Bien des contradictions qui étonnent l'observateur contemporain de la monarchie prussienne disparaissent à la lumière de l'histoire. Pourquoi le roi de Prusse, tout ensemble chef constitutionnel de l'État et monarque de droit divin, concilie-t-il difficilement les devoirs que lui impose la première qualité avec les droits qu'il tient de la seconde? C'est que les institutions parlementaires, nées d'un accident révolutionnaire, sont toutes nouvelles dans ce pays. Le parlement unique et national date de 1848 ; seuls les états provinciaux, dont nous avons vu l'origine, ont pour eux la tradition historique, et l'unité de la monarchie était encore, il y a trente ans, représentée uniquement par le roi, c'est-à-dire par le successeur des margraves.

Personne plus que ces margraves n'a mérité le nom de *Landesvater* ou *père du pays*, que les princes allemands aiment à se faire donner par leurs sujets. La Marche a été créée par les Ascaniens, et, au cours de son histoire ultérieure, lorsqu'elle a été mise en péril de destruction, les Hohenzollern, pour la relever, ont fait ce qu'avaient fait leurs devanciers. Le grand-électeur, après la guerre de Trente ans, le grand Frédéric, après la guerre de Sept ans, quand ils parcourent leurs États dévastés, ordonnant de relever telle ruine ou de dessécher tel marais, d'arroser et de fertiliser telle lande déserte, appelant des colons de tous pays, reconstruisant ou bâtissant des villages par entreprise, rappellent les Ascaniens, au moment où ils prirent possession du pays transalbin, désolé par la guerre, et où les villes et les villages s'élevèrent par leur ordre et sous leurs yeux. Quoi d'étonnant que leurs successeurs se sentent et se disent supérieurs à la condition d'un roi constitutionnel ?

Si les Hohenzollern ont suivi l'exemple des Ascaniens, c'est assurément sans le savoir : Frédéric II ne connaît pas leur histoire, dont il parle avec dédain. La persévérance dans les mêmes traditions s'explique par la persistance des mêmes nécessités.

Laissons de côté toutes les déclamations sur une mission allemande et chrétienne de la Prusse, pour résumer l'étude qui vient d'être faite en quelques lignes qui pourraient servir d'introduction à une philosophie de l'histoire prussienne.

L'État brandebourgeois est né sur une frontière disputée entre deux races ennemies : son origine est donc toute militaire. Il aurait pu se faire à coup sûr qu'un autre État allemand grandît à cette frontière, et les circonstances qui ont édifié la fortune de la Marche sur les ruines de ses rivaux n'étaient point nécessaires et fatales. C'est sa médiocrité même qui l'a protégée contre une tempête semblable à celle qui a détruit le duché de Saxe; c'est sa pauvreté qui a stimulé la hardiesse et l'activité de ses chefs. D'ordinaire, l'historien qui recherche les causes de la fortune d'un État trouve les premières et les plus importantes dans une heureuse situation stratégique, bonne pour la défense et pour l'attaque, dans la fertilité du sol, qui donne la richesse. Ici tout est renversé : le sol ingrat donne peu en échange d'un travail opiniâtre, et la nature n'a point pourvu à sa défense; pour comble de malheur, les circonstances historiques ont suscité de tous côtés des ennemis; mais ce sont précisément ces désavantages qui ont fait la fortune du Brandebourg.

Pour vivre et pour grandir dans des conditions si ffficiles, il fallait dans l'État de l'ordre, de la hiérarchie, de la discipline ; la Marche se donna tout cela. Quand les institutions naissent d'elles-mêmes, ce n'est jamais sans quelque désordre ; mais quand on les établit, c'est toujours sur un plan plus ou moins bien conçu : or, une fois qu'ils eurent passé l'Elbe, les margraves se trouvèrent en terre nouvelle, libres d'y bâtir comme ils l'entendaient. Ils firent beaucoup mieux qu'on ne faisait de leur temps, et, bien que l'esprit et les coutumes de ce temps aient réagi contre leur œuvre et l'aient gâtée en maints endroits, la partie principale en a survécu ; le margrave est demeuré le personnage essentiel de la Marche.

Placé au milieu de la plaine germano-slave, sur les deux rives de l'Elbe, le Brandebourg n'est protégé, mais aussi n'est contenu par aucune frontière. Le soin même de sa sécurité l'excite à s'agrandir. Comme il ne peut s'étendre du côté de l'Allemagne, où toutes les positions sont occupées, il prend corps à l'est, aux dépens des petites principautés slaves désorganisées. Pendant qu'il s'allonge en plaine, entre la montagne et la mer, ses flancs découverts sont menacés de toutes parts ; mais les margraves, riverains d'un fleuve, sont naturellement tentés de le remonter et de le descendre. Ils atteignent la montagne, car les acquisitions qu'ils ont faites en Lusace et Misnie, dans la Saxe actuelle, portent leurs frontières jusqu'aux *monts de*

Bohême Un moment même, la Silésie est entamée par eux; quatre jours avant sa mort, Waldemar se faisait promettre par les ducs de Glogau les territoires de Schwiebus, Züllichau, Crossen. Enfin, à plusieurs reprises ils touchent la mer; ils ont possédé Danzig et convoité Stralsund : sans cesse en mouvement, achetant tout ce qui est à vendre, prenant tout ce qui est à prendre, ils annoncent les Hohenzollern, qui suivront, pour aller plus loin, toutes les routes où ils ont marché.

Dans cet État besogneux, aucune qualité de luxe. Quelques-uns des margraves ascaniens s'abandonnent aux tentations des pompes chevaleresques, mais leur trésor obéré les avertit qu'ils ont fait fausse route. Tous d'ailleurs n'ont pas, comme Waldemar, prodigué leurs marcs d'or. Un jour le margrave Jean s'avisa que la guerre a des fortunes diverses, et qu'il faut dans la prospérité songer aux temps difficiles : il remplit d'or un grand coffret qu'il alla porter dans l'église de Neu-Angermünde. On montre encore aujourd'hui le tilleul que le prudent margrave avait planté pour marquer l'endroit où fut pratiquée la cachette qui a reçu le premier trésor de guerre du Brandebourg. Les Hohenzollern ont imité le margrave Jean, et non le brillant Waldemar; pour un qui a fait coudre des boutons d'or sur son habit, comme le premier roi, combien ont fait servir sur leurs habits neufs leurs vieux boutons de cuivre! Ne cherchons pas non plus dans ce pays le luxe intellectuel; les poètes et chanteurs de la cour ascanienne venaient du dehors, et cette cour, comparée à celle d'un landgrave de Thuringe, où l'on tenait école de chevalerie, devait paraître aussi barbare que la cour d'un roi franc de Cambrai comparée à celle d'un roi wisigoth de Toulouse ou de Tolède. De même Frédéric-Guillaume, le second roi de Prusse, ce royal sous-officier qui presque tous les soirs tenait tabagie, faisait triste figure, comparé à l'empereur Charles VI! Mais les successeurs des rois de Cambrai ont régné à Toulouse, et la victoire a conduit naguère le successeur de Frédéric-Guillaume aux portes de Vienne.

Il est inutile de mêler aucune récrimination à ces faits indiscutables : il suffit de les constater. En Allemagne, on essaye pourtant de porter dans cette vieille histoire les préoccupations politiques du temps où nous sommes. Les uns sont heureux de faire remonter au moyen âge les origines de l'État qui, dès son début, se distingue nettement du reste de l'Allemagne et prélude ainsi à ses grandes destinées. D'autres mettent en lumière le caractère particulier des institutions de la Marche, afin de montrer que l'entente est impossible entre l'esprit allemand et l'esprit brandebourgeois, produits de deux histoires si différentes. Ceux-ci prévoient que la lutte commencée entre eux finira, non par la victoire de l'un ou de l'autre, mais par l'altération de tous les deux. Ils comprenaient bien l'office que pouvait remplir en Allemagne un État tout militaire, comme la Prusse, veillant sur la frontière à l'orient et à l'occident, et demeuré une véritable Marche à deux têtes, dont l'une était tournée vers la France et l'autre vers la Russie ; mais ils s'inquiètent et pour l'Allemagne et pour l'Europe de voir l'Allemagne entière transformée en un État militaire, et entraînée dans la voie prussienne de l'accroissement indéfini, car la destinée de la Prusse, comme le montre son histoire, prise à ses origines, est de s'accroître sans cesse. Le chef actuel de la monarchie en a la très claire intelligence, lui qui disait le jour de son couronnement : « Ce n'est pas la destinée de la Prusse de s'endormir *dans la jouissance des biens acquis;* la tension de toutes les forces intellectuelles, le sérieux et la sincérité de la foi religieuse, l'accord de l'obéissance et de la liberté, l'accroissement de la force défensive sont les conditions de sa puissance; si elle l'oubliait, elle ne garderait pas son rang en Europe. » Dépouillez de ses accessoires la pensée principale de ce discours, écartez la forme mystique qu'aiment les pieux rois de la famille des Hohenzollern, et surtout entendez bien ce qu'il faut comprendre par « l'accroissement de la force défensive », dans un pays où l'offensive a toujours été considérée comme le meilleur mode de défensive : il restera tout justement la loi de l'histoire de Prusse, qu'au siècle dernier Mirabeau a donnée sous cette forme plus brève : « La guerre est l'industrie nationale de la Prusse. »

LIVRE II

LES PRÉDÉCESSEURS DES HOHENZOLLERN EN PRUSSE

LA CONQUÊTE DE LA PRUSSE

PAR LES CHEVALIERS TEUTONIQUES

Les destinées de l'ordre teutonique.

Jacques de Vitry rapporte « qu'un honnête et religieux Allemand, inspiré par la Providence, fit bâtir à Jérusalem, où il habitait avec sa femme, un hôpital pour ses compatriotes ». C'était vers l'année 1128. Si l'honnête et religieux Allemand avait rêvé l'avenir, comme firent Jacob le patriarche et tant d'autres personnages historiques ou légendaires, un étonnant spectacle se fût déroulé devant lui. Il aurait vu les infirmiers de son hôpital, non contents du soin des malades, s'armer et devenir l'ordre militaire des teutoniques; l'ordre nouveau grandir auprès de ses aînés, les templiers et les hospitaliers, et s'avancer à ce point dans la faveur du pape, de l'empereur et des rois, qu'il ajoute les privilèges aux privilèges, les domaines aux domaines, et que le château du grand maître se dresse parmi les plus superbes de la Palestine. Tout à coup un changement de décor lui eût montré les teutoniques portant leurs manteaux blancs à croix noire des bords du Jourdain à ceux de la Vistule, combattant, au lieu du cavalier sarrasin vêtu de laine blanche, le Prussien couvert de peaux de bêtes; détruisant un peuple pour en créer un autre, bâtissant des villes, donnant des lois, gouvernant mieux qu'aucun prince au monde et prospérant jusqu'au jour où, affaiblis par la richesse et comme énervés par la fortune, ils sont attaqués à la fois par leurs sujets et par leurs ennemis. Alors le fondateur de l'hôpital de Jérusalem aurait vu leur terrible chute : les chevaliers naguère si puissants deviennent les vassaux de la Pologne. En vain ils multiplient les efforts pour se relever; ils sont condamnés à périr quand la réforme s'attaque à la vieille foi du moyen âge et proscrit le culte de la Vierge dont ils sont les serviteurs armés. Le grand maître lui-même se fait le sectateur de Luther et transforme en duché pour lui et ses descendants la terre conquise sur les Prussiens en l'honneur de Dieu et de sa Mère; mais, par un singulier retour de fortune, cette usurpation inaugure un avenir plus brillant que le passé; car ce grand maître est un Hohenzollern, dont l'héritage passera bientôt à ses cousins de Brandebourg :

ceux-ci transformeront le bonnet ducal de Prusse en couronne royale ; de nos jours ils sont les rois de Prusse empereurs d'Allemagne.

Les rois de Prusse empereurs d'Allemagne n'ont point oublié l'origine lointaine de leur puissance ; c'est l'aigle des chevaliers qui est dessinée sur leurs drapeaux, et Guillaume Ier, posant à Marienbourg, en 1872, la première pierre d'un monument à la mémoire de Frédéric II, écoutait avec plaisir un orateur érudit et patriote [1] qui retraçait devant son « très illustre et très puissant empereur, très gracieux roi et sire », cette merveilleuse destinée commencée à Jérusalem. Un peu plus tard, le prince héritier de Prusse et d'Allemagne inaugurait le monument achevé ; devant lui furent découvertes la statue de Frédéric et celles de quatre grands maîtres, placées aux côtés du piédestal, comme pour porter le héros de la Prusse. Il paraît que le fils de l'empereur Guillaume suit avec intérêt les recherches faites en Terre Sainte pour retrouver les souvenirs

---

1. M. de Winter, maire de Danzig et député au Reichstag. Je lui exprime ici ma vive reconnaissance pour l'hospitalité que j'ai reçue de lui dans sa ville de Danzig, qu'il gouverne en historien, respectant les vieux monuments et les relevant de leurs ruines, mais aussi en excellent administrateur, qui pourvoit à toutes les nécessités d'une ville moderne. M. de Winter a voulu que je l'accompagnasse à sa maison de Gelens, située non loin de Thorn, c'est-à-dire dans la région où se sont faits les premiers établissements teutoniques. Je dois beaucoup à cet hôte et à ce guide qui connaît à merveille la vieille histoire du pays qu'il m'a montré.

et les monuments des teutoniques : arrivé au plus haut degré de la fortune, on tourne volontiers les regards vers son berceau, et le berceau de la monarchie prussienne est bien cet hôpital fondé par un inconnu, un *quidam Allemanus*, comme dit Jacques de Vitry.

Je vais raconter ici une période de cette histoire, l'établissement des teutoniques en Prusse, la grandeur, puis la décadence de l'État fondé par eux [1]. C'est une vieille histoire, accomplie sur un théâtre obscur; mais il ne faut pas négliger les vieilles histoires : on s'exposerait, en dédaignant celle-ci, à ignorer les causes d'événements très graves et modernes.

La vieille Prusse. — Voyageurs et missionnaires.

Les Prussiens que les chevaliers teutoniques ont détruits au XIIIe et au XIVe siècle étaient un peuple de race lithuanienne mélangé d'éléments finnois; ils habitaient aux bords de la Baltique, entre la Vistule

---

1. I. *Scriptores rerum Prussicarum*, 5 vol., 1861-1874. — II. Perlbach, *Preussische Regesten bis zum Ausgange des dreizehnten Jahrhunderts*, 2 vol., 1875-1876. — III. A.-L. Ewald, *Die Eroberung Preussens durch die Deutschen*, 2 vol., 1872-1875. — IV. G. Freytag, *Vom Mittelalter zur Neuzeit*, 5e édit., 1867. — V. de Treitschke, *Das Ordensland Preussen*, 1871. — VI. L. de Winter, *Festrede am Tage der westpreussischen Sacularfeier*, 1872. — VII. Tœppen, *Historisch-comparative Geographie von Preussen*, 1858. — VIII. Lotar Weber, *Preussen vor 500 Jahren*, 1878.

et le Pregel, dépassant un peu ces deux fleuves. Leur pays était situé et fait de telle sorte qu'un peuple pouvait, sans être troublé, y vivre longtemps isolé. A l'ouest, la Vistule, plus large qu'aujourd'hui, inondait son delta de ses eaux et chaque année l'encombrait de glaces, qui, l'été venu, fondaient en une mer de boue. Au nord, la côte est accompagnée, à des distances variables, par les *Nehrungen*, langues de terre étroites et longues, recouvertes de dunes mobiles, et qui s'élèvent presque à pic à des hauteurs de 60 à 80 mètres, entre la pleine mer et des lagunes d'une eau à peu près douce qu'on appelle *Haff*. Ce sont de véritables barrières, et quand de certains points du rivage on regarde vers l'horizon, les vaisseaux qui apparaissent au delà des *Nehrungen* semblent des édifices fantastiques bâtis au sommet d'une colline lointaine. En quelques endroits, la barrière s'abaisse : un canal laisse passage aux navires; mais ces canaux se sont plusieurs fois déplacés : la mer les a bouchés pour se frayer passage autre part. Voilà certes un rivage qui n'invite pas le navigateur. A l'est, la Prusse est plus ouverte; mais la Lithuanie, sa voisine, était habitée par un peuple frère du peuple prussien, professant la même religion que lui et qui devait le soutenir dans sa lutte contre la civilisation occidentale. Au sud, vers la Pologne, le terrain n'est pas si libre d'obstacles qu'on se l'imagine quand on se représente la plaine septentrionale comme absolument uniforme. Une longue chaîne de hauteurs, médiocres il est vrai, qui part du Holstein, parcourt le Mecklembourg, la Poméranie et la Prusse, pour aller gagner l'Oural à travers le *far-east* européen. En approchant de la rive gauche de la Vistule, ces collines s'élèvent, et le voyageur qui de Berlin se rend à Danzig voit, avant d'arriver à cette ville, les dépressions succéder aux saillies, les ruisseaux prendre des airs de torrent, et même par endroits se précipiter en cascades : le *Thurmberg*, qui mesure 330 mètres, a la structure pittoresque d'une grande montagne. Sur la rive droite de la Vistule, les collines, moins hautes, enveloppent par le sud la région prussienne. On y trouve des étangs, petits pour la plupart, mais en si grand nombre qu'il n'est guère de points d'où l'on n'en puisse découvrir plusieurs à la fois : les eaux courantes abondent comme les stagnantes, et les bois de pins qui revêtaient jadis les ondulations de ce terrain, aujourd'hui dénudé, barraient la route aux invasions.

L'histoire explique mieux encore que la géographie pourquoi la région prussienne est demeurée si longtemps isolée du monde. Les légions romaines s'étaient arrêtées aux bords de l'Elbe, puis elles avaient reculé jusqu'au Rhin. La Prusse fut plus sérieusement menacée par Charlemagne, car l'empereur chrétien, défenseur et serviteur de l'Église apostolique et universelle, avait entrepris la conquête du monde et la conversion de tous les infidèles. L'armée qui, tous les ans, se réunissait autour de lui de tous les points de l'empire, avait sur l'Elbe ses têtes de colonne fixes : c'étaient les Marches, cantons militaires organisés pour l'offensive et la défensive et tournés vers ce monde slave et finnois qui couvrait l'orient de l'Europe ; mais Charlemagne mourut sans avoir dépassé l'Elbe, et le flot qui avait menacé la Prusse avec tous les pays de l'est s'arrêta. La Germanie était chrétienne, il est vrai ; mais elle fut occupée par les luttes intestines qui troublèrent l'empire et le déchirèrent, au IXe siècle, en trois morceaux. Plus tard, les empereurs du saint-empire romain germanique ne daignèrent point poursuivre contre d'obscures peuplades l'œuvre carolingienne, et les Prussiens, séparés de l'Elbe par la largeur du bassin de l'Oder, jouirent du répit qui leur était laissé.

A la fin du IXe siècle, ils furent visités par un hardi marin, le Schleswigeois Wulfstan. Parti de Hydaby en Schleswig, Wulfstan navigua sept jours et sept nuits avant d'arriver dans la région inconnue. Il raconte qu'il y a vu beaucoup de villes, dans chacune desquelles était un roi, petites villes assurément et petits rois ; puis, entremêlant à la façon naïve d'un voyageur primitif les renseignements les plus divers, il dit qu'on trouve dans le pays beaucoup de miel, qu'on y pêche beaucoup, que le roi et les riches y boivent du lait de jument, les pauvres et les esclaves de l'hydromel, qu'il y a beaucoup de guerres civiles et point de bière. Il a surtout admiré la manière dont on célébrait les funérailles. Quand un homme est mort, on laisse, dit-il, le cadavre dans la maison un mois, quelquefois deux, et même, si le défunt est un roi ou un grand, une demi-année. Les habitants conservent les corps par un procédé qu'ils emploient pour glacer leurs boissons l'été. Cependant la maison mortuaire ne désemplit point, et les parents et amis passent le temps à jouer et à boire, la succession faisant les frais de ces réjouissances. Le jour enfin venu de porter le corps sur le bûcher, on réunit tout ce qui reste de l'avoir du défunt; on en fait trois parts inégales, que l'on place, la plus forte à un mille de la ville, la plus petite tout près, la moyenne entre les deux. A cinq ou six milles à la ronde, on prévient les cavaliers qu'il y aura course funèbre; ils accourent, et par trois fois les chevaux sont lancés jusqu'à ce que les trois parts, qui sont les prix, soient gagnées. Voilà ce que Wulfstan a vu dans ce pays, où une bonne partie de l'existence se passait à enterrer les morts.

D'autres voyageurs vont arriver en Prusse, que n'attirera ni la curiosité, ni l'amour du gain. Le christianisme avait fait de grands progrès parmi les

Slaves, depuis le jour où deux apôtres venus d'Orient, Méthode et Cyrille, avaient apporté en Moravie la traduction slave de l'Évangile et enseigné à ces païens en langue intelligible la parole de Dieu. A la fin du xe siècle, la Bohême et la Pologne étaient chrétiennes, et l'on pouvait croire que le Polonais transmettraient aux Prussiens le christianisme et la civilisation de l'Occident. S'ils l'avaient fait, l'histoire de l'Europe orientale aurait peut-être suivi un tout autre cours. Ce fut du moins un Slave, saint Adalbert, qui entreprit la première mission en Prusse.

Adalbert était d'une noble famille tchèque. Neuf années durant il avait étudié à Magdebourg, auprès du docte Otrich, que ses contemporains nommaient le Cicéron de la Saxe. Tout jeune, il fut élevé au siège épiscopal de Prague, siège nouveau, puisque Adalbert est le second évêque de la capitale bohémienne. Son troupeau, encore indocile, supporta mal ses rigueurs, et l'évêque, laissant la mitre et la crosse, se rendit à Rome, où il se retira sur l'Aventin dans le monastère des saints Alexis et Boniface. Il y devint l'ami d'un singulier personnage, l'empereur Otton, élève de trois femmes savantes, sa mère, sa grand'mère et sa tante, et de Gerbert, ce disciple des Arabes, qui fut maître en philosophie, en mathématiques, en astronomie et dans toutes les sciences du temps ; écrivain, mécanicien, horloger, si savant naturaliste qu'il passa pour sorcier, et qu'on le croyait capable d'entrer dans une maison autrement que par la porte ou par les fenêtres; politique délié, au point de mener plusieurs trahisons à la fois; servile par ambition; à la fin, pape, tout enorgueilli de la grandeur du pontificat romain, et rêvant avec l'empereur je ne sais quelle reconstitution de l'ancien empire, car Otton appelle Rome « la tête du monde » et la « ville d'or »; il se dit l'empereur auguste des Romains, porte le titre de consul, et adresse ses édits au sénat et au peuple de Rome. A ceux qu'il investit d'un office, il met dans la main le code de Justinien en leur disant : « Juge selon ce livre Rome et l'univers, et prends garde de violer jamais les lois de Justinien, mon très saint prédécesseur. » Fervent chrétien d'ailleurs, cet empereur du monde a des velléités de renoncer au monde. Il quitte parfois le *palatium romanum* pour aller vivre dans une cellule à Subiaco, ou dans une caverne comme un ermite. Il visite, pieds nus, le tombeau des martyrs. Il eût mieux fait de servir le Christ, les armes à la main, à la frontière d'Allemagne, où les Danois, un moment convertis, retournent au paganisme sous le fils de Harald à la dent bleue, pendant que les margraves de l'Elbe, ces sentinelles carolingiennes oubliées par le successeur de Justinien, se défendent à grand'peine contre les Wendes.

Adalber fut-il pénétré par l'esprit de ce monde

caduc, qui semble avoir épuisé la vie et où l'imagination pédantesque des hommes erre dans les ruines du passé, comme s'ils n'attendaient plus rien de l'avenir? Peut-être crut-il que la fin du monde était prochaine, et il résolut d'aller demander aux Prussiens, dont il avait ouï parler en Bohême, le martyre, c'est-à-dire le salut éternel. C'était en l'année 997. Adalbert passa par l'Allemagne et par la Pologne. Il demanda au duc polonais une escorte de quelques hommes et une barque, puis descendit la Vistule jusqu'à la mer, suivit le rivage dans la direction de l'est et, après quelques jours de navigation, aborda sur la côte orientale de la Prusse. Le prêtre Benoît et le moine Gaudentius, qui étaient avec lui, ont inspiré deux récits de la « Passion de saint Adalbert », où l'on retrouve le sentiment d'horreur que le souvenir de la terre prussienne a laissé dans leur esprit. A peine la barque eut-elle touché le rivage, que les matelots, déposant à la hâte leurs passagers, s'éloignent, à force de rames et à la faveur de la nuit, de cette Prusse « à qui Dieu est inconnu ». Les missionnaires, effrayés eux-mêmes, restent là quelques jours sans aller vers les païens, et ce sont les païens qui viennent trouver les apôtres, quand le bruit s'est répandu que des hommes étranges sont « arrivés d'un autre monde ». Une troupe survient « grinçant je ne sais quoi de barbare ». Adalbert était assis, lisant le livre des psaumes; le

plus méchant de ces méchants lève en grondant
« son bras noueux », et frappe l'évêque de sa rame.
Le livre échappe des mains d'Adalbert, qui tombe
en murmurant : « Béni soit le Seigneur dans sa
miséricorde ! Si je ne reçois rien de plus en l'honneur de mon Dieu crucifié, du moins j'aurai reçu ce
coup précieux ! » Le coup n'était pas mortel, et les
barbares n'avaient voulu qu'effrayer les étrangers :
« Partez, leur dirent ils, ou vous mourrez. »

Les trois compagnons partirent, mais pour se rendre en un lieu où se tenait un marché. Il y avait
foule ; dès qu'il apparaît, « l'homme du ciel est environné par un îlot de têtes de chiens, qui ouvrent une
gueule terrible et lui demandent d'où il vient, ce
qu'il est, ce qu'il cherche, pourquoi il est venu sans
être appelé. Ces loups ont soif de sang et menacent
de mort celui qui leur apporte la vie : n'attendant
point qu'il parle, ils grimacent et se moquent. C'est
le mieux qu'ils sachent faire. Parle, crient-ils enfin
en secouant la tête ! » L'évêque dit en peu de mots
ce que disent toujours en pareilles conjonctures les
apôtres : il est venu arracher ses frères des mains
du diable et des gorges de l'enfer, leur révéler le
vrai Dieu, et les purifier dans le bain du salut. Les
Prussiens rient des paroles célestes, frappent la terre
de leurs bâtons et emplissent l'air de leurs hurlements, mais ne touchent point les étrangers, auxquels ils commandent de s'éloigner. L'athlète du

Christ se lamentait de ne pas mourir; pourtant sa chair était troublée à l'idée de la mort. Un jour qu'il marchait le long du rivage, une énorme vague se soulève, comme portée par un monstre marin, et se brise avec fracas à ses pieds : l'évêque « pâlit atrocement comme une femme craintive ». La nuit venue, Gaudentius rêva qu'il voulait, après avoir entendu la messe dite par Adalbert, s'approcher du calice pour y tremper ses lèvres, mais que le gardien de l'autel accourait et lui disait : « Ce n'est point à ta bouche qu'il appartient de boire au calice de vie : il est réservé à l'évêque. » Quand le moine lui raconta son rêve, Adalbert comprit qu'il s'agissait du calice du martyre, et ce « fils de la femme », tremblant à la pensée de la passion prochaine : « Mon frère, dit-il, veuille Dieu que ce songe n'annonce que des choses heureuses! »

Le calice descendit enfin des cieux. Gaudentius avait célébré la messe, et les trois compagnons, après avoir fait un repas, s'étaient endormis sur le gazon. Une troupe de Prussiens, conduite par un homme à qui les Polonais avaient tué son frère, les surprit dans leur sommeil. « Le réveil ne fut point agréable. » Adalbert, « dont la chair qui va mourir change de couleur », est entraîné; en voyant le bourreau prêt à le frapper, il ne dit qu'un seul mot à voix basse, celui du Christ au jardin des Oliviers : « Mon père, que voulez-vous de moi? » Ses compagnons, épargnés par les barbares, racontèrent qu'au moment où il tomba, frappé de sept coups de lance, les liens qui retenaient ses mains se rompirent d'eux-mêmes et que les bras du martyr s'étendirent en croix. Ce fut le premier miracle de saint Adalbert.

L'histoire de ce martyre ne nous apprend rien sur les Prussiens, et il faudrait d'autres témoignages que ceux de Gaudentius et de Benoît pour prouver qu'il y avait en ce peuple une exceptionnelle férocité. On ferait une belle histoire des missions du moyen âge [1] en s'imposant comme une règle de ne point prendre parti pour les martyrs, et de rechercher ce qui pouvait se passer dans l'âme des païens à l'arrivée des missionnaires. Toutes sortes de raisons expliquent la propagation de la religion chrétienne dans l'empire romain, et l'on comprend bien aussi que les peuples barbares qui l'ont envahi aient adopté la foi des populations au milieu desquelles ils vivaient. Encore faut-il remarquer que les seuls Francs l'ont acceptée tout entière, au lieu que les autres ont rejeté le mystère de la Trinité, comme impie et contraire au dogme de l'unité divine. Rien ne les a pu déterminer à courber la tête devant l'Église romaine : Théodoric savait qu'en continuant à nier l'égalité du Père et du Fils, il mettait son

---

1. M. Mignet en a écrit un chapitre qui peut servir de modèle : *La Germanie au huitième et au neuvième siècle*, dans ses *Notices et mémoires historiques*, t. II.

empire en péril, et il a persisté; à la veille d'être attaqué par Clovis, le roi burgonde Gondebaud, à qui ses évêques ont mis pour ainsi dire le marché en main, se résigne avec une profonde tristesse à courir un danger dont il mesure toute la grandeur, plutôt que de croire, comme il dit, à trois dieux. Cependant ces rois étaient entourés de catholiques : Cassiodore était auprès de Théodoric, Avitus auprès de Gondebaud; ils parlaient ou, tout au moins, entendaient la langue de l'Église. Combien plus longue n'a pas dû être la résistance des barbares demeurés en terre barbare, à qui des inconnus venaient prêcher le catholicisme! Représentez-vous ces hommes demeurés fidèles au culte de la nature, adorant les forces mystérieuses, le tonnerre qui les épouvante, l'eau bienfaisante qui coule des fontaines, la terre nourricière, le chêne, qui chaque année reverdit, et qui, étant séculaire, passe pour immortel. Des missionnaires arrivent : ils profanent les bois sacrés dont les barbares révèrent l'ombre et le silence; ils mettent le bât sur le cheval blanc qui rend des oracles dans le temple de Swantvit, Dieu de la sainte lumière; ils mettent la cognée au pied du chêne dont les branches, agitées par le vent, révèlent aux hommes la volonté du ciel. Ils déclarent que ce culte vénérable, qui a été celui de nos ancêtres aryens, est œuvre d'enfer et de damnation, et, en échange, ils apportent les mystères d'un Dieu sorti d'une vierge, d'un éternel qui naît, d'un immortel qui meurt, d'un fils aussi vieux que son père, d'un crime avec lequel on naît et que lave l'eau du baptême. Entrez dans l'intelligence de ces barbares : comprendrez-vous?

Souvent les missionnaires ne savent pas même la langue de ceux auxquels ils s'adressent. Ils parlent par signes, par mise en scène, par la croix qu'on porte devant eux ou par des représentations figurées des mystères. Cet enseignement par l'aspect n'était pas plus intelligible. Les missionnaires qui savent se faire comprendre trouvent-ils toujours les paroles qu'il faut dire? Sans doute, quand ils sont intelligents et dirigés par l'admirable pape Grégoire VI, qui, dans ses curieuses instructions aux prêcheurs des Anglo-Saxons, enseigne l'art de ménager la transition entre les coutumes anciennes et la foi nouvelle; mais on ne rencontrait point chez tous les apôtres la modération ni la flexible intelligence qu'il fallait pour une si délicate besogne. Adalbert, par exemple, dit aux Prussiens qu'il vient pour les arracher des gorges de l'Arverne, mais les Prussiens ne se savaient pas menacés de périr dans ces gorges. Ce discours rappelle celui que Clotilde, au dire de Grégoire de Tours, tint à Clovis quand elle le catéchisa : elle lui reprocha de vénérer des idoles, et les Francs n'en avaient pas; d'adorer Jupiter, ce *stuprator virorum*, cet adultère, cet inceste qui a épousé

sa sœur, puisque Junon dit (dans Virgile) qu'elle est
« et la sœur et l'épouse du maître des dieux »;
c'était la première fois sans doute que Clovis entendait parler de Jupiter. Aussi, ne comprenant pas, il
se contente de répondre à Clotilde ces mots : « Ton
Dieu n'est pas de la famille des Ases : par conséquent il n'est pas Dieu », et c'est le tour de Clotilde
de ne plus comprendre. Cette conversation rapportée par l'évêque de Tours n'a peut-être jamais été
tenue; mais on peut voir dans les paroles que l'historien prête à Clotilde une sorte de texte consacré
pour l'usage des missionnaires, qui a servi jadis à la
conversion des païens classiques et qu'on emploie à
la conversion des païens germaniques. Les vieilles
phrases vivent longtemps, si tant est qu'elles meurent jamais, et bien des exemples montreraient, si
on les voulait réunir, que non seulement la langue,
mais aussi le langage des missionnaires, n'était pas
intelligible à ceux qui l'entendaient.

C'est pourquoi la plupart des missions n'auraient
pas réussi sans la politique et la force. « Je ne puis
rien, dit Boniface, l'apôtre de la Germanie, sans le
patronage du duc des Francs et la crainte qu'il inspire. » Il a fallu trente quatre années de guerre, des
exécutions et des transportations en masse pour convertir les Saxons; il a fallu, la conquête achevée, le
capitulaire de Saxe, où la peine de mort revient à
chaque article, et le dur gouvernement des évêques

et des comtes. Les païens comprenaient de bonne heure qu'en défendant leurs dieux ils défendaient leur liberté, et qu'en devenant chrétien on devenait sujet. Ils savaient, à la venue du missionnaire, que le prince n'était pas loin et qu'il apportait la servitude. Adalbert dit aux Prussiens qu'il est envoyé par le duc de Pologne; mais les Prussiens ne redoutaient rien tant que le joug du duc de Pologne. Ils étaient en guerre avec lui sur la frontière, et même le meurtre de l'évêque fut une vengeance privée, son bourreau ayant eu un frère tué par des Polonais. Les barbares auraient voulu épargner les chrétiens pour ne point encourir de représailles : à deux reprises, ils commandent à ces inconnus « venus d'un autre monde » d'y retourner. Ils les tenaient pour des êtres malfaisants, et l'hagiographe leur prête ces paroles remarquables : « A cause de ces hommes, notre terre ne donnera plus de moissons, nos arbres ne porteront plus de fruits; il ne naîtra plus d'animaux, et ceux qui seront nés mourront. » Les Prussiens se trompaient, car leur terre devait donner encore des moissons et de plus belles; mais un jour devait venir où il n'y aurait plus de Prussiens pour les récolter. Tout ce peuple a péri, en effet, martyr de la civilisation chrétienne, ne laissant qu'un nom, qui a été pris par ses vainqueurs. Il avait raison de dire au précurseur des chevaliers teutoniques : « Va-t'en ! »

La conquête.

Adalbert était mort sans avoir gagné l'âme d'un Prussien à la foi chrétienne, mais on sut dans l'Europe entière qu'un évêque, un ami de l'empereur, avait trouvé le martyre parmi des païens jusque-là inconnus, et le nom des Prussiens sortit de l'obscurité. Dès lors la guerre est perpétuelle contre la Prusse, que les Danois attaquent par le nord et les Polonais par le sud. Ni les uns ni les autres n'eurent de succès durables, et les crises d'anarchie qui se répétaient périodiquement en Pologne survinrent toujours à point pour sauver les Prussiens. Ceux-ci, le plus souvent, se contentaient de faire des guerres défensives, se tenant cachés dans les bois, jusqu'à la retraite de leurs ennemis, qu'ils poursuivaient. Le roi Boleslas IV parvint, au milieu du XIIe siècle, à leur imposer un tribut, après une expédition victorieuse ; mais ils refusèrent de payer ce qu'ils avaient promis, et, lorsque Boleslas envahit encore une fois leur pays, son armée y périt presque entière. Ce fut le dernier grand combat : quand s'ouvrit le XIIIe siècle, la Prusse était toujours indépendante et païenne.

Les Prussiens n'étaient pas des ennemis à dédaigner. Il est vrai qu'ils étaient divisés en onze peuplades, mais la communauté de religion les unissait. Pierre de Dusbourg nous apprend qu'il y avait chez cette nation abominable un lieu appelé Romowe, nom qui vient de Rome, ajoute-t-il avec cette hardiesse fantastique des écrivains du moyen âge à inventer les étymologies. A Romowe habitait un certain personnage, le *Criwe*, qui était le pape des Prussiens. « De même, en effet, que le seigneur pape gouverne l'universelle Église des fidèles, de même, sur un ordre du *Criwe*, obéissent non seulement les Prussiens, mais encore les Livoniens et les Lithuaniens. Il n'est pas besoin que le grand prêtre paraisse en personne : son messager, porteur de son bâton ou de quelque signe connu, est vénéré comme lui-même. » Les morts avaient pour lui autant de déférence que les vivants : avant de se rendre dans la vie future, ils passaient par sa maison; aussi les parents des trépassés se succédaient-ils chez le grand prêtre pour lui demander s'il n'avait pas, tel jour, vu passer telle personne, et le grand prêtre, sans hésiter, décrivait le personnage, les vêtements qu'il portait, les chevaux et les serviteurs qu'on avait brûlés avec lui; il montrait le trou qu'avait fait, en passant avec sa lance, le voyageur pour l'autre monde. Comme les Prussiens étaient très religieux et n'entreprenaient rien sans consulter leurs dieux, grande était l'autorité du chef mystérieux d'un clergé répandu sur tout le territoire. Le *Criwe* vivait et prospérait ainsi au fond de son bois sacré, au temps où le grand pape Innocent III présidait à Latran les évêques et les ambassadeurs des princes de la chrétienté. L'Allemagne, gouvernée par les Hohenstaufen, brillait de tout l'éclat de la civilisation chevaleresque; à Paris, Notre-Dame s'élevait, et saint Louis allait bâtir la Sainte-Chapelle; l'Université était fondée : de tous les points de l'Europe une jeunesse avide de connaître se pressait autour des maîtres, qui dissertaient *de omni re scibili et quibusdam aliis*, et les Prussiens ne comprenaient pas qu'on pût sur un morceau de parchemin expliquer sa pensée à un absent; les secrets de l'arithmétique leur étaient si bien inconnus que pour compter ils faisaient des marques sur un morceau de bois ou des nœuds à leur ceinture.

Cependant de tous côtés s'avance vers eux, lentement, irrésistiblement, la civilisation chrétienne. Les royaumes scandinaves sont chrétiens depuis le xie siècle. Au xiie siècle, par la collaboration des margraves de Brandebourg, des ducs de Saxe et des rois de Danemark, le christianisme s'établit en Brandebourg, en Mecklembourg et en Poméranie, et cette dernière province confine à la Prusse, dont elle n'est séparée que par la Vistule. Depuis longtemps la Pologne, qui enveloppait la Prusse au sud, était chrétienne. Enfin, dans la Livonie, Albert de Buxhovden, évêque et soldat, avait conquis sur les païens son évêché de Riga et fondé l'ordre des Porte-glaives, qui avait pour insignes l'épée et la croix sur le manteau blanc [1]. Comment la Prusse aurait-elle pu maintenir plus longtemps son indépendance et sa religion? Il n'est point permis à un peuple d'être si différent des peuples qui l'entourent. La civilisation, c'est-à-dire la somme d'idées admise par la majorité des peuples d'une certaine région, à une certaine date, sur les rapports de l'homme avec Dieu et sur la forme du gouvernement et de la société, n'est pas tolérante à l'égard des dissidents, individus ou peuples. Elle tend à effacer sans cesse, au sein de chaque nation, les résistances individuelles, et à rendre les peuples réfractaires semblables aux autres. Son œuvre, rapide aux époques où les idées circulent vite, fut lente au moyen âge, mais ne s'arrêta pas. Elle marchait alors de l'ouest à l'est : partie de France et d'Italie, elle avait gagné l'Allemagne, les pays du nord, la Pologne et les rives lointaines de la Baltique; la Prusse, débordée par elle, demeurait comme une exception qui devait cesser.

Au début du XIII⁰ siècle, une nouvelle tentative fut faite pour convertir les Prussiens. Le moine Christian, sorti du monastère poméranien d'Oliva, avant-poste chrétien jeté à quelques kilomètres de

---

1. Voir la note de la page 45.

la terre païenne, franchit la Vistule et bâtit sur la rive droite quelques églises. Ce fut assez pour que le pape prît sous la protection des apôtres Pierre et Paul le pays tout entier et instituât Christian évêque de Prusse. Le nouveau diocèse était à conquérir; pour donner des soldats à l'évêque, le pape fit prêcher la croisade contre les Sarrasins du nord. La folie de la croix était alors apaisée, et les chevaliers avaient à plusieurs reprises marqué leurs préférences pour les croisades courtes. Les papes s'accommodaient, non sans regret, aux nécessités du temps, et les indulgences étaient aussi abondantes pour le Bourguignon croisé contre les Albigeois, ou pour le chevalier saxon croisé contre les Prussiens, qu'elles l'avaient été jadis pour Godefroy de Bouillon ou pour Frédéric Barberousse. « Le chemin n'est ni long ni difficile, disaient les prêcheurs de la croisade albigeoise, et copieuse est la récompense. » Ainsi parlaient les prêcheurs de la croisade prussienne.

Plusieurs armées marchèrent contre les Sarrasins du nord; mais elles ne firent que passer, pillant, brûlant, puis livrant aux représailles des Prussiens exaspérés les églises chrétiennes. En 1224, les barbares massacrent les chrétiens, détruisent les églises, passent la Vistule pour aller incendier le monastère d'Oliva, et la Drevenz pour aller ravager la Pologne. Ce pays était alors partagé entre les deux fils du roi Casimir ; l'un d'eux, Conrad, avait la Mazovie, et, voisin de la Prusse, il portait tout le poids d'une guerre qui n'avait jamais été si terrible. Ne se fiant plus à des secours irréguliers et dangereux, il se souvint que l'évêque de Livonie, en fondant un ordre chevaleresque, avait mis la croisade en permanence sur le sol païen, et il députa vers le grand maître des teutoniques pour lui demander son aide.

Ceci est un très grave événement dans l'histoire de la Pologne, car c'est à ce pays qu'il appartenait de transmettre le christianisme aux peuples de l'Oder et de la Vistule, et, pour qu'il pût vivre âge de peuple, dans un cadre naturel, entre les monts bohémiens et la mer, il fallait qu'il ne laissât point se détacher de lui la Silésie ni la Poméranie, et qu'il ne permît point aux Allemands de s'établir en Prusse comme dans une forteresse, au milieu de la région slavo-finnoise. Mais la Pologne, à aucun moment de son histoire, n'a fait ce qu'elle devait faire. Elle a eu au moyen âge de la grandeur par moments et par éclairs : jamais elle ne s'est recueillie, soit pour apprendre à se gouverner, soit pour entreprendre une conquête suivie. Sa cavalerie féodale, campée sur ce terrain vague et ouvert à tous les vents qui s'étend de la Vistule à l'Oder, en sort à tous moments et galope vers l'Elbe ou vers le Dniéper et la Duna. Elle eut mieux fait de pousser à fond la guerre contre la Prusse, car, le jour où Conrad de Mazovie, avouant son impuissance, appela contre les Prussiens les chevaliers teutoniques, il prépara la ruine de la Pologne.

Le grand maître à qui s'adressa Conrad était Hermann de Salza, le plus habile politique du xiiie siècle, où il a été mêlé à toutes les grandes affaires. Dans ce temps de lutte sans merci entre l'empire et la papauté, où les deux chefs de la chrétienté se haïssaient mutuellement, le pape excommuniant l'empereur, l'empereur déposant le pape, l'un et l'autre se couvrant d'injures et se comparant qui à l'Antéchrist, qui aux plus vilaines bêtes de l'Apocalypse, Hermann demeura l'ami et même l'homme de confiance de Frédéric et de Grégoire IX. Il n'est pas prudent d'associer un pareil homme à une entreprise politique en lui offrant une part dans les bénéfices : s'il ne cherchait point à grossir cette part, à quoi servirait cette habileté? Conrad de Mazovie et Christian d'Oliva espéraient sans doute que les teutoniques feraient leur besogne moyennant quelque cession de territoire sur laquelle on reviendrait dans la suite, mais ils s'aperçurent qu'ils s'étaient trompés. Conrad offre à l'ordre le pays de Culm, entre l'Ossa et la Drevenz, toujours disputé entre les Polonais et les Prussiens et qui alors était à conquérir. Hermann accepte, mais il demande à l'empereur de confirmer cette donation et d'y ajouter celle de la Prusse entière. L'empereur, en sa qualité de maître du monde, cède au grand maître et à ses successeurs l'antique droit de l'empire sur les montagnes, la plaine, les fleuves, les bois et la mer *in partibus Prussiæ*. Hermann demande la confirmation pontificale, et le pape, à son tour, lui donne cette terre qui appartenait à Dieu ; il fait de nouveau prêcher la croisade contre les infidèles, prescrivant aux chevaliers de combattre de la main droite et de la main gauche, munis de l'armure de Dieu, pour arracher la terre des mains des Prussiens, et ordonnant aux princes de secourir les teutoniques. Après les premières victoires, il déclarera de nouveau la Prusse propriété de saint Pierre ; il la cédera aux teutoniques, « de façon qu'ils la possèdent librement et en toute propriété », et menacera quiconque les voudrait troubler dans cette possession « de la colère du Tout-Puissant et des bienheureux Pierre et Paul, ses apôtres [1] ».

Quand tout fut en règle, en 1230, la guerre com-

---

[1]. Il s'est écoulé plusieurs années entre l'envoi de la première ambassade polonaise et le commencement de la conquête. Ce retard s'explique en partie par les occupations multiples du grand maître et par la croisade qu'il fit en Terre Sainte avec Frédéric II ; mais il est certain que Hermann ne voulut point se hâter, et qu'en faisant attendre les secours qu'on lui demandait, il espérait amener où il voulait le duc Conrad et l'évêque Christian. Celui-ci avait l'ambition de se constituer une principauté en Prusse, comme celle d'Albert de Buxhœvden en Livonie ; les chevaliers n'auraient été que des soldats employés par lui à la conquête. Dans l'intervalle qui sépare

mença. La première fois que les Prussiens aperçurent dans les rangs des Polonais ces cavaliers vêtus du long manteau blanc sur lequel se détachait la croix noire, ils demandèrent à un de leurs prisonniers qui étaient ces hommes et d'où ils venaient. Le prisonnier, rapporte Pierre de Dusbourg, répondit : « Ce sont de pieux et preux chevaliers envoyés d'Allemagne par le seigneur pape pour combattre contre vous, jusqu'à ce que votre dure tête plie devant la sainte Église. » Les Prussiens rirent beaucoup de la prétention du seigneur pape. Les chevaliers n'étaient pas si gais. Le grand maître avait dit à Hermann Balke, en l'envoyant combattre les païens avec le titre de « maître de Prusse » : « Sois fort et robuste; car c'est toi qui introduiras les fils d'Israël, c'est-à-dire tes frères, dans la terre promise. Dieu t'accompagnera! » Mais cette terre promise parut triste aux chevaliers, quand ils l'aperçurent pour la première fois d'un château situé sur la rive gauche de la Vistule, non loin de Thorn, et

---

l'envoi de l'ambassade et la conquête, il avait essayé de fonder un ordre militaire qui ne relevât que de lui, l'ordre de *Dobrin*. Si cet ordre avait vécu, et s'il avait continué à se recruter, comme au début, dans les provinces slaves, la destinée du pays prussien aurait pu être complètement modifiée : la colonisation eût été polonaise, au lieu d'être germanique. Mais l'ordre ne se développa point assez vite; le danger était pressant, et Christian, après s'être assuré de riches domaines et de belles prérogatives, dut renoncer à toute souveraineté sur l'ordre, à toute juridiction sur ses membres, à la levée de la dîme sur la terre conquise.

qu'on appelait d'un joli nom, *Vogelsang*, c'est-à-dire le chant des oiseaux. « Peu nombreux en face d'une multitude infinie d'ennemis, ils chantaient le cantique de la tristesse, car ils avaient abandonné la douce terre de la patrie, terre fertile et pacifique, et ils allaient entrer dans une terre d'horreur, dans une vaste solitude emplie seulement par la terrible guerre. »

La terrible guerre dura cinquante-trois ans. On n'entreprendra point ici d'en raconter les détails; ce serait d'ailleurs chose difficile, où les Allemands eux-mêmes n'ont pas encore réussi. La remarquable publication des *Scriptores rerum prussicarum* réunit pourtant tous les témoignages connus sur ce grand événement; malheureusement, le plus complet, le plus commode, le mieux ordonné des écrivains des choses prussiennes, Pierre de Dusbourg, écrit un siècle après les événements; il fait partie de l'ordre comme prêtre, et non seulement il est partial en faveur des chevaliers, mais, tout pénétré de l'esprit ecclésiastique, il regarde trop la conquête comme l'œuvre sainte de soldats de Dieu contre les infidèles. Ses légendes sont très belles, et, comme le merveilleux ne risque plus de nous égarer, il faut les lui pardonner; mais il grossit nombre de faits, supprime ceux qui le gênent, exagère à chaque page le nombre des croisés et celui des païens, et, pour toutes ces raisons, trace un tableau inexact de la conquête de la Prusse. D'autre part, il s'impose par ses qualités, par la facilité, l'agrément, je dirais même le charme de sa lecture. C'est pourquoi les historiens allemands, même contemporains, subissent son autorité et la conquête comme ils la racontent semble un grand drame en plusieurs actes, où des forces énormes sont engagées les unes contre les autres dans des combats gigantesques. Ils sèment sur cette histoire la belle et sombre poésie du nord et se complaisent au récit de ces campagnes d'hiver où la glace rompt sous le pas des chevaux des teutoniques; ils y mêlent ce patriotisme mystique qui leur fait tout admirer de l'Allemand, même sa rudesse et sa brutalité, comme s'il était l'instrument de je ne sais quelle puissance surnaturelle, d'une Providence spéciale à l'Allemagne, mais point indifférente à l'univers qu'elle travaille à transformer par la force allemande.

Il n'y a point de doute que le chevalier et le colon allemands étaient supérieurs à ceux qu'ils ont vaincus ou dépossédés Quand on compare au pays décrit par Wulfstan le pays administré par l'ordre, on admire, à moins d'avoir l'esprit singulièrement prévenu, l'œuvre extraordinaire accomplie par des Allemands de toutes les parties de l'Allemagne et de toutes les conditions. Il n'en faut pas moins, pour être vrai, dépouiller d'une bonne partie de sa poésie l'histoire de cette pénible conquête, qui a duré plus d'un demi-siècle.

Au temps de la plus grande puissance de l'ordre, c'est-à-dire vers l'année 1400, il y avait en Prusse un millier de chevaliers. Le nombre en était incomparablement moins considérable au xiiie siècle, surtout au début de la conquête, quand l'ordre, faible encore, avait ses membres disséminés en Allemagne, en Italie et en Terre Sainte. La *Chronique de l'ordre*, qui semble antérieure à Dusbourg et mieux informée que lui, ne raconte que de petits combats, où les teutoniques, peu nombreux, délaissés par leurs frères des commanderies d'Allemagne et peu sûrs des colons, s'enferment dans des forteresses dont les faibles garnisons maintiennent difficilement leurs communications par la Vistule. Dix ans après que la guerre a commencé, plusieurs villes étant déjà fondées, les chevaliers de Culm envoient trois fois à Reden pour demander à *un* chevalier de les venir assister. Ils députent ensuite vers le grand maître en Allemagne, puis en Bohême et en Autriche, mandant que tout est perdu si on ne les secourt : dix chevaliers arrivent avec trente chevaux, et c'est assez pour qu'il y ait une grande joie à Culm. Quant aux troupes de croisés que les bulles pontificales expédiaient fréquemment en Prusse, elles n'ont jamais été nombreuses, et l'imagination des vieux chroniqueurs s'est laissée aller à des exagérations grotesques. Lorsque Dusbourg raconte que le roi de Bohême Ottokar a pénétré jusqu'au fond du Samland avec une armée de soixante mille hommes, qui n'auraient certainement pu se mouvoir ni se nourrir dans ce pays, il est probable qu'il ajoute deux zéros. Par une conséquence naturelle, on grossit le nombre des ennemis. Une chronique livonienne dit que les Samlandais pouvaient mettre quarante mille hommes sur pied; mais leur pays, de 1700 kilomètres carrés, était en grande partie couvert de bois où vivaient le castor, l'ours et l'aurochs, et il n'est pas vraisemblable que le sol, dont l'exploitation était très imparfaite, ait pu nourrir plus de vingt hommes par kilomètre carré; le Samland aurait donc été peuplé par trente-quatre mille âmes. Ainsi, c'est un petit nombre de chevaliers, assistés par de petites troupes de croisés et par les contingents militaires des colons, qui ont entrepris la conquête de la Prusse, dont la population n'a guère dû dépasser deux cent mille âmes. La supériorité de l'armement, qui faisait de chaque teutonique comme une forteresse ambulante, la meilleure tactique, l'art de la fortification, les divisions des Prussiens, leur incurie et cette incapacité des tribus barbares à prévoir l'avenir et à y pourvoir, expliquent le succès définitif, comme le petit nombre des forces engagées fait comprendre la longueur de la lutte.

La conquête était comme un flot, qui avançait et reculait sans cesse. Une armée de croisés arrivait-elle : l'ordre déployait sa bannière. On se mettait en route prudemment, précédé par des éclaireurs spécialement dressés à cette besogne. Presque toujours on surprenait l'ennemi. On occupait certains points bien choisis, sur des collines d'où l'on découvrait au loin la campagne. On creusait des fossés, on plantait des palissades et l'on bâtissait la forteresse. Au pied s'élevait un village, fortifié aussi et dont chaque maison était mise en état de défense : là on établissait des colons, venus avec les croisés ; c'étaient des ouvriers ou des laboureurs qui avaient quitté leur pays natal pour aller chercher fortune en terre nouvelle, accompagnés de leurs femmes et de leurs enfants, tous portant la croix comme les chevaliers. Il fallait faire vite, car chaque croisade durait un an à peine. Les croisés partis, la forteresse était exposée aux représailles de l'ennemi ; souvent elle était enlevée, brûlée, et le village détruit ; puis les Prussiens envahissaient le territoire auparavant conquis, et les chevaliers, enfermés dans les châteaux, attendaient avec anxiété le messager qui annonçait l'arrivée d'un secours. Il fallait s'accoutumer à ce flux et à ce reflux perpétuels. Sur les hauteurs et dans les îles des lacs, on avait préparé des maisons de refuge, où les colons, l'alarme donnée, cherchaient un asile, et ces retraites précipitées étaient si habituelles que des cabaretiers demandaient et obtenaient pour eux *et leurs descendants* le privilège de vendre à boire dans les lieux de refuge.

Les chevaliers firent leur premier et plus solide établissement dans l'angle formé par la Vistule, entre les embouchures de la Drevenz et de l'Ossa, où Thorn et Culm furent bâtis dès l'année 1232 Aujourd'hui encore, les souvenirs et les monuments de la conquête se pressent dans le Culmerland, et l'on ne sait pas assez, même en Allemagne, quelles surprises y attendent le voyageur. Au mois d'octobre 1877, après avoir quitté le chemin de fer à Térespol, près de la rive gauche de la Vistule, je me dirigeais, le jour déclinant déjà, vers le bac sur lequel on passe le fleuve, en face de Culm. Le ciel était couvert à l'orient de nuages gris et noirs croulant les uns sur les autres, pendant qu'au couchant, sur un fond d'or d'une pureté parfaite, se détachait au delà du fleuve la colline abrupte où s'élèvent les clochers de Culm. Sur la rive droite, un chemin escarpé mène à la ville, qui, enveloppée par le fleuve et par un ruisseau, semble une île au milieu de la plaine infinie. Après avoir longé les vieux murs et passé sous une poterne étroite, épaisse et longue, on va, tout étonné, des vieilles églises, qui ont une haute et fière mine, à un hôtel de ville, qu'on dirait apporté avec son campanile détaché de quelque cité italienne, puis on entre dans une rue moderne, dont toutes les maisons sont bâties sur un même modèle. Les monuments rappellent ces chevaliers qui ont apporté sur la terre de Prusse des souvenirs du monde entier, et les maisons modernes, bâties au temps de Frédéric sur quelque plan venu de Berlin, et alignées comme un bataillon, représentent, à côté de la grandeur poétique et des élans d'imagination d'un autre âge, la prose et la discipline prussiennes. On trouve ces antithèses dans tout le pays entre Culm et Thorn, que j'ai parcouru par des chemins mal entretenus où les chevaux piaffaient dans la boue liquide, car le gouvernement prussien néglige ses provinces de l'est, ce qui est peut-être une imprudence. Dans la plaine, légèrement ondulée, semée de petits lacs et de blocs erratiques sous lesquels les vieux Prussiens enterraient les cendres de leurs morts, on aperçoit presque toujours, à quelque point de l'horizon vaste et morne, le profil d'un clocher et d'une ruine. C'est, par exemple, Papau, où il reste d'énormes murs de pierre, percés d'ogives encadrées de briques; Culmsee, un pauvre village au pied de deux églises colossales à trois nefs aux voûtes très hautes, et dont le portail est surmonté d'une tour carrée, que flanquent des contreforts. C'est Thorn, dont le château ruiné, aux assises cyclopéennes, garde la trace de l'incendie qui le détruisit au xv⁰ siècle : l'hôtel de ville est un des plus fiers monuments de l'architecture municipale allemande; trois églises, où la brique a fait des merveilles, offrent à la curiosité du philologue et de l'historien une inscription sur un baptistère, qui n'a point été déchiffrée, et qu'on dit prussienne, une autre en caractères arabes, qui encadre un portail de Saint-Jacques. Ces souvenirs du passé font trouver le présent misérable, car ces monuments gigantesques siéent à ces villages et à ces villes comme ferait à un enfant malingre l'armure d'un chevalier de sept pieds.

Le Culmerland soumis, la conquête suivit la Vistule, dont tout le cours fut bientôt commandé par les forteresses de Thorn, Culm, Marienwerder et Elbing. Dès lors les teutoniques furent en communication par la Baltique avec la mère patrie allemande; mais, sur le continent, ils étaient séparés de l'Allemagne par le duché slave de Poméranie, voisin peu sûr, qui voyait avec inquiétude, et il avait raison, des conquérants allemands s'établir en pays slave. La guerre que le duc poméranien Swantepolk fit à l'ordre en 1241 fut le signal d'une première révolte des Prussiens, qui dura onze années et qui fut terrible. Les chevaliers l'emportèrent, et le bruit de ces luttes et de ces victoires attira de nouveaux croisés, parmi lesquels parut, en 1254, le roi de Bohême, Ottokar. Pour la première fois, des chrétiens pénètrent alors dans le bois sacré de Romowe; Kœnigsberg est bâti, et son écusson, où figure un chevalier dont le casque est couronné, a gardé, comme son nom, le souvenir du roi de Bohême. Ottokar conta qu'il avait baptisé tout un peuple et porté jusqu'à la Baltique les limites de son empire; mais c'était une vanterie, comme les aimaient les Slaves du moyen âge, qui faisaient moins de besogne que de bruit. Les chevaliers au contraire, usant pour le mieux des ressources qui leur arrivaient, reprenaient et poursuivaient sérieusement la conquête. La première révolte à peine apaisée, ils envoyèrent des colons fonder Memel, au delà du *Haff* courlandais. Dès l'année 1237, l'ordre des Porte-Glaives, conquérant de la Livonie, s'était fondu dans celui des teutoniques, qui aspiraient à dominer toute la Baltique orientale et tenaient déjà 100 milles de la côte [1]. Mais la

---

1. Cette fusion des deux ordres fut encore l'œuvre de Hermann de Salza. Les conquêtes de l'évêque Albert et des Porte-Glaives avaient été très rapides (voir la note de la page 45); mais déjà, du vivant d'Albert, de graves dangers avaient menacé l'existence de l'ordre. En Livonie, c'était l'évêque qui était souverain, non l'ordre. Les Porte-Glaives ne tardèrent pas à réclamer des privilèges et une part de la conquête. L'évêque dut faire d'importantes concessions. La colonie allemande était en outre menacée par les Lithuaniens et les Russes. Vivement pressé par ces ennemis, Christian avait appelé les Danois. Les Scandinaves avaient déjà paru dans ces contrées, et bientôt, sous la conduite de Waldemar, ils devinrent des rivaux redoutables. Waldemar battit Reval en 1219 et prit possession d'une partie de l'Esthonie. Après la mort de Christian, les embarras devinrent plus graves. Les

terre prussienne n'était point soumise, et, sept ans
après le départ du roi de Bohême, tout se prépare
pour un soulèvement nouveau. Des conciliabules
se tiennent dans les bois; un grand prêtre paraît,
et les chênes se mettent à parler. Des nobles prussiens, que l'ordre faisait élever dans des monastères, s'enfuient secrètement. Les chevaliers sentent
venir l'orage et croient le conjurer par des violences : un des officiers de l'ordre invite des Prussiens qui lui sont suspects, les enivre dans un
banquet, puis il sort, ferme la porte derrière lui,
et, comme dit Dusbourg, réduit en cendres nobles
et château. La révolte éclate pourtant, plus terrible

attaques des Lithuaniens et des Russes redoublèrent ; Waldemar, un moment dépossédé, revendiqua l'Esthonie ; l'indis-
cipline était dans l'ordre, qui semblait près de se decom-
poser. Alors les Porte-Glaives députent vers les teutoniques
pour demander la fusion. Hermann, comme de coutume, ne
se presse pas. Il ne voulait point hériter de tous les embarras
des Porte-Glaives, par exemple d'une guerre avec le Danemark. Il attendit qu'un grand echec, infligé par les Lithuaniens aux Porte-Glaives, eût rendu ceux-ci plus accommodants;
car ils ne voulaient point entendre parler de la cession de
l'Esthonie septentrionale aux Danois. Apres la defaite de
1236, la fusion des deux ordres fut ordonnee par le pape, à
Viterbe, en présence de Hermann. La chose faite, Hermann
apprit aux Porte-Glaives qu'il s'était engagé a la restitution
de l'Esthonie. Il était trop tard pour réclamer. Les Porte-
Glaives formerent une division a part dans l'ordre, et il y eut
un « maître » spécial pour la Livonie. La fusion des deux
ordres est un événement de grande conséquence, et l'on voit
en presence dans cette vieille histoire Allemands, Scandinaves,
Russes, c'est-à-dire les acteurs principaux de ce combat pour
la Baltique, commencé au moyen âge, poursuivi dans les
temps modernes, et qui n'est pas fini.

que la première fois : le maître de Livonie est défait par les Lithuaniens ; la Courlande s'affranchit ; les princes poméraniens, bien que chrétiens, secourent les Prussiens contre les Allemands ; les châteaux de l'ordre succombent les uns après les autres, et pendant dix ans les revers succèdent aux revers. Enfin, affaiblis par l'effort et par des pertes énormes, les révoltés commencent à céder ; les chevaliers mettent dix nouvelles années à regagner le terrain perdu ; ils affaiblissent l'ennemi par un massacre perpétuel, et le combat cesse quand les Sudaviens, petit peuple vivant au plus épais des bois, au milieu des plus grands étangs de la région, se reconnaissent vaincus et, plutôt que de subir le joug des chevaliers, passent avec leur chef, le terrible Stardo, en Lithuanie. Le dernier coin de terre où a duré la résistance est demeuré comme maudit, et le désert de Johannisburg s'étend où se pressaient jadis les villages des Sudaviens.

Cette lutte fut l'âge héroïque de l'ordre. Pendant ces années terribles, les chevaliers sont soutenus par la foi. Dans les châteaux assiégés, où ils tiennent contre toute espérance, mangeant chevaux et harnais, ils adressent d'ardentes prières à la mère de Dieu. Avant de se jeter sur l'ennemi, ils couvrent leurs épaules des cicatrices que fait la discipline. Naturellement des miracles se produisent et Dusbourg nous raconte de merveilleuses légendes. A la veille d'une des plus sanglantes batailles livrées par les Prussiens insurgés, la vierge Marie apparut à un chevalier qui s'était fait son serviteur, et lui dit : « Hermann, tu seras bientôt dans la compagnie de mon fils! » Le lendemain, Hermann, s'élançant au plus épais des rangs ennemis, dit à ses compagnons : « Adieu, frères, nous ne nous reverrons plus! La mère de Dieu m'appelle dans la paix éternelle! » Un paysan prussien, qui avait regardé la bataille, raconta qu'il avait vu fuir les chevaliers et leurs corps s'amonceler, et son récit se terminait par ces mots : « Alors je vis des femmes et des anges qui portaient au ciel les âmes des frères; plus brillante que les autres rayonnait l'âme d'Hermann, dans les mains de la sainte Vierge. » Le soir d'une autre bataille, la femme d'un colon, dont le mari n'était point revenu, alla le chercher sur le champ de bataille. Elle le trouva vivant encore, mais ne put le décider à se lever et à partir. « Je viens de voir la sainte Vierge, lui dit-il; deux femmes l'accompagnaient portant des cierges; elle marchait et encensait les corps des trépassés; arrivée à moi, elle m'a dit : « Réjouis-toi : encore « trois jours, et tu t'envoleras dans la vie éternelle! » Et le blessé voulut mourir sur le champ de bataille.

C'était une dure race que celle de ces conquérants. Un chevalier usa sur sa peau ensanglantée plusieurs cottes de mailles, et beaucoup dormaient, ceints de grosses ceintures de fer. Les colons, hommes et femmes, sont trempés comme les chevaliers. C'est une règle que, si les hommes d'une ville ont été tués, les femmes doivent tout de suite épouser les garçons, car il faut que la colonie ne périsse pas. A Culm, deux femmes allant à l'église aperçoivent un bel enfant, vêtu de guenilles, qui jouait aux osselets; toutes les deux le veulent avoir, mais la plus habile le fait enlever, conduire chez elle et vêtir honorablement. Un prêtre fiança ce couple singulier, et le mariage fut célébré dans la suite. L'histoire de ces deux femmes qui se disputent un mari sur le chemin de l'église, dans une ville déserte, est un des traits les plus frappants de cette histoire où l'on voit la nécessité du « combat pour l'existence » ramener des chrétiens du xiiie siècle aux conditions de la vie primitive.

Colons et chevaliers ont à la fin du xiiie siècle terre gagnée. Leurs châteaux et leurs villes sont assis solidement sur le sol de la Prusse, et ce qui reste des vaincus ne remuera plus. Les conquérants avaient usé d'abord de ménagements, laissant aux paysans leur liberté et aux nobles leur rang, après qu'ils avaient reçu le baptême. Ils faisaient instruire les enfants dans les monastères; mais ces Prussiens ainsi élevés avaient été les plus dangereux ennemis. Pendant et après les révoltes, il n'y eut plus de droit pour les vaincus : les Allemands en tuèrent un nombre énorme; ils transportèrent les survivants d'une province dans une autre, et les classèrent, non d'après leur rang héréditaire, mais d'après leur conduite envers l'ordre, brisant à la fois l'attache au sol natal et l'antique constitution du peuple. L'ordre garda quelques égards pour les anciens nobles qui avaient mérité par leur conduite de demeurer libres et honorés; il employa aussi des Prussiens à divers services publics, mais le nombre de ces privilégiés était restreint, et la masse des vaincus tomba dans une condition voisine de la servitude.

Les conquérants chrétiens ne regardèrent pas même les vaincus comme des frères dont il fallait sauver l'âme, qui valait la leur. Dès les premières années de la guerre, le pape se plaignait qu'ils laissassent les Prussiens persévérer dans le paganisme, et l'ordre a gardé jusqu'au bout cette indifférence. Dusbourg, décrivant les mœurs antiques des Prussiens, raconte que l'hospitalité qu'ils donnent n'est pas complète si toute la maison, homme et femme, fils et fille, ne s'enivre point avec les hôtes; que la femme, servante qu'on achète, ne mange point avec son mari et lave chaque jour les pieds des hôtes et des domestiques; que la composition pour un crime commis est admise seulement après que l'homicide ou quelqu'un de ses proches a été tué par les parents de la victime. Ces coutumes du XIIIe siècle se retrouvent encore au XVe. Après que l'ordre eut subi le désastre qui le fit passer à la condition de vassal de la Pologne, le grand maître Paul de Russdorf ouvrit une enquête publique sur les causes de la misère profonde où le pays était tombé. Un moine chartreux écrivit alors une sorte d'exhortation où il reprochait à l'ordre les fautes commises et surtout sa conduite « envers le commun peuple, notamment envers les Prussiens », qu'il appelle « les pauvres Prussiens ». Ceux-ci ont gardé, dit-il, les usages païens, et comment en serait-il autrement? Leurs maîtres disent aux prêtres qui les voudraient convertir : « Laissez les Prussiens demeurer Prussiens. » Ils les empêchent d'aller à l'église, les accablent de corvées, même les saints jours, et ne se soucient que d'en tirer de l'argent et des services. Ils exigent d'eux quantité de serments, et les induisent à faire quantité de parjures, car ce crime, qui entraîne la damnation éternelle, est purgé par une amende ridicule. Ils tolèrent, les jours des noces prussiennes, des danses diaboliques où des femmes s'habillent en hommes; ils laissent se multiplier l'assassinat, qui est « commun en Prusse », car le wergeld est si bas qu'il coûte moins cher de tuer un homme que d'acheter un cheval : ces meurtres se commettent le plus souvent dans des orgies où des familles entières s'enivrent et s'entre-tuent.

Ce chartreux, qui était un ami de l'ordre, ne

parle pas autrement que ses ennemis. L'évêque de Posen, à la même date, accuse les chevaliers de laisser les deux tiers des Prussiens dans les erreurs du paganisme et d'employer ces barbares à la guerre contre leurs voisins. Les teutoniques en effet se servaient d'eux comme de soldats, et les ont usés par la guerre autant que par la servitude. Le peuple prussien ne manqua point d'ailleurs d'ajouter à ses vices ceux que des vaincus prennent toujours au contact de vainqueurs plus civilisés : travaillé par toutes ces causes de destruction, atteint plus que les Allemands par les guerres qui désolent la Prusse au XVe siècle, il s'éteignit peu à peu. Il paraît que jusqu'au XVIe siècle le prêtre avait encore besoin dans quelques villages d'interprètes qui expliquassent ses sermons, et que même il se tenait en Prusse des assemblées nocturnes où des prêtres païens sacrifiaient le bouc aux divinités anciennes; mais au XVIe siècle la langue prussienne disparut : ce qui en reste est comme les débris des anciennes langues helléniques ou italiennes, matière à recherches pour les philologues. Un peuple avait été supprimé pour faire place à une colonie allemande.

LA
PUISSANCE DE L'ORDRE TEUTONIQUE

Le grand maître à Marienbourg.

Toute la ville de Marienbourg en Prusse est une relique du temps des chevaliers. mais on y admire surtout les deux châteaux de l'ordre teutonique. Le plus ancien est un rectangle long de 60 mètres et large de 53, dont les hauts bâtiments étaient percés jadis de deux rangées d'arcades ogivales ; malheureusement on a muré ces ogives pour approprier le palais à sa destinée moderne de grenier, et l'église du château n'a pas moins souffert : les jésuites l'ont embellie en y mettant du bois sculpté tordu en flammes, des cœurs qui brûlent et de sottes images. Dans ce rococo délabré restent les stalles de chêne des chevaliers, parmi lesquelles celle du grand maître, recouverte d'un dais de chêne. Du dehors, l'église, dont on a respecté le pur style gothique, semble une châsse gigantesque encadrée dans le monument. A l'extrémité du chevet, une mosaïque, haute de 8 mètres, représente en couleurs étincelantes la vierge Marie, coiffée d'un bonnet royal et portant comme un jouet l'enfant Jésus dans sa main gauche : c'est une puissante dame, redoutable plus que miséricordieuse et vraie patronne de ces teutoniques qui lui ont offert un peuple en holocauste sans qu'elle inclinât leurs cœurs à la clémence.

Le second château forme un trapèze ouvert du côté de l'ancien, auquel il touche par sa plus longue aile, qui a 96 mètres ; l'aile qui fait face est terminée par le pavillon du grand maître, dont l'architecture est singulière : sur le rez-de-chaussée en pierres de taille, percé d'une seule porte basse, très lourd et flanqué de six contreforts, s'élancent six arcades légères portées par des colonnettes ; au-dessus, jusqu'aux festons rectangulaires que dessine à sa partie inférieure l'énorme toit de tuiles, la sombre brique est égayée par des ornements de pierre blanche qui pénètrent dans les festons ou en marquent l'extrémité. Le modèle a été pris à Venise : c'est bien l'architecture vénitienne, qui charme alors même qu'elle fait souffrir la raison par le mélange du frêle et du massif. Plus heureux que l'ancien château, celui-ci a été restauré ; on y trouve trois salles merveilleuses : la voûte des deux plus petites retombe en stalactite sur un pilier de granit unique, court et trapu ; on dirait qu'un jet d'eau sort du pilier et monte en s'élargissant vers la voûte pour aller glisser le long des parois en volutes régulières. Trois piliers plus sveltes, et couronnés par un chapiteau sculpté, soutiennent la voûte de la plus grande salle, qu'éclairent d'un seul côté quatorze hautes fenêtres ogivales.

Cette restauration est une œuvre pieuse. On y pourrait reprendre l'abus du badigeon et regretter que les verrières portent les noms et les armes des souscripteurs qui ont contribué à la dépense, les monuments historiques n'étant point faits pour tenir registre des aumônes données à l'histoire. Il faudrait ôter des murs les lithographies qu'on y a suspendues et les photographies de personnages en redingote. Le petit autel de campagne des grands maîtres est chez lui dans le monument, mais non les fauteuils en tapisserie, ni cette sorte de mouchoir brodé par une princesse prussienne que le gardien tire d'une armoire pour l'exhiber avec les marques du plus profond respect. Un jour peut-être on réunira dans le château tous les souvenirs des temps chevaleresques : il vaut qu'on se donne cette peine. Qu'on le regarde de la cour, ou du quai de la Nogat, d'où le pavillon du grand maître semble une haute et sombre forteresse avec tourelles et créneaux, ou du pied de la statue de Frédéric, en face de laquelle se développe la façade principale, l'impression est très forte, et l'on admire comment l'esprit façonne la pierre, car ces teutoniques, voyageurs arrêtés enfin aux bords de la Vistule, mêlent dans ce palais, où se confondent les architectures sarrasine, italienne et allemande, les souvenirs des monuments de Palestine, d'Allemagne et d'Italie ; moines armés pour la défense de l'Église et devenus souverains, ils mettent leur effigie sur ce monument gigantesque, à la fois couvent, forteresse et palais.

C'est au château de Marienbourg que le grand maître des teutoniques transporta sa résidence dans les premières années du XIVe siècle [1]. Les infidèles avaient enlevé aux chrétiens jusqu'à la dernière parcelle de la Terre Sainte, et il avait fallu que les ordres chevaleresques quittassent le pays où ils étaient nés. Qu'allaient-ils devenir ? La croisade les avait produits, c'est-à-dire la guerre que fit aux infidèles détenteurs du Saint-Sépulcre la chrétienté entière, requise sans distinction de peuples par son chef spirituel. plus grand alors que l'empereur et les rois. Ces moines infirmiers et soldats, qui soignent les malades et les blessés, et si vaillamment pourfendent les Sarrasins, sont les vrais fils de l'Église charitable et militante au moyen âge, comme était saint Louis, qui lavait les pieds des pauvres et vou-

---

1. En 1308.

lait que, par manière de discussion avec les mécréants, on leur donnât de l'épée au travers du corps. L'esprit universel de l'Église était en eux : du moins les hospitaliers et les templiers n'étaient d'aucun pays; s'ils avaient une patrie, c'était la Terre Sainte.

La Terre Sainte perdue, les asiles ne leur devaient pas manquer : ils étaient pourvus en Europe de domaines innombrables, mais comme l'Europe était changée! Au temps où naissaient les ordres militaires, la royauté française inaugurait sa fortune modestement; à Philippe Ier, le roi détrousseur de marchands, succédait Louis VI, qui fut un juge de paix et un gendarme, toujours courant par monts et par vaux, suant sous le harnais devant les forteresses, et fort admiré par Suger, lequel nous apprend avec orgueil qu'on redoutait son roi jusqu'au fond du Berry. Au temps où décline la fortune des chevaliers, celle de la royauté française est presque achevée; Philippe le Bel est occupé à reprendre le royaume sur les Anglais et l'autorité royale sur la féodalité; ses conseillers et lui portent au passé une haine froide et méprisent ceux qui en sont les représentants. L'empereur allemand s'avise-t-il de revendiquer de vieux droits sur les fiefs et villes du royaume de Bourgogne : Philippe répond à l'élucubration laborieuse de la chancellerie germanique par ces simples mots en latin, mais très français

« *Nimis germanice*, c'est trop allemand! » Le pape veut-il usurper sur le pouvoir royal : on sait qu'il lui est répondu par des injures inouïes et par l'attentat contre Boniface VIII. Le grand maître des templiers commit une imprudence quand il vint se livrer à ce prince affamé de pouvoir et d'argent, et résider au milieu de ce monde de légistes, de pamphlétaires et de chevaliers ès lois, ennemis mortels des vrais chevaliers. L'esprit universel avait disparu; des deux chefs de la chrétienté, l'un, le pape, était prisonnier; l'autre, l'empereur, n'était plus qu'un petit prince occupé de petites affaires; de croisade, il n'était plus question que dans les banquets et les orgies : pourtant les templiers y pensaient toujours; avertis par un instinct sûr que, la croisade morte, les ordres chevaleresques mourraient, ils méditaient les plans d'une expédition en Palestine quand le bourreau mit la main sur eux. Les teutoniques ne furent point exposés à une destinée si tragique. Ils n'avaient pas seulement des domaines épars : la conquête leur avait donné une patrie. Leur ordre n'avait jamais été universel, comme les deux autres, puisqu'il avait été fondé par un Allemand pour des Allemands. C'est une œuvre allemande autant que chrétienne qu'ils avaient entreprise en Prusse, où ils avaient eu pour collaborateurs des marchands et des émigrés d'Allemagne; même chassés de Palestine, ils n'avaient point perdu leur raison de vivre, et l'on savait ce que signifiait la croix sur leur manteau, car la Lithuanie, voisine de leur Prusse, était païenne et par conséquent à conquérir et à convertir. C'est pourquoi le sort des teutoniques fut si différent de celui des templiers : ceux-ci quittèrent la Terre Sainte pour mourir, ceux-là pour régner, et le palais de Marienbourg s'éleva en même temps que le bûcher des templiers.

Marienbourg devint la capitale d'un grand État. L'ordre ne tarda point à porter sa domination au delà des limites de la Prusse et de la Livonie : il acquit la Pomérellie, où était Danzig, et garda cette province après trente ans de guerre contre la Pologne [1]. La conquête de l'Esthonie sur le Danemark porta jusqu'au lac Peypus sa frontière, qui atteignait à l'ouest la Leba. De ce côté, il fit, au début du XVe siècle, une acquisition très importante. La Marche de Brandebourg avait poussé jusqu'auprès de la Vistule la colonisation allemande ; mais, après l'extinction de la dynastie ascanienne, elle était tombée en pleine décadence et même avait failli périr : l'ordre acheta aux margraves la Nouvelle-Marche ; son domaine toucha ainsi à l'Oder, et ses communications furent assurées avec l'Allemagne [2]. Il n'y

---

1. Voir, pour les circonstances de cette conquête, pages 21 et suiv.

2. Il est remarquable que les deux États, dont la réunion,

avait pas, dans l'Europe orientale, d'État plus puissant. Il n'y en avait pas dans toute l'Europe de mieux gouverné que celui dont le chef était la corporation souveraine des teutoniques.

Les institutions de l'ordre et du pays teutoniques.

Cette corporation se recrute sans préjugé aristocratique : l'ordre, fondé par un inconnu, soutenu et relevé, après la chute de Jérusalem, par des marchands de Lubeck, marchand lui-même en même temps qu'agriculteur et industriel, ne peut avoir de mépris pour la bourgeoisie. Il se compose de frères ecclésiastiques et de frères laïques : il a des frères ecclésiastiques, qui sont les prêtres de ses maisons, afin de dépendre le moins possible des évêques; les frères laïques sont chevaliers ou simplement frères : les premiers portent seuls le manteau blanc à croix noire et se réservent les dignités; les autres, qu'on appelle les manteaux gris, ont les petits emplois où ils rendent de grands services, car les chevaliers ne

au xviie siècle, devait constituer la Prusse, se soient ainsi à plusieurs reprises rapprochés pour se rendre des services. La Marche étant en décadence, l'ordre acquiert la Nouvelle-Marche, qui aurait pu être perdue pour l'Allemagne. On verra, dans la suite de ces études, que lorsque l'ordre sera en décadence à son tour, la Marche, qui refleurit avec les Hohenzollern, reprendra la Nouvelle-Marche. L'unité des deux histoires est dans ce fait que les margraves et les chevaliers sont des colonisateurs allemands en terre étrangère.

sont point propres aux détails d'une administration compliquée qui use beaucoup de parchemin en rapports et comptes rendus. Ces frères ne sont pas relégués dans des bureaux ni tenus en petite estime ; ils combattent, figurent dans l'escorte du grand maître, siègent et votent dans le consistoire où il est élu.

L'élection du chef de l'ordre se fait avec une simplicité solennelle. Quand un grand maître est mort, des messagers portent la nouvelle dans les commanderies de Prusse, de Livonie et d'Allemagne, requérant chaque commandeur de se rendre à Marienbourg, accompagné du « meilleur » des frères de la commanderie. Au jour dit, le consistoire se réunit. Un chevalier, qui fait fonction de grand maître, désigne un « commandeur électoral » ; celui-ci choisit un second électeur, qui, d'accord avec lui, en nomme un troisième, et ainsi de suite jusqu'à ce que le collège soit constitué. Il compte treize électeurs : un prêtre, huit chevaliers, quatre simples frères, choisis de façon que les divers pays soient représentés et qu'aucun n'ait la majorité. Les treize jurent qu'ils n'éliront point un bâtard ni un chevalier qui ait subi pour faute contre la chasteté ou pour vol une pénitence d'un an ; le commandeur nomme son candidat et ordonne aux autres de proclamer le leur en toute franchise et liberté. L'élection faite, les cloches sonnent ; les frères ecclésiastiques entonnent le *Te Deum*, et l'élu se rend à l'église. Il entend une allocution sur les devoirs de sa charge afin qu'il n'en ignore et ne puisse arguer de cette ignorance au jour du dernier jugement, puis il reçoit l'anneau et les insignes de la maîtrise des mains du prêtre qu'il embrasse. Point de prélat, point de nonce ni d'ambassadeur à cette cérémonie : l'ordre est chez lui, fait ses affaires lui-même, sans témoins, et cette élection est un acte de souveraineté, réglé de telle sorte que le hasard y ait la moindre part et que l'élu soit désigné parmi les plus dignes et par eux.

Le grand maître ne commande pas despotiquement : il est le chef d'un gouvernement aristocratique; la puissance législative réside dans le chapitre général, avec l'agrément duquel il nomme les plus hauts dignitaires de l'ordre, dont les principaux sont les maîtres d'Allemagne et de Livonie. Au chapitre de Marienbourg, il choisit les dignitaires de Prusse : le grand commandeur, le grand hospitalier, d'autres encore qui forment comme son conseil des ministres. Il ne peut décider que des moindres affaires; pour une aliénation d'une valeur de 2000 marcs l'assentiment des maîtres d'Allemagne et de Livonie est nécessaire; les grands officiers de Prusse donnent le leur, s'il s'agit d'une moindre somme, et le grand maître n'a qu'une des trois clefs qui ouvrent le trésor.

Le territoire est divisé en commanderies, subdivisées elles-mêmes en districts; le commandeur siège dans un des principaux châteaux; les officiers préposés au district s'appellent quelquefois, selon la nature géographique du pays, maîtres des forêts ou maîtres des pêcheries. Ils tiennent chapitre tous les vendredis, et le commandeur tous les dimanches; car c'est la devise de l'ordre qu'il y a beaucoup de chances de salut là où l'on délibère beaucoup. La règle religieuse assure la discipline. Les frères ont fait vœu de chasteté : la règle défend qu'ils embrassent leur sœur, même leur mère : vœu d'obéissance : c'est en signe de soumission qu'ils portent les cheveux courts; vœu de pauvreté : rien ne leur appartient en propre; ils n'ont ni or, ni argent, ni couleurs brillantes; point d'ornements distinctifs au bouclier ni aux harnais; armes et chevaux peuvent être enlevés à un frère et donnés à un autre, sans que le cavalier qui aime son cheval ait le droit de réclamer. Leur costume est réglé dans les moindres détails, et chaque minute de la vie a son emploi. A la table commune, après la prière, on entend une lecture qui est en général le récit des exploits des chevaliers du temps de Moïse et de Josué ou du chevalier Judas Macchabée et de ses frères. Trois jours de la semaine on se nourrit de lait et d'œufs; le vendredi, qui est un de ces jours, on jeûne, et après la collation, entre vêpres et complies, on doit parler bas, et ne s'entretenir que de choses édifiantes, jusqu'au coucher. La nuit, dans le dortoir où brûle une lampe, les frères couchent demi-vêtus, l'épée à portée de la main. Ils ne doivent point avoir de secret pour leurs chefs, et ne peuvent écrire ou recevoir un message sans le leur communiquer.

On comprend de quelle force disposa, tant que durèrent la ferveur religieuse et l'obéissance à la règle, cette corporation, où toutes les volontés cédaient à la volonté souveraine du grand maître et des dignitaires de l'ordre; mais d'où vient que ces teutoniques, qui se gouvernaient si bien eux-mêmes, aient excellé à gouverner les autres? De ce qu'ils avaient une grande expérience politique, commencée en Terre Sainte et achevée en Prusse où des colons et des croisés affluaient de toutes les parties de l'Allemagne et de l'Europe. Ajoutez des relations commerciales très étendues et les rapports réguliers avec les commanderies ou maîtrises non prussiennes. S'il est vrai aujourd'hui encore que le voyage élargisse l'horizon de l'esprit et qu'on acquière une nouvelle âme en apprenant une langue nouvelle, cela était vrai, surtout au moyen âge, car nous avons aujourd'hui le livre, la presse et l'école, qui font pénétrer dans les esprits les plus humbles une lumière diffuse, au lieu qu'au moyen âge ceux-là seuls connaissaient le monde qui l'avaient vu de leurs yeux. Les distances les plus courtes étaient énormes. Au temps de Louis VII, l'évêque du Gévaudan vient faire hommage au roi, qui, tout étonné, le loue et le remercie en des termes qui feraient croire que le Gévaudan est au bout du monde. La patrie de chacun est très étroite, et quel étonnement quand on en sort! Sur le chemin de la Terre Sainte, les paysans ne peuvent voir les clochers d'une ville, qu'ils ne demandent si ce n'est point là Jérusalem. Joinville, en Égypte, se croit aux portes du paradis terrestre, d'où sort le Nil dont les eaux apportent gingembre, rhubarbe, aloès, cannelle, ces fruits des arbres que le vent abat dans le paradis. Malheur à qui voudrait chercher la source du fleuve! car sur un tertre de roches à pic, où nul n'a pouvoir de monter, sont groupées « merveilles de diverses bêtes sauvages et de diverses façons, lyons, serpents et oliphans, qui regardent dessus la rivière de l'yeau ». Ainsi parle Joinville, qui est un sceptique, si on le compare à saint Louis. Les idées des hommes de ce temps étaient étroites comme la patrie, et si l'Église fut grande au moyen âge, c'est qu'elle avait la plus forte somme d'idées. La grandeur des teutoniques tient aux mêmes causes : ils sont universels au profit de leur spécialité, qui est le gouvernement de la Prusse, et il n'y avait point de danger qu'une parcelle de leur multiple expérience fût perdue. Les corporations gardent ce qu'elles acquièrent.

Le peuple gouverné par les teutoniques se composait de Prussiens, de Polonais et d'Allemands. Les Allemands y avaient le premier rang par le nombre et l'importance : ils venaient de toutes les parties de l'Allemagne, et l'on parlait en Prusse tous les dialectes de la mère patrie, le bas allemand à Danzig et le haut allemand à Thorn. Les colons des diverses provinces y avaient apporté leurs antipathies, qui étaient très fortes au moyen âge et que le temps n'a pas encore effacées. Les Allemands ont de leur race une haute opinion, mais s'estiment médiocrement les uns les autres ; du moins ils échangent de province à province de grosses méchancetés. L'Allemand du nord n'a point assez de railleries pour le Souabe ni pour le Bavarois : il donne le nom de celui-là aux punaises, et conte que, si le gros Bavarois obtenait de quelque fée l'autorisation de faire trois vœux, il demanderait d'abord de la bière à satiété, puis de l'argent à foison, et enfin, après quelque réflexion, encore de la bière. Le Bavarois du XIVe siècle n'était pas mieux traité en Prusse, et le grave Dusbourg, qui devait être un Rhénan, — son nom du moins le ferait supposer, — raconte quelque part une sotte histoire pour avoir le plaisir de rendre un Bavarois ridicule. Ces haines de clocher deviendront dangereuses quand l'ordre sera près de sa chute, et dans les guerres civiles du xve siècle Bavarois et Souabes combattront contre Rhénans et Saxons; mais, en attendant ces mauvais jours, les contingents fournis à la Prusse par les divers pays d'Allemagne y apportaient pour le bien commun leurs aptitudes particulières.

L'ordre avait créé la Prusse; c'était son titre pour y commander. Évêques, hommes libres et feudataires, bourgeois et paysans, il avait mis chacun en place et réglé les devoirs de chacun envers lui. Il avait sur tous l'antériorité et la supériorité. Sur lui, l'empereur et le pape, qui avaient jadis cédé la terre de Prusse au grand maître Hermann de Salza, gardaient une sorte de suzeraineté; mais l'empereur n'était point en état de la faire valoir, et la curie pontificale se contentait d'en tirer des revenus. Le procurateur de l'ordre, résidant auprès du saint-siège, tenait caisse ouverte; il faisait des présents au pape en certaines circonstances solennelles, par exemple après l'élection du grand maître; mais, si les teutoniques ont beaucoup payé, ils n'ont rien sacrifié de leurs droits. Jamais ils n'ont permis à la curie de prélever sur leur clergé, comme elle faisait ailleurs, le centième des revenus. Jamais le denier de saint Pierre n'a été perçu en terre prussienne. Ces chevaliers, qui sont de l'église, ne craignent pas l'église. Au besoin, ils portent vaillamment l'excommunication, et quand un jugement pontifical leur déplait, ils en appellent du pape qui s'est trompé au pape mieux informé. Les prétentions du pontife les exaspéraient quelquefois, et le grand maître Wallenrod aimait à dire qu'un prêtre suffirait par État, et qu'il faudrait pour qu'il ne pût nuire l'enfermer dans une cage de fer. Il y a peu de moines chez les teutoniques : les deux seuls riches monastères qui s'y trouvent, ceux d'Oliva et de Pelplin, sont en Pomérellie, dans une province annexée, et antérieurs à l'annexion; en Prusse, il n'y a que de pauvres petits couvents très peu nombreux. Dans toute conquête faite par des laïques, comme celle de la Germanie par les rois mérovingiens ou carolingiens, l'évêque et le moine sont de très importants personnages, qu'il faut d'abord pourvoir et qu'on pourvoit : les premières villes de l'Allemagne du nord sont nées au pied des monastères ou des églises épiscopales; mais les teutoniques sont à la fois des moines et des chevaliers : ils n'ont point admis de partage avec les « porte-capuchon », comme parle un prêtre de l'ordre en se moquant de la gourmandise et de l'oisiveté monastiques : « Le porte-capuchon, dit-il, pourrait être assez heureux s'il buvait à la rivière et voulait cultiver des légumes; mais l'abbé quitte le plat de fèves dès qu'il voit un poisson, et le poisson dès qu'il voit un plat de viande. Son capuchon ne le mènera point au ciel : à quoi sert la dureté de la règle, si l'âme n'est point pure? »

Les trois évêques de la Prusse proprement dite ont été richement pourvus de domaines lors de leur établissement ; mais, pour empêcher l'accroissement indéfini des biens de mainmorte, une loi ordonne que tout bien acquis par une église soit revendu au bout d'un an et d'un jour. Le grand maître honore les évêques et ne leur parle pas sur le ton du commandement comme aux officiers de l'ordre ; il commande pourtant en terre épiscopale, même en Livonie, où l'évêque fondateur des Porte-Glaives avait réservé à l'église de Riga de grands privilèges. Dans un colloque réuni à Danzig en 1366, les évêques livoniens demandent qu'on ne les force pas à servir avec leurs hommes quand une guerre a été résolue sans leur consentement; les chevaliers répondent : « Cela se fait, non par contrainte, mais en vertu d'une louable coutume de cette terre. Les vassaux de l'église de Riga et nous, voisins comme nous sommes des infidèles, nous avons coutume de nous aider contre eux pour l'attaque et pour la défense. Il est opportun et nécessaire qu'il en soit toujours ainsi. » L'évêque de Riga réclame pour ses suffragants et pour lui le droit d'envoyer chez les Lithuaniens et les Ruthènes des ambassadeurs et surtout des missionnaires portant la parole de Dieu. « Plaise à Dieu, répondent les chevaliers, que vous y envoyiez plus souvent des missionnaires et que vous y alliez vous-mêmes prêcher les infidèles; mais, dans tous les autres cas, si vos envoyés se rendent en Lithuanie, ils iront avec les nôtres, et seulement pour faire ce qui leur sera commandé : les choses ne se sont jamais passées autrement. » En Prusse, l'ordre n'admettait même pas que les évêques doutassent de leurs obligations. Un jour que le contingent de l'évêché d'Ermland n'était pas arrivé à l'heure marquée, le grand maître, s'adressant aux hommes de l'évêque, leur dit : « Sachez qu'il vous faut payer le service que vous nous devez, tout comme font nos gens; car c'est l'ordre qui a fait les évêques et non les évêques qui ont fait l'ordre. »

Une fois que l'ordre avait exigé des évêques les services qu'ils lui devaient, il les laissait administrer en toute liberté leurs riches domaines où ils attiraient des colons et fondaient, comme les chevaliers, des villages et des villes. C'est le trait le plus singulier du gouvernement des teutoniques qu'ils ont à la fois établi nettement les droits de l'État et laissé aux diverses classes de leurs sujets une grande indépendance. Les villes prussiennes, par exemple, sont presque des républiques. Les circonstances historiques expliquent qu'on leur ait donné cette grande liberté : le métier de colon en Prusse était dangereux au temps de la conquête, et il fallait pour attirer les immigrants leur promettre des grands privilèges; l'ordre n'en fut point avare, et les premières villes fondées reçurent des chartes qu'auraient pu leur envier les villes allemandes les plus favorisées au xiii⁰ siècle. Celle de Culm, qui est de l'année 1233, reconnaît aux bourgeois le droit d'élire leurs juges. Elle délimite le territoire municipal, qui sera plus tard agrandi à la condition que les *Colmer* se chargent de la garde de leur ville; l'ordre n'y achètera pas de maison, et, s'il en reçoit par legs, il sera soumis comme tout autre propriétaire aux droits et coutumes de la cité. Les bourgeois jouiront en toute propriété de leurs biens, les transmettront à leurs descendants à perpétuité et pourront les vendre, pourvu que l'acheteur soit capable de s'acquitter du service militaire réglé sur l'étendue de la propriété, et d'une faible redevance foncière, qui est la marque de la souveraineté de l'ordre, *in recognitionem dominii*. Le service militaire est provisoirement exigible à toute réquisition, mais, après l'achèvement de la conquête, les bourgeois ne serviront plus que pour défendre le pays de Culm, entre la Drevenz et l'Ossa. La ville ne sera point tenue à recevoir garnison, ni à loger les troupes de passage, ni même à laisser passer ces troupes. Une seule monnaie aura cours à Culm et dans toute la Prusse, et la valeur en sera immuable. Les marchés seront francs de tous droits de péage ou de douane. Telles sont les dispositions principales de cette *Culmische Handfeste*, dont le bénéfice fut étendu à la plupart des villes de Prusse et aux hommes libres habitant la campagne, et qui devint ainsi comme la grande charte des libertés prussiennes. Naturellement les plus grandes villes, Danzig, Elbing, Thorn, Culm, Braunsberg, Kœnigsberg, furent les plus privilégiées ; elles s'affilièrent à la Hanse, et envoyèrent leurs députés aux diètes hanséatiques ; même elles avaient leurs diètes et leurs affaires particulières qui n'étaient pas celles de l'ordre : elles faisaient la guerre à des États avec lesquels les chevaliers étaient en paix. Un jour elles demandèrent la médiation du grand maître dans une querelle qu'elles avaient avec le roi de Danemark ; une autre fois elles lui offrirent la leur pour terminer une guerre avec les Lithuaniens.

Hors des villes, il y avait en Prusse nombre d'hommes libres, sorte de vassaux de l'ordre ; c'étaient des Allemands, des Prussiens qui avaient mérité, par la persistance de leur fidélité, de conserver la liberté, et des Polonais privilégiés. Immédiatement au-dessous d'eux étaient les paysans des villages allemands. En Prusse comme en Brandebourg, les villages furent bâtis par entreprise. Un entrepreneur recevait du grand maître ou d'un commandeur une concession de terrain, à charge pour lui de trouver des colons et de garantir le payement de la redevance foncière, après l'écoulement d'une période franche de quelques années ; il jouissait personnellement du droit de Culm, et, le village fondé, en devenait le bailli héréditaire. Les paysans ne tenaient point directement leurs terres de l'ordre, comme les bourgeois de Culm ; mais la charte donnée à l'entrepreneur réglait les conditions auxquelles ils les tenaient de celui-ci et les protégeait contre l'arbitraire. Ils devaient un cens et le service militaire, auquel s'ajouta bientôt la corvée pour les services publics : leur propriété n'était donc pas pleinement libre ; mais ils avaient la liberté personnelle, et le servage n'atteignit en Prusse les paysans allemands qu'après les grands malheurs du XVe siècle. Jusque-là, les paysans prussiens et polonais étaient les seuls qui n'eussent point de droit : aucun contrat ne les garantissait, et ils étaient en fait taillables et corvéables à merci.

Les officiers teutoniques perçoivent dans leur circonscription l'impôt foncier établi par les chartes des villes et villages et la dîme qui appartient à l'ordre, en vertu de conventions conclues avec les évêques. L'ordre a d'ailleurs, comme tous les souverains, ses droits sur les mines, les eaux et forêts, la chasse et la pêche, et ses immenses domaines lui donnent de beaux revenus. Les officiers sont aussi chefs militaires du district, et siègent dans les tribunaux des villes et dans les tribunaux de pays (*Landgerichte*), où les hommes libres jouissant du droit de Culm sont jugés par leurs pairs sous la présidence d'un juge élu. Les commandeurs et les avoués n'ont d'ailleurs qu'un droit de présence, sans part au jugement; l'ordre n'est juge que de ses propres membres et des paysans polonais ou prussiens qui lui appartiennent. Ici se retrouve encore cette conciliation remarquable entre les droits du souverain et les privilèges des sujets. Pendant la belle période de l'ordre, c'est-à-dire au XIVe siècle, son gouvernement est léger à ceux qu'il gouverne; l'impôt n'est point trop lourd, ni le service militaire, parce que l'ordre a sa richesse personnelle et qu'il est lui-même une armée permanente. Les obligations qu'il impose sont la reconnaissance des services qu'il a rendus aux colons en leur donnant des terres et la liberté, et de ceux qu'il leur rend tous les jours en les gouvernant comme il fait. Il indemnise ses sujets des dommages de la guerre, les soulage pendant les famines, et ce sont ses moindres bienfaits. L'article de la charte de Culm où est stipulé qu'il n'y aura pour toute la Prusse qu'une seule monnaie à titre fixe, suffit pour attirer les colons dans un temps où, chaque prince et chaque grande ville ayant sa monnaie, le marchand subit de perpétuelles opérations de change et le ruineux dommage qui résulte de l'altération des monnaies. La sévère police des commanderies assure la sécurité des routes de terre et d'eau, et la politique commerciale des chevaliers ouvre des débouchés au marchand prussien dans toutes les directions. L'ordre enfin donne lui-même l'exemple du travail agricole et industriel, et l'histoire pense à peu près comme ce grand maître qui, au XIVe siècle, rendait justice à son gouvernement en disant : « Toutes nos villes et le commum peuple vivent sous une bonne police; prélats, vassaux, populaire se réjouissent d'avoir la paix et la justice; nous ne contraignons personne, nous n'imposons à personne de fardeau illégitime; nous ne prétendons pas à ce qui ne nous appartient pas; tous, grâce à Dieu, sont gouvernés par nous avec bienveillance et une égale justice. »

Prospérité du pays de l'ordre.

On aurait peine à croire à la grande prospérité de l'État teutonique si elle n'était attestée par des témoignages nombreux et par des faits irrécusables. On en rencontrera plus d'un dans la suite de cette étude, mais le plus frappant c'est que la Prusse proprement dite compte quatre-vingt-cinq villes, dont soixante et onze ont été fondées au XIVe siècle, et quatorze cents villages allemands, plus les villages polonais et prussiens. Partout règne une admirable activité. L'ordre aide de toutes les façons au développement de l'agriculture. On voit encore, parmi les statues de pierre qui ornent le pont de Dirschau, celle d'un chevalier dont la main s'appuie sur une roue : c'est le souvenir des grands travaux de desséchement qui furent faits dans le canton marécageux et encombré de bois et de roseaux, qui s'étendait entre la Vistule et la Nogat. Des digues y furent élevées, et de nombreux villages se pressèrent sur les *werder* ou terrains desséchés qui donnaient et donnent encore de riches moissons. Sur toute l'étendue du territoire prussien, il y avait une administration pour les travaux d'endiguement, qui était confiée aux jurés des digues. Le curage obligatoire des eaux et rivières était à la charge de chaque village et surveillé par des jurés spéciaux. On cultivait en Prusse le blé, le seigle, l'orge, l'avoine, les haricots, les pois et les carottes, qui tenaient une grande place dans l'alimentation populaire. Les chevaliers introduisirent des végétaux inconnus dans le pays : ainsi sur leurs registres figurent le poivre et le safran, que l'on cultivait dans les meilleures terres de Prusse avec le houblon, et l'on n'apprend point sans quelque étonnement que dans le rigoureux hiver de 1392 les vignes et les mûriers gelèrent. On buvait alors du vin de Thorn, de Culm, de Danzig, que l'ordre gardait en tonneaux dans ses caves : il est probable qu'on le pouvait boire sans commettre le péché de gourmandise.

Dans ce pays de soldats et de laboureurs, l'élève des chevaux était l'objet de soins particuliers. A la race indigène, petite et robuste, qu'on employait au service de courrier et comme cavalerie légère, la colonisation adjoignit le cheval de labour et de grosse cavalerie. L'ordre importa en Prusse une race de bestiaux qu'il fit venir du Gothland. Les moutons y étaient en grand nombre et, si l'exportation de la laine était défendue, ce n'était pas qu'elle fût en quantité insuffisante, puisque la Prusse exportait des draps : l'ordre voulait seulement réserver aux métiers de ses villes cette matière première. Les glands des forêts de chêne nourrissaient quantité de pourceaux. Les chèvres étaient très répandues; plus petites et plus faciles à nourrir que les vaches, on les élevait dans les châteaux, comme approvisionnement de siège. La volaille était abondante, car parmi les revenus en nature de l'ordre figurent soixante mille coqs. Ce sont les chiffres officiels des registres teutoniques qui permettent de se faire quelque idée de la richesse du pays. L'ordre possédait, au commencement du XVe siècle, environ 16 000 chevaux, 10 500 bêtes à cornes, 61 000 moutons, 19 000 porcs : ses domaines propres avaient une superficie d'environ 1100 kilomètres carrés.

L'exportation des céréales était un des principaux

objets du commerce prussien, car cette terre bien peuplée produisait plus qu'elle ne consommait. C'est que la propriété y était très divisée, l'ordre ayant renoncé de bonne heure aux concessions de grands domaines. Si la propriété trop petite est aujourd'hui un obstacle au progrès de l'agriculture, la grande en eût été la ruine dans un temps où il n'y avait pas de machines, où la comptabilité agricole était très imparfaite et la voirie insuffisante. L'exploitation forestière était productive. On coupait dans les forêts le bois qu'on exportait sous forme de palissades ou d'arcs ; on y préparait la résine, la potasse, la cendre ; on y chassait, outre le gibier qui s'y trouve encore aujourd'hui, l'aurochs, l'ours, le loup, le castor, le cheval sauvage, l'écureuil et la martre. Le gibier était assez abondant pour être employé à l'approvisionnement des armées. Dans les forêts enfin, on allait recueillir le miel des abeilles sauvages. C'était l'industrie de nombreux villages situés à l'entrée du désert, comme on appelait cette vaste étendue de terrain boisé, située entre la Prusse et la Lithuanie, région redoutable où le chasseur, le pêcheur et le chercheur d'abeilles sauvages étaient guettés par des brigands. Le grand maître y allait souvent avec nombreuse escorte, et il conviait les princes voisins à de grandes chasses qui duraient des semaines.

L'industrie n'était pas en Prusse le privilège des

villes, l'ordre ayant besoin d'artisans autour de ses châteaux. Les moulins, très nombreux, ne servaient point uniquement à moudre le grain : la force motrice y était employée à toute sorte d'usages. Les chevaliers en possédaient 390. où ils n'épargnaient pas la dépense : telle de ces solides constructions coûtait de 20 000 à 30 000 thalers, et l'on peut évaluer la mouture qui s'y faisait à 2 400 000 boisseaux, qui suffisaient à la nourriture de plus de 560 000 individus. La liste des métiers est celle que l'on trouve dans tous les pays : boulangers, bouchers, cordonniers, brasseurs en quantité prodigieuse, — il y en avait 476 dans la seule ville de Danzig ; — barbiers et chirurgiens, médecins, dont les visites se payaient cher et parmi lesquels il y avait des spécialistes pour les maladies d'yeux et pour la pierre; apothicaires-confiseurs, fabriquant des douceurs que les chevaliers emportaient dans leurs expéditions; constructeurs de navires, — on a des exemples de vente de bateaux à des Anglais et des Flamands; — bateliers de mer et de rivière. L'ordre avait pour sa besogne administrative des écrivains et des arpenteurs; pour ses fêtes, des chanteurs, des mimes, des fous, des montreurs d'ours, tout l'attirail des cours du moyen âge; pour ses églises et ses châteaux, des constructeurs d'orgues, des sculpteurs, des peintres, qui étaient quelquefois richement payés, comme ce peintre de Marienbourg à qui l'on compta pour un tableau 2880 thalers.

Le commerce était florissant en Prusse au XIVe siècle. L'ordre n'avait pas eu de peine à faire passer par la Prusse les marchandises de la Pologne et de la Russie méridionale destinées au commerce de la Baltique. Les villes de Pologne et de Russie étaient encore dans l'enfance, et déjà de nombreuses familles allemandes y étaient établies : il y en avait douze cents à Lemberg. Colons allemands de Prusse et colons allemands de Pologne s'entendirent. L'ordre avait trouvé d'ailleurs le meilleur instrument de propagande commerciale, qui était sa monnaie unique et honnête. Au XIVe siècle elle a pénétré dans tout le nord de la Pologne, où elle a droit de cité dans les villes. Aussi Thorn, placé à la frontière méridionale, a-t-il des relations très suivies avec Cracovie et la Gallicie. D'ouest en est s'établit par la Prusse un commerce de transit. Les villes silésiennes sont pleines de colons allemands, qui portent ou vont chercher des marchandises en Russie, et lorsque le roi Casimir de Pologne interdit le passage par ses États aux bourgeois de Breslau, ceux-ci, en vertu d'une convention avec l'ordre, prennent la route de Prusse. Les chemins les plus courts n'étaient point au moyen âge les meilleurs, et la route pouvait être fort abrégée par un détour, si elle traversait un pays où il n'y avait ni guerres privées ni brigands. Quand le roi de Pologne se

plaint que l'ordre détourne les routes et diminue
ainsi ses revenus, il fait l'éloge du gouvernement
teutonique. Mais c'était du sud au nord, par la
route naturelle de la Vistule, que se faisait le principal
commerce de transit. L'ordre défendait aux
étrangers la navigation sur ce fleuve, et la corporation
des bateliers de la Vistule, autorisée par lui,
avait reçu de grands privilèges, à la condition
qu'elle établît toutes ses stations sur la rive droite,
c'est-à-dire sur la rive prussienne. Ce monopole
était impatiemment supporté par les Polonais ; mais
la Vistule était à la fois le chemin le plus court
et le plus sûr qui conduisît vers la Baltique, et les
marchands de Pologne confiaient leurs marchandises
aux bateliers prussiens.

Du temps des païens, le commerce propre du pays,
très faible, bien entendu, consistait en importation
de sel et de fer et en exportation d'ambre et de
peaux de martre. Il s'accrut énormément après que
la Prusse eut été mise en culture. Dans les premières
années, la Prusse était nourrie par la Pologne,
mais au XIVe siècle elle exportait des grains, des
produits forestiers, même quelques produits industriels,
par exemple les draps gris de Marienbourg.

Le grand commerce se faisait en Prusse par les
villes qui appartenaient à la Hanse [1]. Cette vaste

1. Le commerce allemand avait eu sa période héroïque au
temps où les margraves et les chevaliers conquéraient des

association, qui embrassait toutes les villes des pays où l'on parlait le bas allemand, comprenait un quartier rhénan, dont Cologne était la capitale, un quartier saxon, dont Magdebourg et plus tard Brunswick furent les villes principales, un quartier wende où dominait Lubeck, un quartier prussien où Danzig ne tarda pas à éclipser Thorn. Ces deux derniers furent riches avant les autres parce que la Baltique était alors la mer la plus poissonneuse de l'Europe. Le saumon et l'anguille fourmillaient à l'embouchure des fleuves, et le hareng arrivait chaque année par le *Sund* en quantités innombrables. Sans doute l'esprit d'aventure et la foi ont contribué à la colonisation des bords de la Bal-

---

provinces à l'Allemagne dans la région de l'est. Le marchand avait même precédé les chevaliers, et, comme eux, il était un soldat du Christ. Avant que l'ordre apportât en Prusse l'etendard de la Vierge, la Baltique avait été mise sous la protection de la mère de Dieu, et lorsque la papauté dirigea ses premiers regards vers les Sarrasins du nord, Innocent III écrivit à l'évêque de Riga qu'il avait autant de sollicitude pour le royaume de la mère que pour celui du fils, c'est-à-dire pour les côtes baltiques que pour la Terre Sainte. L'equipage d'un vaisseau allemand semblait un monastère flottant. Quand un de ces vaisseaux partant pour une expedition lointaine s'était eloigné d'une demi-journée du port, le maître rassemblait l'equipage et les passagers, et parlait ainsi : « Nous voici abandonnés a Dieu, aux vents et aux vagues : devant Dieu, le vent et les vagues, nous sommes tous égaux. Environnes de dangers, menaces par la tempête et par les pirates, nous n'irons point au bout de notre voyage si nous n'établissons une regle parmi nous. Commençons donc par la prière et par le cantique pour demander bon vent et bon voyage, puis elisons les juges qui nous feront honnêtement justice. » Après la prière et les

tique, et il faut tenir grand compte dans cette histoire des bulles pontificales qui exhortent les chrétiens à conquérir le royaume de la Vierge [1]; mais il ne faut pas y oublier le hareng; il a été, lui aussi, un personnage historique, très capricieux, et dont les fantaisies ont bouleversé le monde septentrional et, par milliers, causé morts d'hommes. Jusqu'à la fin du XIIe siècle, il suivait la côte poméranienne et y abondait de telle sorte qu'il suffisait de jeter la corbeille à la mer pour la retirer pleine. Alors grandirent Lubeck, Wismar, Rostock, Stralsund. Au XIIIe siècle, le poisson, changeant de route, longea la côte de Schonen et le rivage norvégien : les marins du nord l'y suivirent, et les

---

élections, lecture était faite du code maritime : les premiers articles étaient : « qu'il ne faut pas blasphémer le nom de Dieu, ne pas nommer le diable, ne pas dormir pendant la prière ». Ces marchands chrétiens étaient sur les rives de la Baltique ce qu'avaient été les Grecs aux bords de la Méditerranée, des messagers de la civilisation. Les premiers ils ont fait entrer dans la communauté humaine les grossiers païens de l'est, en fondant sur le rivage des comptoirs, qui souvent devenaient des villes. A la fin du XIIe siècle, des marchands brémois, débarqués sur la côte livonienne, y bâtirent, sous la grêle des pierres que leur lançaient les indigènes, le fort d'Uxhull ; à un second voyage, ils amenèrent des missionnaires, une autre fois un prêtre de leur cathédrale, et Uxhull devint la ville de Riga. D'autres marchands allemands colonisèrent Reval après que le Danois Waldemar le Victorieux y eut construit une citadelle, et Dorpat, après qu'ils eurent détruit un château de pirates livoniens et russes. Ce furent les Lubeckois qui, débarquant à l'embouchure de la Vistule, établirent auprès des huttes de pêcheurs d'ambre et de fumeurs de harengs un comptoir fortifié qui devint Danzig.

1. Voir la note de la page 45.

hanséatiques, après avoir livré cent combats aux Anglais, aux Écossais et aux Hollandais, détruit quantité de forteresses danoises et coulé force vaisseaux étrangers, restèrent maîtres du terrain.

La pêche du hareng a commencé la fortune des villes de Prusse. Elles avaient leur place dans ce singulier établissement de Schonen, conquis par les hanséatiques qui l'avaient entouré de fossés et de palissades. Chaque ville ou chaque groupe de villes y avait son quartier, séparé des autres par une enceinte et régi par le droit de la mère patrie; on y trouvait des maisons de pierre où l'on salait et fumait le poisson, des tavernes et des boutiques en bois. L'église et le cimetière, placés au centre, étaient communs. Au temps de la pêche, entre la Saint-Jacques et la Saint-Martin, les flottilles de la mer du Nord et de la Baltique abordaient à Schonen. Alors, le long de la côte, de jour et de nuit, éclairé par le soleil ou par les torches, le pêcheur jetait sans relâche son filet pendant que sur le rivage retentissait le marteau du tonnelier. Schonen était aussi un bazar où étaient entassées toutes sortes de marchandises; on y portait les étoffes et les vins du Midi et les épices de l'Orient. La saison finie, les colons disparaissaient et il ne restait qu'une garnison de soldats et ces terribles chiens que les hanséatiques dressaient à la garde de leurs comptoirs.

On trouve encore les hanséatiques de Prusse à Novgorod, où les Allemands se pressent dans les quartiers fortifiés de Saint-Olaf et de Saint-Pierre, entassant ballots et marchandises jusque dans l'église, au point que l'autel reste à peine libre Soumis à une sorte de règle monastique. à l'heure dite ils mangent à des tables communes, se couchent quand le couvre-feu sonne et n'ont de relations avec le dehors que pour les affaires; il est défendu d'aller boire dans un cabaret étranger et d'amener, le soir, un inconnu dans le quartier : d'ailleurs les chiens reconnaissent les intrus. A l'autre extrémité de l'Europe, les vaisseaux prussiens vont tous les ans, dans la baie de Bourgneuf, chercher le sel réputé le meilleur pour la salaison des harengs; ici encore les marchands du sud apportaient des vins, des fruits et de la soie, et de grandes foires se tenaient sur le littoral. A Londres, les villes prussiennes faisaient le tiers du commerce hanséatique. C'est une preuve de leur richesse et de leur puissance qu'elles aient été tenues de fournir le tiers de l'effectif militaire de la Hanse dans les rudes guerres qu'elle faisait aux pirates et aux rois du nord. D'ailleurs les monuments prouvent encore aujourd'hui la grandeur d'autrefois, et les hôtels de ville des cités prussiennes ne sont pas moins remarquables que les églises et les châteaux des chevaliers.

L'ordre s'enrichit en même temps que ses sujets et par les mêmes moyens. Grand consommateur et grand producteur, il est aussi un marchand dont les relations commerciales sont très étendues. Le grand *Schäffer*, qui réside auprès du grand maître, est une sorte de ministre du commerce, et il y a un *Schäffer* par commanderie. Ces officiers envoient des commissionnaires dans tous les centres commerciaux et ils ont un capital d'exploitation considérable : celui de Marienbourg tient en réserve pour ses opérations une somme dont la valeur relative est de 4 320 000 francs. La grande indépendance laissée aux commandeurs favorise l'activité commerciale : le commandeur est soumis à l'inspection des visiteurs de l'ordre et révocable; mais les exemples de révocation sont rares, et, tant que l'officier reste en charge, il est dans sa circonscription comme un petit souverain, ayant son trésor propre sur lequel il acquitte les dépenses locales, et accumulant les économies. Quand il meurt ou qu'il sort de charge, ces économies sont portées à Marienbourg. Dans la chrétienté entière, on croyait qu'il n'existait pas de plus riche trésor que celui des chevaliers, et les croisés qui traversaient la Prusse pour se rendre en Lithuanie admiraient la prospérité d'un pays où tout le monde travaillait en paix, où les salaires, comme en toute terre neuve et fécondée par le travail, étaient très élevés, et où chaque année voyait s'élever une nouvelle ville et de nouveaux villages. Des chevaliers venus de Metz en 1399 rapportent qu'ils ont vu en Prusse trois mille sept villes! C'est qu'ils ont pris pour des villes les riches villages des *werder* et du Culmerland; on pouvait s'y tromper en effet, car les registres où sont inscrits les dommages causés aux villages brûlés pendant les guerres de 1411 et de 1418, avec l'indication précise des prix du bétail et des grains détruits, nous apprennent que certains d'entre eux ont perdu des sommes qui équivalent à 200 000 francs.

Puissance militaire et rôle historique de l'ordre.

Le principal objet de l'admiration des étrangers était sans aucun doute la force militaire des teutoniques. L'ordre avait une flotte de guerre sur la Baltique, des flottilles sur les fleuves et les rivières; son armée se composait des paysans qui faisaient le service du train et des équipages ou servaient comme fantassins sur les bateaux et les chariots de guerre, d'une cavalerie légère, fournie par les Prussiens libres, et d'une lourde cavalerie où les chevaliers, leurs feudataires et leurs mercenaires étaient groupés par *lance*. Son artillerie fut de bonne heure formidable. Il était le premier à se servir des inventions qui modifiaient l'armement. L'arc emprunté en Terre Sainte aux Sarrasins avait autant contribué à ses premières victoires sur les Prussiens que les mousquets à celles de Cortez sur les Mexicains. Point d'arsenaux mieux munis que les siens de ces vieux engins transmis par l'antiquité au moyen âge, béliers, balistes et tours roulantes; mais à peine la première mention de l'usage du canon a-t-elle été faite en Europe, — c'était en 1324, — et nous apprenons que, quatre ans après, un boulet teutonique a tué un chef lithuanien. L'ordre avait une artillerie de campagne, une artillerie de marine, une artillerie de siège, et il mettait son orgueil à fabriquer des canons monstrueux; on fondit à Marienbourg en 1408 une pièce qui pesait 200 quintaux et coûta 135 000 francs. « Vainement, dit avec orgueil un contemporain, on aurait cherché sa pareille en Allemagne, en Pologne et en Hongrie. » Quand il s'agit de fabriquer des boulets pour ce monstre, on ne trouva point dans les environs de pierres assez grosses, et il fallut que les ouvriers allassent en tailler dans la masse des blocs erratiques qui couvrent le sol à Labiau. Le gros canon fut essayé l'année d'après contre les Polonais. et les murailles de Bobrownik sur la Vistule furent broyées en quatre jours. La tactique, à chaque instant corrigée par l'expérience, vaut l'armement. En l'absence du grand maître, le grand maréchal commande, et tous, non seulement les mercenaires qui s'y obligent par serment, mais aussi les croisés, lui doivent obéir. L'ordre dans lequel marchent les bannières est déterminé d'avance. L'armée a son avant et son arrière-garde. Défense est faite de s'éloigner du rang sans permission et de déposer son bouclier ou ses armes. Devant l'ennemi, la plus grande prudence est requise, et les teutoniques n'engagent point de combats sans avoir reconnu les forces de leurs adversaires (*pensare exercitum*). Il est difficile d'évaluer le nombre d'hommes dont se composaient les armées de l'ordre; mais nul État voisin livré à ses propres ressources n'était capable de lui opposer des forces supérieures. Il pouvait dans les grandes circonstances grossir son contingent de mercenaires; en 1411 il y employa 10 millions de francs.

Quel usage les chevaliers ont-ils fait de cette puissance? Pour mesurer la place qui leur appartient dans l'histoire générale, il faut se souvenir qu'au XIVe siècle le sort de l'Europe orientale n'était pas fixé.

L'Occident a des cadres naturels faits pour recevoir des nations, et des nations y ont vécu. Isolées d'abord, puis confondues dans l'empire romain, séparées après l'invasion des barbares et réunies sous le sceptre de Charlemagne, pour être encore séparées au VIIIe siècle, elles ont du moins gardé de communs souvenirs et des sentiments communs. Tout autre est l'aspect, tout autre la destinée de l'Orient. Sur le terrain vague qui s'étend de l'Elbe à l'Oural, il n'y a point de berceau de nation; les peuples s'y échelonnent, d'autant plus barbares qu'ils s'éloignent de l'Occident. Aucun ne s'élève au-dessus des autres, parce qu'aucun n'a qualité pour commander. La race slave domine, mais divisée en tribus qui se connaissent à peine. Point d'esprit universel ni de langue universelle, comme était le latin en Occident; un Charlemagne n'y a point paru : il faut, pour qu'il y ait un pasteur des peuples, que les peuples soient capables de se grouper en un troupeau. Tout ce pays était exposé à devenir la proie de la conquête; il fut entamé aux bords de la Baltique, de l'Elbe et du Danube par les margraves et les marchands allemands, et bouleversé à l'autre extrémité par des invasions qui passèrent ou demeurèrent, comme celles des Mogols, des Hongrois et des Turcs.

Il faut distinguer dans cette vaste région deux parties, dont l'une confine à l'Occident et l'autre à l'Asie. Dans la première, trois royaumes sont fondés de bonne heure, ceux de Hongrie, de Bohême et de Pologne. Chrétiens, ils entrent dans la communauté européenne; voisins du saint-empire, ils sont considérés comme ses vassaux au temps où il a toute sa force, et dès le XIIIe siècle, après qu'il est déchu, la maison d'Autriche naissante dévoile ses prétentions sur la Bohême et la Hongrie. Dans la seconde partie persiste la barbarie. La Russie est morcelée, sujette ou tributaire des Mogols, exploitée par les marchands allemands ou scandinaves, et fortement entamée par les conquêtes des Lithuaniens. Ceux-ci occupent les districts de Wilna et de Kowno : venus à l'arrière-garde des immigrants aryens, leur langue est, de tous les idiomes européens, la plus voisine du sanscrit, et elle a gardé des souvenirs de l'Orient. C'est un peuple primitif et grossier, si on le compare aux Allemands de Prusse, mais bien doué et très redoutable ennemi. Il habite, par groupes de familles, des villages faits de cabanes petites et rondes, chaque ménage ayant sa hutte, et chaque famille possédant en commun des huttes où l'on cuisine, brasse et boulange. On dirait des bandes de nomades qui viennent de s'arrêter. L'argent est inconnu dans le pays, et l'agriculture dans l'enfance : le Lithuanien ne mange que du pain noir, et souvent il en manque. La seule richesse, ce sont les chevaux : au xive siècle, le grand prince de Lithuanie Witowd en possédait vingt mille. Bons soldats, habiles à se fortifier, cavaliers admirables, les Lithuaniens vivent surtout de la guerre qu'ils font à tous leurs voisins, Polonais, Allemands de Prusse, Russes surtout. La dynastie nationale qui leur a donné l'unité a conquis une grande partie de la Russie, et c'est un spectacle étrange, en un temps où la vieille foi du moyen âge décline déjà en Occident, que celui d'un empire païen menaçant de couvrir l'Europe orientale, et disputant aux Mogols le pays qu'on appellera la sainte Russie.

Les teutoniques sont campés au point d'intersection de ces deux parties de l'Orient européen, dont l'une est déjà fortement entamée par la conquête ou par la politique allemande, pendant que l'autre vit encore de la vie confuse des peuples primitifs. Ainsi s'explique la difficulté comme la grandeur du rôle historique de l'ordre.

Investi par le pape et par l'empereur d'une sorte d'office de margrave de la chrétienté, l'ordre teutonique devait faire face à l'est, et la croix que ses chevaliers portaient sur la poitrine l'obligeait à la guerre perpétuelle contre la Lithuanie : il fit cette guerre, et les chevaliers guidant les croisés et les aventuriers de l'Europe entière commirent chez leurs voisins d'atroces brigandages, mais ne leur arrachèrent que le morceau de littoral qui séparait la Prusse de la Lithuanie. La seule grande victoire qu'ils remportèrent fut livrée sur le sol teutonique. En l'année 1269, chevaliers et Lithuaniens avaient, comme de coutume, guerroyé aux bords de la Memel : on s'était pris et repris des forteresses, et la campagne avait fini par un échange de prisonniers, que firent dans une entrevue le grand maréchal et le prince de Lithuanie Kinstutte. Au moment où ils allaient se séparer : « J'ai l'intention, dit le Lithuanien, d'aller l'hiver prochain rendre visite au grand maître et lui demander l'hospitalité. — N'y manquez pas, répliqua le maréchal, et comptez que nous vous recevrons avec les honneurs qu'on vous doit. » Kinstutte ne perdit point une minute : il fit des levées chez lui et chez ses voisins les Russes, et envoya demander des secours à son ami Mamai, le grand khan des Tartares. Le commandeur de Ragnit, place située à la frontière, surveillait les préparatifs de l'ennemi : toute la Prusse était en émoi, et le grand maître se rendit à Kœnigsberg avec des forces considérables, afin d'empêcher l'entrée des Lithuaniens qu'on n'attendait que vers Pâques; mais Kinstutte et son frère Olgerd avaient trompé les espions de l'ordre, et le grand maître était encore à Kœnigsberg quand y arriva de nuit la nouvelle que les deux princes avaient pénétré en Prusse, l'un par le désert de Galinden, l'autre sur la glace du Haff de Courlande; on suivait leur marche à la lueur des incendies qu'ils allumaient. Le maître sortit de la ville et envoya le maréchal reconnaître l'ennemi, qui était arrêté auprès de Rudau. La bataille, commencée de grand matin, demeura incertaine jusqu'à midi, et quand enfin les troupes païennes cédèrent devant la cavalerie mieux armée de l'ordre et des villes, nombre de chevaliers étaient couchés sur le champ de bataille, parmi eux le grand maréchal. Trois monuments furent élevés en l'honneur des morts et deux chapelles instituées où des messes perpétuelles devaient être célébrées pour le repos de leurs âmes. Le grand maître voulut aussi qu'une colonne de pierre fût placée à l'endroit où le grand maréchal était tombé : on l'y voit encore aujourd'hui.

Les teutoniques étaient invincibles chez eux, comme les Lithuaniens en Lithuanie. Cependant les grands maîtres laissaient croire et croyaient eux-mêmes qu'il viendrait un jour où ils traiteraient ce pays comme la Prusse. Le reproche qu'on leur faisait, au XIV⁰ siècle, dans plusieurs pays chrétiens de prolonger à dessein cette guerre, ne semble pas mérité. Toute force a ses limites, même la force d'expansion de la race allemande. C'est une grande merveille que ce peuple, qui n'est plus conduit par un chef unique, comme au temps de Charlemagne ou de Henri le Fondateur, ait entrepris par groupes, ici sous les ordres des margraves, là sous le pavillon des capitaines de la Hanse ou sous la bannière des chevaliers, la colonisation du pays entre l'Elbe et la Memel. Comment ces colons de l'est seraient-ils arrivés si vite à une surabondance de population qui leur eût permis d'envoyer au loin de nouveaux essaims? D'ailleurs l'ordre ne consacra point toutes ses forces à la lutte contre les païens de l'est. Il ne pouvait se désintéresser d'une autre lutte, celle qui était engagée entre Germains et Slaves, dans la première des deux parties de l'Orient européen, que nous distinguions tout à l'heure. Si les Slaves avaient perdu pour toujours les Lusaces, la Silésie, le Brandebourg, ces antiques domaines de leur race, ils se défendaient en Poméranie, et, par moments, la Pologne était menaçante. Il a fallu que les teutoniques, placés à l'avant-garde de la colonisation germanique, se retournassent pour protéger le corps de bataille; ils ont employé leurs principales forces, non contre les païens, mais contre les ennemis chrétiens de la race allemande : ils les ont tous vaincus, et leurs grands succès ont été remportés sur la Pologne.

On se souvient que le duc slave Swantepolk de Poméranie avait soutenu les Prussiens au temps des révoltes du xiiie siècle et mis l'ordre en péril. A la mort de son successeur, Mestwin, les rois de Pologne occupèrent la province, qui leur fut disputée par les margraves de Brandebourg et par l'ordre coalisés [1]. L'ordre fut si bien victorieux qu'après avoir conquis la Pomérellie, il menaça la Pologne elle-même. Casimir le Grand s'empressa de traiter à Kalich, en 1343, et de renoncer à la pro-

---

1. Voir p. 24 et suivantes.

vince dans une solennelle entrevue où le roi et le grand maître jurèrent d'observer la paix, le premier sur sa couronne et le second sur sa croix. Cette réconciliation dura, comme toutes les paix perpétuelles, très peu de temps. C'est que, dans cette guerre entre Allemands et Slaves, le combat dont l'enjeu était la Pomérellie avait l'importance de ces batailles décisives qu'un belligérant livre à son adversaire pour le couper de sa base d'opération et l'investir. C'est la Pomérellie qui faisait communiquer le pays prussien avec l'Allemagne; c'est la Pomérellie que la Pologne, quand elle sera victorieuse, commencera par ressaisir, et la première province que Frédéric le Grand revendiquera lors du partage de la Pologne sera encore la Pomérellie. Ce combat n'a donc fini qu'avec l'un des combattants, et l'on comprenait déjà, il y a cinq cents ans, que la colonie allemande de Prusse et la plus puissante des nations slaves étaient d'irréconciliables ennemis dont l'un devait tuer l'autre : la preuve, c'est qu'on a discuté le partage de la Pologne.

C'était à la fin du XIVe siècle, au moment où régnaient en Hongrie et en Bohême deux princes allemands de la maison de Luxembourg, Sigismond et Wenceslas Un duc silésien, ami de cette maison, alla trouver le grand maître à Thorn et lui tint ce langage : « Mon maître le roi de Hongrie, le margrave de Moravie, le duc de Gorlitz, le duc d'Autriche et moi sommes tombés d'accord, après en avoir délibéré, pour attaquer le roi de Pologne. Le roi de Bohême nous aidera. Ces seigneurs pensent que vous pouvez être de la partie. » Le grand maître répliqua : « Je ne sais en vérité que vous répondre. » — « Bien, reprit le duc, mais vous ne savez pas le projet de ces seigneurs. Ils ne veulent plus qu'il y ait de roi en Pologne : tout ce qui est en deçà de Kalisch doit avec la Mazovie appartenir à la Prusse; tout ce qui est au delà de Kalisch doit être attribué à la Hongrie, et tout le pays de la Wartha au Brandebourg et au roi des Romains Sigismond. » Le grand maître ne voulut pas prendre d'engagement; il se contenta de dire qu'il était en paix avec le roi, mais que celui-ci avait plusieurs fois rompu les traités, et que si le saint-père levait la croix et le roi des Romains tirait l'épée contre ce parjure, il mettrait toutes ses forces à faire ce qu'il aurait à faire. Le projet n'eut point de suite, mais certainement il aurait été repris si l'ordre avait plus longtemps vécu.

Voilà qui rajeunit les teutoniques et les rapproche de nous : ils comprenaient la grande politique, dit à ce propos un écrivain prussien. Il faut dire plus simplement qu'ils ont été les acteurs d'un drame qui dure encore et n'est pas près de finir : la lutte des races slave et germanique. Ce drame a été longtemps suspendu. Il y a un siècle, rien ne faisait prévoir qu'il dût être repris. L'Orient du XVIIIe siècle ne ressemblait point à celui du XIVe; la force y avait mis de l'ordre en faisant entrer dans des cadres déterminés toutes ces populations qui flottaient sur le terrain vague : la Prusse, l'Autriche, la Turquie et la Russie se les étaient partagées. Les haines de races sommeillaient, et la politique disposait souverainement des peuples; mais au XIXe siècle les peuples revendiquent le droit de s'appartenir à eux-mêmes; la nature proteste et s'insurge contre la politique, et la race redevient une patrie. La participation de la Russie au partage de la Pologne et la présence sur le continent européen de l'État des Osmanlis compliquent, il est vrai, les rapports des peuples et des gouvernements, et cachent encore sous le jeu de la politique l'action du patriotisme ethnographique ; mais plus la Turquie s'affaiblit, plus clairement on voit que, dans cet Orient qui est la région des tempêtes de l'avenir, le débat est toujours entre Allemands et Slaves, comme au temps où les chevaliers galopaient sur les fleuves et les étangs glacés de Lithuanie et chargeaient leurs canons avec des boulets taillés dans les moraines des glaciers préhistoriques.

LA
CHUTE DE L'ORDRE TEUTONIQUE

Causes de la décadence de l'ordre.

L'ordre teutonique atteint dans les premières années du xve siècle le plus haut degré de sa puissance ; puis, tout à coup, sans déclin, il est précipité. Ses ennemis ne l'ont point tué : il portait en lui les germes de mort. C'est qu'il était une corporation, et Freytag dit excellemment pourquoi les destinées d'une corporation ne peuvent ressembler à celles d'un peuple. Beaucoup d'idées et de passions conduisent un peuple, le font penser et vouloir : il est tantôt faible et tantôt fort, bien portant aujourd'hui et demain malade ; il peut tomber et se relever plusieurs fois, jusqu'au jour où la cendre de ses idées et de ses actes encombre sa route et en marque le terme ; mais des individus lui survivent et portent sa civilisation à d'autres peuples, dont ils élargissent le génie : ainsi firent les Juifs et les Grecs. Une corporation, au contraire, n'a qu'une idée : le jour où cette idée n'est plus comprise par le monde, qui se transforme sans cesse, elle tombe tout d'un coup, très bas, sans gloire, indifférente, ou même méprisée et haïe; car l'histoire s'intéresse à un peuple ou à un homme qui a eu des passions humaines, non point à un être de raison à qui le progrès du temps a fait perdre la raison d'être.

Que l'on compare le sort de la colonie allemande prussienne à celui de la colonie brandebourgeoise. L'État fondé par l'ordre est artificiel comme l'État fondé par les margraves : de part et d'autre, un peuple a été supprimé pour faire place à une colonie exposée à de grands périls; mais la colonie brandebourgeoise était régie par une dynastie, c'est-à-dire par une succession d'hommes, qui, tout en portant le même nom et en poursuivant la même œuvre, étaient capables, parce qu'ils se succédaient et que leur volonté demeurait libre, de descendre le cours du temps, en compagnie des autres hommes. Au moyen âge, ce sont les rois qui ont fait les nations : sitôt que la féodalité dépérit et que quelques familles s'élèvent au-dessus d'elle, les différents États s'incarnent dans leur prince. Ni le prince ni les sujets ne distinguent alors le public du privé; les joies privées de la famille régnante sont celles des sujets, l'agrandissement du domaine du prince est l'agrandissement même de l'État; tout le gouvernement tient dans sa maison : on y rend la justice, on y fait la loi, on y fabrique la monnaie; ses officiers particuliers sont des officiers publics; le chef de son écurie devient le chef de sa cavalerie; le chambellan a soin de la chambre royale et siège dans la cour de justice. Après que ce régime a quelque temps duré, les peuples n'imaginent pas d'autre condition politique où ils puissent vivre: tout leur patriotisme est dans la fidélité au prince, et cette fidélité est une partie de la religion. Nul homme n'a été placé plus près de Dieu par les autres hommes que le roi de France par les Français du XIVᵉ siècle. Aujourd'hui, beaucoup des vieilles dynasties royales ont disparu, et celles qui demeurent ne prolongent leur existence qu'en se transformant : elles sont descendues du ciel sur la terre, qui ne les portera pas toujours. L'historien ne fait point la folie de croire à la résurrection des morts; mais dans l'épitaphe il doit inscrire les services rendus. Seules les nations ont été grandes dans les temps modernes qui ont eu au moyen âge des dynasties consacrées : la Bohême, la Pologne, la Hongrie, ont perdu leur indépendance pour s'être fiées aux hasards de l'élection d'un roi, et l'État teutonique a péri pour avoir été régi par une corporation, superposée pour ainsi dire à la colonie allemande et non par des princes qui auraient fait corps avec elle et vécu de sa vie.

Au commencement du xv⁰ siècle, l'ordre est en désaccord manifeste avec ses sujets. Ceux-ci, bourgeois et paysans, hommes libres et feudataires, établis à l'origine dans leurs villes, leurs villages ou leurs terres par chartes distinctes, avaient fini par former une sorte de peuple : la cohabitation sur le même sol, le service en commun dans les armées de l'ordre, les intérêts industriels et commerciaux les avaient rapprochés les uns des autres. Il s'était formé deux aristocraties, l'une dans les villes, l'autre dans les campagnes, et toutes les deux avaient des griefs graves contre le souverain. Les marchands supportaient impatiemment la concurrence de ce grand marchand, qui était l'ordre, et qui parfois usait de sa souveraineté au profit de son commerce, par exemple lorsqu'il défendait l'exportation des grains, sans se croire lié lui-même par cette prohibition. Il est vrai que, si l'ordre pratiqua l'excellente politique commerciale qui l'enrichit en enrichissant son peuple, c'est parce qu'il était marchand lui-même; mais ses sujets, qui recueillirent les bienfaits de cette politique, n'en furent que plus irrités contre sa concurrence : car un bienfait incomplet fait plus d'ingrats que la dureté ou l'inintelligence d'un régime ne fait de mécontents. Bourgeois et feudataires s'indignaient d'ailleurs d'être gouvernés par une caste étrangère; ils auraient voulu être admis dans l'ordre, qui ne pouvait leur donner cette satisfaction ; s'il eût ouvert ses rangs aux fils des bourgeois ou des feudataires prussiens, ceux-ci n'auraient point tardé à s'emparer des grands offices et de la maîtrise : qu'auraient dit alors les chevaliers d'Allemagne, d'Autriche, de tous les pays? Un schisme se serait certainement produit. L'ordre avait besoin, pour durer, de devenir une institution nationale prussienne; mais il fallait aussi qu'il demeurât un institut universel, tout au moins allemand et indissolublement lié à l'Allemagne, où il se recrutait et possédait de si riches domaines. C'était une difficulté insoluble.

Contre les bourgeois qui murmurent, contre les feudataires qui forment des confédérations secrètes, l'ordre ne peut s'appuyer sur les petits. Une monarchie peut être démocratique, mais non point une aristocratie : les deux mots ne se rencontrent que pour s'opposer l'un à l'autre. Le roi de France aime les petits, et les petits aiment le roi de France, parce qu'il est au-dessus des grands comme au-dessus d'eux-mêmes, et qu'il y a, devant ce trône si haut placé, une sorte d'égalité des hommes. Roi et peuple ont le même ennemi, le noble, et alors même que le peuple se révolte, c'est le grand qu'il menace, non le roi. « Quand Adam bêchait et qu'Ève filait, chantent les paysans anglais, où donc était le gentilhomme? » Mais à peine le roi a-t-il paru devant eux qu'ils l'acclament. En France, les pastoureaux s'insurgent à la nouvelle que saint Louis est prisonnier et ils réclament le roi. Après Poitiers, la colère populaire tombe sur ces nobles qui ont laissé, eux vivants, prendre le roi, et le peuple attend son salut de la délivrance du roi Jean qui a tout perdu. Une corporation chevaleresque recrutée à l'étranger ne pouvait inspirer au populaire cette dévotion, et l'ordre, pour se défendre, n'avait à compter que sur lui-même.

Aurait-il les forces nécessaires pour résister? Il s'affaiblissait, au sein même de sa prospérité. Les vertus monastiques, à supposer qu'elles aient été pratiquées par tous dans les temps de misère et de lutte, n'y avaient pas survécu. Des discordes, la déposition de Charles de Trèves et celle de Henri de Plauen, l'assassinat de Werner d'Orseln par un chevalier, témoignent qu'on a oublié le vœu d'obéissance. Comment garder le vœu de pauvreté au milieu de cette opulence, ou seulement les règles d'une vie simple parmi ces fêtes qui se succèdent à Marienbourg et dans les commanderies, à propos des continuels passages d'hôtes illustres se rendant en Lithuanie? Un poète du XIVe siècle dit qu'à Marienbourg la pièce de monnaie est chez elle : encore si l'ordre seul eût été riche, et que chaque chevalier fût demeuré pauvre! mais les chevaliers du XVe siècle font des testaments; ils ont donc une fortune propre Quant au vœu de chasteté, il était enfreint tous les jours. Au xive siècle, la lutte contre la doctrine de la mortification de la chair et de l'asservissement de l'esprit, qui prendra bientôt la double forme de la renaissance et de la réformation, est déjà commencée, et la chair écoute partout les excitations à s'affranchir, mais nulle part plus volontiers qu'en Allemagne. L'Allemand aime la vie commode; de bonne heure il s'est moqué des ascètes et n'a point épargné ses sarcasmes aux chevaliers. Ceux-ci ne les méritaient pas assez. Leur vœu de chasteté leur paraissait lourd, et l'austère Dusbourg disait déjà que « pour être chaste il faut une grâce spéciale de Dieu, *castus nemo potest esse, nisi Deus det* ». Un proverbe avertissait le paysan qui avait des filles de fermer soigneusement sa porte sur le passage des chevaliers, et nous savons que dans les villes ces hommes, à qui les règles de l'ordre défendaient d'embrasser même leur mère, portaient souvent leurs manteaux blancs en des quartiers où la couleur de l'innocence était déplacée. Dans les premières années du xve siècle, les vilaines aventures se multiplient : dans un château, des femmes polonaises ont été enfermées et violées; un commandeur offre à sa maîtresse une maison de plaisance qu'il a payée très cher; un autre fait décapiter un innocent dont il convoite la femme. Bientôt Dlugloss dira, en faisant le portrait d'un grand maître, qu'il sacrifie immodérément à Bacchus et à Vénus, *in Bacchum et Venerem parum temperatus*. Ainsi s'accroît sans cesse la gazette scandaleuse, à la grande joie des ennemis de l'ordre, qui la colportent par les villes et les campagnes.

C'était un nouveau sujet de railleries que les chevaliers fussent ignorants, et considérassent l'ignorance comme une condition de salut. Ils n'avaient jamais été fort instruits, et il paraît que plus d'un entrait dans l'ordre sans savoir même son *Pater* ni son *Credo*, car la règle donne six mois pour apprendre l'indispensable prière et le symbole de la foi. Mais la règle ne leur imposait pas l'étude, et si elle permettait au frère entré dans l'ordre avec quelque instruction d'entretenir ses connaissances, elle voulait que l'ignorant demeurât ignorant, sans doute afin d'éviter que le chevalier devenu savant ne déposât l'épée pour se faire prêtre. Encore moins veut-elle qu'il devienne philosophe; un comte de Nassau est condamné, après procédure secrète, à la prison perpétuelle, parce qu'il « doute ». Or le bourgeois prussien s'instruisait dans les villes; il visitait les universités étrangères; il savait que partout s'annonçait le grand mouvement intellectuel de la renaissance et que l'Allemagne en était enorgueillie; avec cette vanité que donne la première initiation à la science, il méprisait ces chevaliers ignorants, et se croyait déshonoré d'être commandé par tel grand maître, qui ne savait ni lire ni écrire.

Il n'y avait point de remède aux maux dont se plaignaient les sujets des teutoniques, parce que ces maux étaient constitutionnels. C'est la règle qui défend à l'ordre de se faire prussien. C'est elle qui lui interdit d'associer au gouvernement les bourgeois et les feudataires, car elle ne veut pas que les frères délibèrent avec les laïques. C'est elle qui sauvegarde et perpétue l'ignorance. Elle va livrer l'ordre enchaîné et incapable de se mouvoir aux périls du xv° siècle, où les grandes puissances du moyen âge achèvent leur décadence. Les services rendus sont oubliés, comme toujours, et il ne sert point de déclamer contre cette ingratitude, car les peuples ne peuvent être reconnaissants contre leur intérêt : leur affaire c'est de vivre, et il faut qu'ils éliminent ce qui fait obstacle à la vie. Jadis la forteresse teutonique était une protection et un asile : au xv° siècle, elle n'est plus pour les colons qu'un lieu de délices et de débauches et les bourgeois de Danzig appellent *lupanar* le château de l'ordre. Jadis, au temps des grands périls, l'arrivée des manteaux blancs à croix noire était le signe certain de la délivrance prochaine ; maintenant que l'ennemi n'est plus à redouter, et qu'on a pris l'offensive contre les voisins, le chevalier n'est plus qu'un personnage inutile, qu'il faut nourrir et dont

la nourriture coûte cher; on chante en Prusse :
« S'habiller, se déshabiller, manger, boire, dormir,
voilà tout le travail des seigneurs teutoniques! »

Réduit à l'état de caste dans son propre pays,
l'ordre est un étranger dans la chrétienté. Pour
expliquer sa chute, il faut, au risque de se répéter,
rappeler encore ce que sont devenus le pape et
l'empereur qui, au XIIIe siècle, ont commandé et
béni la conquête : au début du XVe siècle, le
schisme est dans l'empire et dans l'Église, et il y a
deux papes et trois empereurs. Les papes rivaux
s'anathématisent et s'excommunient, à la grande
joie des païens. « Il paraît, dit-on en Lithuanie, que
les chrétiens ont à présent deux dieux : si l'un ne
leur pardonne leurs péchés, ils peuvent s'adresser
à l'autre. » Émus de ce spectacle, les chefs de la
chrétienté eux-mêmes réclament la réforme de
l'Église dans son chef et dans ses membres; mais
quel trouble dans l'esprit des humbles! Ils attribuent aux péchés des riches et des grands ces
désordres et les calamités publiques, comme cette
peste noire qui a décimé l'Europe et rempli de
cadavres les rues des villes, où retentit le cri du
Kyrie eleison! Le peuple a perdu le sentiment du
respect. Dans une ville d'Allemagne, les filles de joie
députent au conseil pour se plaindre que les filles
des conseillers leur fassent par leurs débauches
concurrence dans leur industrie. Les paysans et les

gens des communes combattent les chevaliers et les mettent en fuite. Les Flamands suspendent dans l'église de Courtrai huit mille éperons dorés de chevaliers français. Les paysans suisses, après avoir battu les chevaliers autrichiens, chantent : « Nous leur avons donné le fouet, ça leur a fait bien mal. » Le paysan prussien lui-même est enclin à la révolte, puisque l'ordre est obligé de défendre les rassemblements armés. L'esprit du temps, qui avait porté jadis les teutoniques, s'était donc retiré d'eux, et, par un singulier retour de fortune, l'ordre se trouvait au XVe siècle dans l'état où étaient au XIIIe les Prussiens exterminés par lui : il représentait une civilisation disparue; au milieu d'un monde transformé, il était un monument du passé, une ruine que le premier accident devait abattre.

Croisades lithuaniennes.

Cependant l'ordre teutonique avait gardé jusqu'à la fin du XIVe siècle une raison d'être : la guerre contre la Lithuanie païenne durait toujours. Il en faut parler, parce que l'histoire de cette guerre est un curieux chapitre de l'histoire de la civilisation au XVe siècle, mais aussi parce qu'on y voit la fausseté de l'institution teutonique, réduite à exploiter, pour maintenir son crédit dans le monde, la folie de la chevalerie expirante. D'Allemagne et de tous les pays de la chrétienté, quantité de princes, barons et aventuriers hautement qualifiés se rendent en Prusse au xiv° siècle, et de là en Lithuanie. Qu'ils eussent quelque souci de convertir les Lithuaniens, c'est à quoi l'on ne peut même songer : ils étaient attirés par la curiosité de voir de près cet ordre, honneur de la chevalerie, régnant sur la terre arrachée aux infidèles, et surtout par le goût de l'extraordinaire et du romanesque, par l'ambition de rapporter des pays lointains de quoi conter aux dames. Cette chevalerie, brave encore, mais pompeuse et volontiers hâbleuse, ressemblant à celle du xiii° siècle comme la déclamation ressemble à l'éloquence, eut en Lithuanie son champ clos, dont les portes lui étaient ouvertes solennellement par les teutoniques.

Parmi les plus illustres parurent successivement en Prusse les rois Ottocar et Jean de Bohême, Louis de Hongrie, les rois allemands Charles IV, Günter de Schwarzbourg, Ruprecht du Palatinat; l'héroïque Bolingbroke, qui fut plus tard Henri IV, roi d'Angleterre; le comte de Warwick, deux ducs d'Autriche, deux comtes de Hollande, le Français Boucicault, l'Écossais Douglas, et ce singulier aventurier, le poète Oswald de la Roche des Nuages (*Wolkenstein*), qui, n'ayant que dix ans, quitta le château paternel avec trois pfennigs et un morceau de pain dans son sac, courut à pied derrière les cavaliers d'Albert d'Autriche, gagnant sa vie à panser les chevaux et à soigner les armes. Il resta huit ans en Prusse à servir dans les troupes de l'ordre, où il égayait les chevaliers par ses chansons ; puis il se mit à parcourir l'Europe et l'Asie, combattit à Nicopolis, revint en Prusse, et recommença ses voyages, chantant partout et combattant où il pouvait.

Il fallait que ces expéditions lointaines fussent entrées dans les mœurs de la chevalerie, car mainte chanson allemande commence par ces mots : Il y avait une fois un chevalier qui alla en Prusse ; maint conte français nous a gardé le souvenir d'un chevalier qui, pour avoir fait le « très saint passage de Prusse », encourut une mésaventure conjugale, et le roi Charles V, qui n'aimait pas les folies et qui avait besoin de ses chevaliers contre l'Anglais, défendit d'aller en Prusse sous peine de mort. Mais ces croisés du XIVe siècle jouaient une véritable parodie de la croisade. Guillaume IV de Hollande est allé trois fois en Prusse ; la seconde fois, en 1344, il mène à sa suite trente-huit chevaliers et cinquante-cinq écuyers, des artisans et des serviteurs, parmi lesquels des hérauts, un peintre, un tailleur, un juif chargé des achats de chevaux, de draps et de fourrures. Il se rencontre avec Louis de Hongrie et Jean de Bohême, ce royal aventurier qui viendra mourir dans nos rangs à Crécy. On était en hiver et, comme il fallait passer le temps avant d'entrer en campagne, on jouait aux dés jeu de prince : Jean gagna 600 florins à Louis de Hongrie, environ 30 000 francs d'aujourd'hui, et, comme le pauvre roi se lamentait, Jean prit les écus et les jeta au peuple, montrant ainsi le mépris que le vrai chevalier doit avoir pour l'argent. Dans la troupe qui suivit ces princes en Lithuanie, il y avait trois ménestrels prêtés par le grand maître, des ménétriers, des trompettes, des danseurs, des fous, des hérauts, des baladines; il est vrai qu'il y avait des prêtres aussi : car Guillaume de Hollande a donné une somme d'argent à Pierre, son chapelain, pour être dispensé de jeûner et de faire maigre.

Au vrai, c'est une expédition de brigandage qu'on va faire en Lithuanie, comme le montre la relation que nous a laissée le poète Pierre Suchenwirth du voyage entrepris, l'an 1377, par le duc Albert d'Autriche. Nous la reproduisons ici presque mot pour mot.

En l'an de grâce 1377, le vertueux duc Albert s'arma pour la croisade de Prusse, afin de devenir chevalier : car il pensait avec raison que l'éperon d'or du chevalier lui siérait mieux que l'éperon d'argent de l'écuyer. Avec lui chevauchèrent cinq comtes, nombre de chevaliers et d'écuyers. Si belle troupe ne s'était encore vue : hommes et chevaux portaient armures et vêtements splendides. Les croisés s'en vont par villes et par pays sans faire de mal à personne. A Breslau, le duc convie les belles dames qui, parées comme le bois quand mai fleurit, viennent au château plaisanter, danser et rire. Autre fête à Thorn, en Prusse, où brillent les bouches et les joues roses, les perles, les couronnes et les rubans. On y danse beaucoup, en tout bien tout honneur. De là on gagne Marienbourg, où habite le grand maître Henri de Kniprode : le noble seigneur reçoit le duc en grande pompe, et généreusement offre bonne boisson et riche nourriture; mais c'est à Kœnigsberg surtout que l'on mène belle et grande vie, à la manière des cours ! Le noble duc commence les fêtes en donnant à dîner au château. Chaque service est annoncé par le son des trompettes; dans les plats d'or on sert à profusion les pâtisseries et les rôtis, dans les coupes d'or et d'argent coulent les vins de France et d'Autriche.

Enfin on s'apprête au voyage de Lithuanie; n'était-ce pas pour cela que l'on était venu ? Le maréchal recommande à chacun de se pourvoir de vivres pour trois semaines; on n'épargne rien et l'on achète plus qu'il n'était nécessaire. Alors le grand maître ordonne de se mettre en marche pour l'honneur des Autrichiens et de la mère de Dieu. Au bord de la Memel, six cent dix bateaux sont préparés, et bateliers ont rude besogne depuis midi jusqu'au soir. Sur l'autre rive, un millier d'hommes marchent en avant, frayant à coups de hache le chemin dans les broussailles, et l'on va par la plaine, coupée de fossés, de ruisseaux et de marécages. Ah! il fait bien meilleur chevaucher dans la plaine de Hongrie! A tout moment on descend de cheval, puis on remonte; tantôt on saute un fossé, tantôt on se baisse dans les bois, et plus d'un est rudement saisi au collet par les branches. On n'entend plus plaisanter ni rire. La nuit venue, il faut camper; de bon logis il n'est pas question; mais le lendemain on entre dans la terre des païens, et joyeusement les chevaux sont mis au trot. D'abord vient, selon l'usage, la bannière de Ragnit, puis celle de saint George, la bannière de Styrie, celles du grand maître et du duc d'Autriche. Beaucoup d'autres encore flottent dans les airs. Les fiers héros chrétiens portent couronnes et panaches sur leurs casques; l'or, l'argent, les pierres précieuses, les perles, don des nobles dames dont ils sont les serviteurs, resplendissent au soleil Enfin voici un village. Les chevaliers s'y précipitent comme des hôtes qu'on n'a point invités à la noce, et dansent avec les païens la première danse : on tue cinquante de ces misérables; le village est brûlé, la flamme monte haut dans les airs! Alors le comte Hermann de Cilly tire son glaive du fourreau, l'agite dans l'air et dit au duc : « Mieux vaut chevalier qu'écuyer », et il l'arme chevalier. Le duc, à son tour, tire son épée et fait chevaliers tous ceux qui se présentent, pour l'honneur de sainte chrétienté et de Marie toujours vierge. Après quoi on se met à ravager le pays. Dieu a fait aux chrétiens cette grâce, que les païens se sont laissé surprendre. Il leur en coûte cher; on les poignarde, on les assomme. Le pays était plein d'hommes et de richesses : autant de bien pour les chrétiens que de perte pour les païens. Ce fut un bien bon moment.

La nuit fut moins gaie. Les Lithuaniens attaquèrent; on recevait leurs coups sans les voir, mais on les entendait hurler comme des bêtes fauves. Le lendemain le maréchal fit ranger chacun sous sa bannière et à son rang. Les païens criaient toujours dans le buisson, mais cela ne leur réussit pas. On en tua beaucoup; on prit des femmes et des enfants : c'était comique vraiment de voir ces femmes, qui avaient deux enfants attachés au corps, l'un devant, l'autre derrière, et ces hommes qui marchaient par troupes, attachés les uns aux autres comme des meutes. La journée avait été bonne, aussi le soir on fit un joyeux repas. On dévora quantité d'oies, de poules, de moutons, de vaches, de miel, et l'on s'endormit. Le maréchal, pour éviter le danger de la nuit précédente, avait fait planter une forte haie et placé des sentinelles, si bien que l'on dormit tranquillement.

Le troisième jour, on entre dans un autre canton. Ce sont les mêmes exploits; on chasse les païens exactement comme le renard et le lièvre, et le soir le comte Hermann de Cilly traite le duc d'Autriche et les nouveaux chevaliers. Très loin était le marché où l'on avait acheté les vivres : car on y mangea un cerf qui avait été chassé à deux cents milles de là, et l'on ne but que du vin de Wippach, de Lutenberg et de Reisal.

Huit jours passent ainsi. On ravage trois cantons entiers. Des villages brûlés monte une telle fumée qu'au loin l'air est obscurci. Alors vient le mauvais temps; il pleut, il grêle; les provisions se gâtent; partant, plus de plaisir : on se remet en marche vers la Memel, à travers marais et fossés. A Kœnigsberg, chevaliers et Autrichiens se congratulent et se séparent, et voyez comme tout finit bien! A Riesenburg, le duc reçoit un message de la duchesse qui lui annonce la naissance d'un fils : grande joie d'Albert, dont c'est le premier enfant. Les bals recommencent. A Schweidnitz, la duchesse, Autrichienne de naissance, fait si généreusement les choses qu'on n'a pas le droit d'acheter même un œuf. Dames et demoiselles se montrent très aimables, et l'on vit ainsi pendant trois jours en joie. Enfin on arrive en Autriche. « A tout noble homme je donne le conseil de servir saint George et de penser aux mots : mieux vaut chevalier qu'écuyer, pour que la louange orne son nom. Voilà le conseil que je donne, moi Pierre Suchenwirth. »

Le récit du vieux poète est conforme à ceux que nous ont laissés les historiens. C'est donc une guerre sans danger et sans pitié que les chevaliers et leurs hôtes font en Lithuanie. Contre les païens, tout est permis. Tuer les hommes, même les femmes et les enfants, brûler moissons et maisons, c'est, comme on dit, faire la guerre en l'honneur de saint George, *exercere militiam in honorem sancti Georgii*. Une véritable traite de païens suit ces expéditions; les nobles croisés emmènent des prisonniers dans leur pays, pour les montrer comme bêtes curieuses; les commandeurs et même le grand maître vendent les leurs, et tel officier de la frontière, comme l'avoué de Rossiten en Livonie, vit de ce commerce. Il faut répéter que ces croisés n'ont cure de convertir les infidèles : le duc d'Autriche est venu pour gagner ses éperons, on a vu par quels exploits. Quant aux teutoniques, s'il n'est point juste de leur reprocher d'avoir à dessein négligé de conquérir la Lithuanie, ils sont bien aises assurément d'avoir ainsi près d'eux un parc de païens : de temps à autre, une ou deux fois l'année, le plus souvent l'été, mais quelquefois l'hiver, ils convient les aventureux de la chrétienté à des parties de chasse, où il ne manque rien, pas même le dîner de chasse. On emporte ses provisions, des bourriches et de la vaisselle. L'ordre dirige l'expédition, maintient la discipline, envoie ses éclaireurs, qui frayent la route à travers bois, et ses pontonniers, qui jettent des ponts sur les rivières. Chaque croisade lui coûte gros, car il faut faire des présents aux hôtes, leur donner une hospitalité fastueuse, leur prêter de l'argent quand les sacs sont vides, et souvent racheter les prisonniers; mais ce n'est pas trop payer cette illusion, qu'il importe d'entretenir, que les teutoniques gardent la frontière chrétienne. Rien n'y était plus propre que la pompe des fêtes données aux nobles voyageurs au retour de l'expédition en Lithuanie. Sous une tente magnifique, on dressait la table ronde, où s'asseyaient, au bruit des trompettes et timbales, les dix chevaliers qui avaient été proclamés les plus braves et dont les noms étaient célébrés dans toute la chrétienté par les poètes. Ces récits rimés, comme autrefois les prédications de Pierre l'Ermite ou de saint Bernard, enflammaient les courages, et l'ordre gardait sa raison d'être, grâce à cette comédie : quand elle aura cessé, la Lithuanie étant devenue chrétienne, on pensera dans toute l'Europe ce que dira plus tard Luther : « A quoi servent des croisés qui ne font pas de croisades? »

Guerres étrangères et civiles.
Ruine de l'ordre.

C'est en 1386 que la Lithuanie devint chrétienne. En ce temps-là vivait dans cet étrange pays un prince singulier du nom de Jagal, sorte de païen philosophe, justicier sévère, chasseur passionné, aimant les bois et le chant du rossignol, brave et bon soldat, pacifique pourtant et en paix avec tous ses voisins, sauf avec l'ordre, qui ne cessait de le provoquer à la guerre. Point fanatique et incapable de mettre à mort un missionnaire, ce païen était en relations diplomatiques avec la cour de Rome. Il devint un grand prince et fut le vengeur de la Lithuanie. Comme les Polonais, à la mort du roi Louis, ne voulurent point accepter pour roi Sigismond de Luxembourg, ils députèrent vers leur voisin Jagal, lui offrant la couronne s'il voulait se convertir. Le 15 février 1386, le païen fut baptisé; trois jours après il épousait Edwige, fille du feu roi; quelques semaines après, il était couronné roi. Il retourna dans son pays natal, éteignit le feu sacré qui brûlait à Wilna, tua les serpents sacrés et entreprit de convertir son peuple. Bon nombre de Lithuaniens se laissèrent baptiser, comme avaient fait autrefois les Saxons, pour recevoir le vêtement qu'on donnait aux néophytes, et il fallait seulement prendre garde que ces empressés ne se fissent baptiser plusieurs fois, pour mieux munir leur garderobe. Jagal, ou plutôt Ladislas Jagellon, comme on l'appelle depuis qu'il est chrétien et roi de Pologne, ne rencontre pas grande résistance; pour la Lithuanie, ce temps était venu où les dieux s'en vont tout seuls. Il fit entrer ses sujets par grandes troupes dans des ruisseaux où on les baptisait, en donnant un seul prénom à tous les hommes, un seul à toutes les femmes, et voilà de quelle façon la Lithuanie entra dans la communauté chrétienne. Quelques années après, Jagellon faisait grand-duc de Lithuanie son cousin Witowd, qui fut son fidèle lieutenant et allié. Pologne et Lithuanie formèrent comme un seul royaume, dont les forces réunies se portèrent contre les teutoniques.

Point de doute que la grande guerre de l'année 1410 a été une guerre de haine et de vengeance contre les Allemands. Witowd leur veut mal de mort et le dit tout haut. Ce prince, qui est obéi fort avant dans la plaine russe par des tribus russes ou tartares, semble plutôt un khan que le chef d'un peuple chrétien. Il veut jeter les teutoniques dans la Baltique et les y noyer. Quant au nouveau roi de Pologne, il va reprendre la vieille querelle au sujet de la Pomérellie. Les troubles qui s'annoncent dans l'État teutonique encouragent son ambition. Jagellon ne laisse passer par ses terres ni marchands ni soldats pour la Prusse, et mille difficultés à chaque instant renouvelées précèdent et annoncent la lutte. Enfin, en juillet 1410, le roi et le grand-duc se donnent rendez-vous en Prusse, où ils font leur jonction. C'est une bataille de peuples qui va s'engager : à côté des Lithuaniens, des Polonais, et de mercenaires de Bohême et d'autres pays, des Tartares servent dans l'armée de Jagellon, commandés par un khan, comme si l'Orient européen, déjà entamé par la conquête allemande, se levait tout entier contre les Allemands. Les Tartares païens font la guerre sans merci, et se signalent par l'atrocité de leurs ravages. Jagellon maintient comme il peut la discipline : deux Lithuaniens, voleurs d'églises, sont condamnés, selon la coutume du pays, à s'étrangler eux-mêmes. A l'approche de l'ennemi, les précautions redoublent : un conseil de guerre défend de dépasser l'avant-garde, commandée par le maréchal Zindram, et de jouer du cor ; on ne doit entendre dans l'armée que le cor royal ; la première sonnerie commande de se lever, la seconde de se mettre en selle, la troisième de marcher. Le 15 juillet au matin, dans sa marche vers Tannenberg, le roi de Pologne apprend qu'il a devant lui l'armée teutonique ; il achève d'entendre la messe pendant que Zindram et Witowd mettent l'armée en bataille, et rangent les Polonais sous cinquante bannières, les Lithuaniens, Ruthènes et

Tartares sous quarante : les bannières lithuaniennes portent l'image du cheval, qui avait été jadis l'animal sacré des Lithuaniens ; celles des Tartares, l'image du soleil, qu'ils adorent encore. La messe dite, Jagellon monte sur une colline pour reconnaître l'ennemi ; il arme chevaliers un certain nombre de Polonais en les ceignant du ceinturon doré, se confesse sans descendre de cheval et met son casque. C'est alors que se présentent devant lui les deux hérauts de l'ordre portant deux épées nues ; ils demandent au roi de désigner le champ de bataille : le roi répond qu'il accepte celui que Dieu lui donne, et fait sonner les trompettes.

Les Lithuaniens, qui forment l'aile droite, se précipitent avec fureur sur l'armée des teutoniques. Ceux-ci tiennent bon, et leur canon fait des ravages dans les rangs des ennemis, qui, au bout d'une heure, reculent et se débandent ; beaucoup fuient jusqu'en Lithuanie, où ils répandent la nouvelle de la défaite de Jagellon. Une petite partie de l'armée polonaise est entraînée dans la déroute ; la bannière de saint George a reculé, et même la bannière royale a été jetée par terre ; mais elle a été aussitôt relevée : le centre se raffermit, et l'aile gauche est intacte. Cependant les teutoniques s'étaient répandus à la poursuite des Lithuaniens ; joyeux, ils chantaient, voyant fuir ces ennemis du Christ, l'hymne qui commence par ces mots : « Le Christ s'est levé »; mais ils avaient perdu leur ordre de bataille et compromis la journée en portant leur principal effort sur le contingent lithuanien. Au moment ou ils reviennent vers leurs positions, après avoir abandonné la poursuite. Jagellon les attaque de flanc et les met en désordre. Bientôt le grand maître se voit obligé de faire donner les seize bannières de la réserve. Il les conduit lui-même au centre de l'armée polonaise, où le roi, comme il avait été décidé en conseil de guerre, se tenait au milieu du retranchement formé par les chariots de guerre. Jagellon veut se précipiter dans la mêlée; un des siens se jette aux rênes de son cheval; le roi l'écarte avec sa lance, mais se souvient qu'il doit demeurer et demeure. Il veut du moins faire donner sa garde de soixante lances; sa garde demeure derrière lui. Les teutoniques ne peuvent entamer le retranchement; un d'eux, qui a pénétré jusqu'au roi, tombe à ses pieds, frappé d'un coup de lance par le notaire royal Sbigneus, qui sera plus tard archevêque. Alors on entendit le grand maître commander un mouvement vers la droite, où était la bannière royale. La petite troupe héroïque se précipita; elle fut cernée; le grand maître ne demanda pas merci : il périt avec presque tous les officiers.

Le désordre était tel dans l'armée teutonique que ce mouvement désespéré n'avait pas été soutenu. Les fuyards encombraient les retranchements de chars, situés au-dessus du village de Tannenberg. Jagellon défendit qu'on commençât la poursuite avant que le retranchement fût emporté. Ce fut l'affaire d'un quart d'heure. Le roi de Pologne alla se poster alors sur la colline où, la veille, avait campé le grand maître, et il vit briller aux rayons du soleil couchant les armures des soldats teutoniques éparpillés dans la déroute. Beaucoup furent pris ou se noyèrent dans les étangs. Dlugloss, chanoine de Cracovie, le plus véridique historien de cette grande journée, rapporte, sans y croire, que l'armée prussienne y perdit cinquante mille hommes tués, et quarante mille prisonniers; ces chiffres sont exagérés, mais le désastre fut immense. Au soir de la bataille, Jagellon, fatigué, se jeta sous un arbre, en attendant qu'on préparât sa tente, et il donna l'ordre qu'on ensevelît dans la petite église de Tannenberg les corps des commandeurs. Le lendemain, pendant la célébration de la messe, les bannières prisonnières flottaient autour de l'autel de campagne du roi de Pologne. Toute la journée, six secrétaires écrivirent sur des tableaux la liste des prisonniers, pendant que les soldats vainqueurs estimaient leur butin et, faisant couler le vin à flots, célébraient les funérailles de l'ordre teutonique.

Le coup était terrible; mais ce n'est pas de cette défaite que l'ordre devait mourir. Il est vrai que la marche du vainqueur ressembla d'abord à un triomphe : Jagellon, évitant les violences, se donnait l'air d'un libérateur, et beaucoup parmi les sujets des teutoniques ne demandaient qu'à l'en croire; les évêques, qui n'aimaient pas l'ordre, donnèrent l'exemple de la soumission; les nobles acceptèrent le don qui leur était promis de la « liberté comme en Pologne », et Danzig reçut l'envoyé de Jagellon solennellement, au son des tambours et des trompettes ; mais il suffit de la résistance d'un homme énergique pour changer le sort de la campagne. Henri de Plauen commandait un corps d'observation à la frontière poméranienne quand il apprit la nouvelle du désastre. Vite il courut à Marienbourg et s'enferma dans le château, après avoir brûlé la ville. Jagellon fut impuissant contre ces murailles héroïquement défendues. Après deux mois d'investissement, de bombardement et d'assauts inutiles, il leva le siège et rentra dans ses États. Encore une fois, la Pologne montra qu'elle ne savait pas soutenir un effort; menacée d'une guerre par Sigismond de Hongrie, elle accorda aux teutoniques une paix honorable et inespérée; mais l'accueil fait aux envahisseurs par les sujets des vaincus avait montré que la vieille corporation portait en elle-même les causes de sa ruine, dont la guerre étrangère ne fit que précipiter les effets.

Henri de Plauen, devenu grand maître, fit un pas

très hardi pour la sauver. Les forces militaires des chevaliers étaient fort réduites ; les meilleurs étaient morts à Tannenberg, et Henri, dans une revue qu'il fit des survivants, ne trouva plus qu'une poignée de vieillards fatigués et des jeunes gens qui, n'ayant pas connu les beaux jours, apportaient dans les rangs éclaircis un esprit inquiet et désordonné. Cependant l'ordre, si affaibli, avait à demander de grands sacrifices à ses sujets. Il fallait, pour racheter les prisonniers et payer les mercenaires, prélever d'énormes impôts sur le pays à moitié ruiné par l'invasion. Les registres teutoniques montrent que le produit de la fabrication de la monnaie s'est accru énormément après la bataille de Tannenberg ; on fabriquait donc de la monnaie faible, et c'était un grave grief ajouté à tous ceux qu'avaient contre les chevaliers leurs sujets de Prusse. Le grand maître espéra calmer la mauvaise humeur, prévenir les résistances et intéresser le peuple à la destinée du souverain, en invitant, malgré la règle qui défendait aux frères de délibérer avec les laïques, les députés des villes et de la noblesse à former des états de Prusse. Il vit bientôt que le peuple de Prusse, avant de consentir à l'alliance qui lui était offerte, attendrait qu'on satisfît à toutes ses exigences. La levée d'un impôt par tête fut ordonnée ; mais Danzig refusa de payer et, en face du château de l'ordre, éleva une tour, d'où les bourgeois surveillaient ce qui s'y passait et qu'ils appelaient *Kiek in de kuk*, c'est-à-dire regard dans la cuisine. Il fallut que le commandeur, un frère du grand maître, fît saisir et égorger plusieurs conseillers, crime dont les bourgeois gardèrent le souvenir. D'ailleurs tout est conjuré contre Plauen : peste, mauvaise récolte; et le populaire, qui se défie de ce novateur, le soupçonne d'être un hussite. C'est que Plauen n'aimait pas les prêtres ; lorsque les évêques de Prusse, qui s'étaient enfuis après le départ du roi de Pologne, demandèrent à rentrer, en vertu de l'amnistie promise, il refusa, disant qu'il ne voulait pas « réchauffer les couleuvres dans son sein ». Cependant Jagellon et Witowd surveillaient ce désordre; le premier fait ravager la frontière prussienne, piller et arrêter les marchands prussiens sur ses routes; l'autre bâtit sur le territoire teutonique un château, et, comme l'ordre réclame, il répond qu'il a bien le droit de faire ce qu'il veut dans un pays qui appartenait autrefois à son peuple : parole à retenir, car elle montre que le terrible passé n'est point oublié, et que Witowd poursuit la revanche d'une race.

Plauen, irrité par tant d'obstacles et provoqué par ses ennemis, veut recommencer la guerre; mais il ne commande même plus aux chevaliers. Le grand maréchal Sternberg empêche l'armée de le suivre. Plauen convoque un chapitre pour y faire déposer le rebelle; c'est le rebelle qui fait déposer le grand maître et qui est élu à sa place. Le héros des jours de détresse descendit au rang de simple commandeur et ne sut point porter sa disgrâce. On apprit bientôt qu'il correspondait avec le roi de Pologne. Jeté en prison, il y demeura seize années, se plaignant que ses gardiens lui ménageassent le pain et l'orge. Ainsi toute discipline était perdue, car le serviteur avait chassé le maître, et le héros avait fini par une trahison. L'ordre ne fit plus que prolonger son agonie. Il s'adressa en vain à l'empereur, au pape, aux conciles, qui s'efforçaient alors de remettre la paix dans l'Église. L'Europe monarchique du XVe siècle ne comprenait plus cette vieille institution aristocratique; le pape avait défendu les hostilités contre la Lithuanie depuis que la Lithuanie était chrétienne; on parlait de transporter ces croisés inoccupés à Chypre ou sur le Danube, en face des Turcs, et pendant ce temps les Slaves continuaient tranquillement la lutte contre les Allemands. Le roi de Pologne s'allie avec les ducs de Poméranie, même avec les hussites de Bohême, alléguant la parenté du sang. Les Polonais prêchent en Prusse l'hérésie de Jean Huss; ils enseignent que la Prusse est polonaise et, appelant la philologie à leur secours, le prouvent par les noms des provinces et des villes. Des bandes de hussites, acharnés à la destruction de la chevalerie et de tou ce qui est allemand, se répandent sur le territoire teutonique. Le monastère d'Oliva, d'où le moine Christian est parti au XIII⁰ siècle pour convertir la Prusse, est brûlé après avoir été pillé : c'est comme une vengeance offerte aux mânes des Prussiens. Les hussites saluent la Baltique de leurs chants tchèques et emplissent leurs bidons de l'eau de cette mer, en signe que de nouveau elle appartient aux Slaves. Et la preuve que l'ordre était irrémédiablement condamné à périr, c'est que de tels dangers n'y ramenaient pas l'union. Le grand maître était en querelle avec le maître de l'Allemagne, qui voulait le supplanter; les chevaliers de la basse Allemagne, avec ceux de la Souabe et de la Bavière. De plus en plus, le peuple se détachait de ces souverains qui ne savaient plus se gouverner eux-mêmes ni protéger leurs sujets; la police n'était plus faite sur les routes infestées par les brigands ; des malheurs, dont l'ordre n'était point responsable, s'ajoutèrent à ceux qu'on lui imputait : la Hanse, en pleine dissolution, laissait l'union de Calmar se former et la Scandinavie lui échapper; enfin, en 1425, le hareng quitta la côte de Schonen pour celle de Hollande, où allait fleurir Amsterdam.

La colonie allemande résolut de s'émanciper. Le grand maître Paul de Russdorf essaya comme Plauen de s'appuyer sur la noblesse et sur les villes Les villes se déclarèrent prêtes à le soutenir, à condition qu'il garantît leurs droits et leurs libertés contre les officiers teutoniques; mais il n'osa prendre cet engagement. Les villes lui offrirent alors leur appui pour rétablir la discipline dans l'ordre; il ne voulut rien conclure, craignant de donner au maître d'Allemagne un prétexte que cherchait celui-ci de se substituer au grand maître. Les teutoniques étaient en pleine dissolution. Alors, en février 1440, à Marienbourg même, une partie de la noblesse de Prusse et les villes conclurent une ligue. On ne parla d'abord que de maintenir chacun dans ses droits, puis on se donna un conseil et des revenus; on fit un État dans l'État. Les coalisés révélèrent leurs intentions quand, après l'élection de Conrad d'Erlichshausen, ils firent hommage non plus à l'ordre, mais au grand maître personnellement. Louis d'Erlichshausen, successeur de son frère, n'obtint cet hommage que difficilement, après qu'il eut promis d'accroître les privilèges des états. Dans cette extrémité, le pape et l'empereur s'intéressèrent enfin à l'ordre menacé de toutes parts; mais ces vieilles puissances déchues n'apportèrent que des mots pour défendre cette puissance qui s'en allait. Elles déclarèrent la ligue contraire au droit divin et humain : en présence de ce droit de l'ancien temps, la ligue maintint le sien, qui était le droit moderne des peuples de disposer d'eux-mêmes et, le 4 février 1454, les nobles et les villes signèrent l'acte d'affranchissement, qu'un huissier du conseil de Thorn alla porter à Marienbourg.

Aussitôt commence la guerre des bourgeois contre les châteaux ; ceux de Thorn attaquent et brûlent la vénérable forteresse qui avait si longtemps protégé leur ville, une des premières bâties sur le sol prussien. En quelques semaines, cinquante-quatre châteaux mal défendus tombent aux mains des révoltés, qui, pour achever l'œuvre, s'adressent au roi de Pologne. Casimir IV célébrait à Cracovie les fêtes de son mariage quand il reçut les députés de l'ordre et ceux de la ligue. Un débat contradictoire s'établit devant lui ; les députés teutoniques, appuyés par les légats pontificaux, rappelèrent que, dans le dernier traité, l'ordre et le roi s'étaient mutuellement promis de ne pas seconder les révoltes de leurs sujets ; mais les ligueurs proposèrent de reconnaître la souveraineté du roi de Pologne, et menacèrent, s'il ne voulait pas les prendre pour sujets, de porter leur hommage au roi de Bohême. Casimir reçut en présence de l'archevêque de Gnesen l'hommage des députés prussiens ; il institua les palatinats de Thorn, Elbing, Danzig et Kœnigsberg ; il affranchit les villes et les nobles de toutes charges ; il ordonna que les châteaux détruits ne seraient pas relevés, et déclara la guerre aux teutoniques. Le 23 mai 1454, il entra triomphalement à Thorn ; puis il alla recevoir à Elbing l'hommage des évêques, des nobles et des villes. On eût dit que l'ordre n'existait déjà plus. La guerre dure pourtant treize années, sans actions d'éclat ; guerre civile en même temps qu'étrangère, car, dans chaque ville, il y a des factions opposées. Les trois quartiers de Kœnigsberg se battent sur le fleuve qui les sépare ; à Danzig, les patriciens déciment les métiers. La ligue accuse la lenteur des Polonais et s'impatiente de cette longue résistance des teutoniques et de leurs mercenaires ; les chevaliers en effet ne se soutenaient qu'à l'aide de ces soldats recrutés dans tous les pays. A la fin, ne pouvant plus les payer, ils furent réduits à leur donner en gage le château de Marienbourg. Quand ils y entrèrent, ces bandits, qui étaient hussites pour la plupart, s'en donnèrent à cœur joie. Ils pénétrèrent dans les cellules, coupèrent la longue barbe des vieux chevaliers qu'ils y trouvèrent et les chassèrent à coups de fouet dans le cimetière. Le grand maître s'enfuit en barque sur la Nogat et gagna Kœnigsberg, où le conseil de la ville, à qui il était demeuré fidèle, lui envoya en présent un tonneau de bière. Les mercenaires livrèrent le château au roi Casimir, qui vint y célébrer les fêtes de la Pentecôte.

Il fallut bien parler de paix quand la désolation fut telle dans ce pays autrefois si prospère que, du haut des murailles des villes, le regard, comme dit un contemporain, ne découvrait pas à l'horizon un arbre où l'on pût attacher une vache. Même « les infidèles de Notre-Dame la Vierge Marie » se plaignaient au roi de Pologne de la misère où ils étaient plongés. Quand on s'aboucha pour négocier, l'ordre avait déjà perdu la Pomérellie et les provinces occidentales. Une fois de plus, les négociations montrèrent que l'État teutonique était ruiné par ses propres discordes, non par la force étrangère; car, dans le congrès qui se tint sur la *Frische Nehrung*, le débat fut entre les ennemis de l'ordre et ses partisans, non entre l'ordre et le roi. Baisen, partisan de celui-ci, discute avec Steinhaupt, bourgmestre de Kœnigsberg, qui est demeuré fidèle aux teutoniques. Il est curieux de voir comme ces frères ennemis cherchent péniblement le moyen de s'entendre, pour que la colonie allemande continue au moins à vivre sous un commun régime. Demeurons unis sous un maître, disait Baisen ; le roi deviendra le protecteur et le suzerain de l'ordre, auquel il laissera une partie de ses possessions. Steinhaupt répondait que ceux qui avaient versé le sang pour l'ordre ne se laisseraient point séparer de lui. Il avertissait les ligueurs de ne point trop se fier aux promesses du roi, qui n'en aurait plus cure après que les chevaliers seraient dépossédés. Les ligueurs répliquaient en conseillant aux fidèles de l'ordre de ne point repousser le patronage du roi, attendu que le grand maître pourrait avoir besoin d'y recourir pour plier ses propres officiers à l'obéissance. On discuta longuement cette proposition : le roi de Pologne serait indemnisé des frais de guerre; l'ordre garderait la souveraineté, mais recevrait une autre constitution, qui établirait l'égalité entre les colons et les chevaliers et donnerait aux premiers le droit de participer à l'élection du grand maître. L'État teutonique fût ainsi demeuré allemand, et c'eût été une heureuse conclusion de tant de misères, « car, disaient les partisans des teutoniques, il n'est pas bon d'être gouvernés par des hommes qui ne sont point Allemands ». Cette évocation du nom de la mère patrie prouve que ces colons, qui délibéraient sur leur propre sort, comprenaient la gravité de ce qu'ils allaient faire. Ils hésitaient entre le patriotisme et l'amour de l'indépendance. Le dernier sentiment l'emporta. Quand on reprit à Thorn en 1466 les conférences un moment interrompues, ce fut pour consacrer sous le nom de paix perpétuelle les résultats de la guerre de treize ans. c'est-à-dire la défaite de l'ordre et le partage du pays. Le roi de Pologne reçut en toute souveraineté le pays à l'ouest de la Vistule et de la Nogat, où se trouvaient Marienbourg, Elbing et Danzig, le Culmerland, où étaient Thorn et Culm, et l'Ermland, enfoncé comme un coin dans les provinces qui furent laissées à l'ordre, en qualité de fief polonais. Le traité disait que le grand maître, l'ordre et son territoire demeureraient unis au royaume de Pologne, de manière à former avec lui un seul corps, une seule famille, un seul peuple en amitié, amour et bonne entente ; que le grand maître siégerait dans la diète polonaise, à la droite du roi, comme prince et conseiller de Pologne. Jamais texte de traité ne fut plus ironique que celui de cette paix perpétuelle : c'est en pleurant que le grand maître alla prêter le serment de fidélité à son roi dans l'hôtel de ville de Thorn.

La revanche allemande en Prusse.

Si l'on pense que le roi de Pologne a commencé les hostilités contre l'ordre en 1454, au moment où les Turcs venaient de planter le croissant sur l'église patriarcale de Sainte-Sophie, et que des chrétiens faisaient aux croisés teutoniques cette guerre sans merci, pendant que le pape Pie II promenait en Italie ses prédications impuissantes à soulever les princes et les peuples, on voit bien que les désastres de l'ordre et l'abandon où il est laissé sont un des signes nombreux de la fin du moyen âge : né au temps où la chrétienté, forte et unie sous son chef spirituel, prend l'offensive contre l'infidèle, il tombe, quand l'infidèle prévaut sur la chrétienté désunie et réduite à défendre même son domaine séculaire. Mais c'est surtout dans l'histoire de la lutte entre Allemands et Slaves que la défaite de l'ordre marque une date importante. La Pologne a enfin gagné le combat pour la Pomérellie. Elle a coupé les communications entre l'avant-garde germanique et le corps de bataille. Partout, au même moment, l'Allemand recule : sur la rive droite de l'Elbe, la noblesse des duchés a reconnu le roi de Danemark pour duc de Schleswig-Holstein ; à côté des Scandinaves paraît, pour disputer à la Hanse le commerce de la Baltique, le peuple russe : les Moscovites s'emparent de Novgorod, et en face de la ville allemande de Narva s'élève Ivangorod. La Hongrie et la Bohême, enlacées dans le réseau de la politique allemande, s'en dégagent et semblent commencer avec Podiébrad et Corvin une vie nationale.

Pour comprendre l'histoire ultérieure de cette lutte de deux races, il faut considérer avec une attention toute particulière la conduite que tint en ces conjonctures l'électeur de Brandebourg, Frédéric Hohenzollern. Ici va se vérifier la parole écrite au début de ces études, que la connaissance de cette vieille histoire est nécessaire à qui veut connaître les causes d'événements très graves et modernes. Le Brandebourg avait enfin retrouvé ce qu'il avait perdu depuis l'extinction de la famille ascanienne, une dynastie nationale. L'héritage ascanien s'était singulièrement amoindri ; mais c'était la ferme volonté des Hohenzollern de le reconstituer et de l'accroître. On se souvient que les teutoniques, au temps de leur force et de leur richesse, avaient acquis la Nouvelle-Marche et gardé ainsi à l'Allemagne cette conquête des armes allemandes. Frédéric avait l'ambition de recouvrer ce pays menacé par la Pologne. Seul il fut dans l'infortune l'allié de l'ordre : le grand maître et le margrave se sentaient liés par la communauté de leurs intérêts ; tous deux, menacés par les progrès des Slaves, étaient vraiment des patriotes allemands. Le grand maître, au moment du danger. adjura le margrave de s'honorer au regard de toute la noblesse en ne laissant point chasser les chevaliers de la terre prussienne, et, le jour même où le roi Casimir déclara la guerre à l'ordre, un officier teutonique alla porter à Frédéric le traité qui lui donnait la Nouvelle-Marche comme gage d'un emprunt de 40 000 florins. Il était temps ; la propagande polonaise avait commencé là aussi ; Casimir avait promis aux villes et aux nobles la liberté comme en Pologne, et quand un député de l'ordre se présenta dans l'église de Friedeberg, où les états étaient réunis, pour leur faire ratifier la convention, nobles et bourgeois hésitèrent un instant avant de se prononcer pour la réunion au Brandebourg, c'est-à-dire à l'Allemagne.

Frédéric, faible et pauvre, ne put sauver les teutoniques. Il essaya d'interposer sa médiation et se fit envoyer en Prusse comme plénipotentiaire de l'empereur; mais ses efforts pour réconcilier les états avec l'ordre furent vains, et il fallut qu'il reprît le chemin de l'électorat, après que les mercenaires eurent visité ses équipages et se furent assurés qu'il n'emportait pas le trésor de Marienbourg. Alors il négocia des emprunts pour l'ordre; il obtint du roi de Danemark la promesse d'envoyer une flotte à l'embouchure de la Vistule pour forcer les villes prussiennes à se détacher de la ligue polonaise. Il supplia l'empereur d'envoyer trois mille cavaliers, auxquels il joindrait ses troupes pour faire diversion en Pologne; l'empereur ne l'écouta pas, le roi de Danemark ne tint pas sa promesse, et les destinées s'accomplirent; mais dans cette sollicitude du margrave allemand pour les chevaliers allemands il y avait une promesse pour l'avenir.

C'est le Brandebourg en effet qui s'est chargé de la revanche des teutoniques. On a marqué aux premières lignes de ces études le curieux enchaînement des faits : comment un Hohenzollern, Albert de Brandebourg, élu grand maître en 1511, embrassa la réforme, sécularisa le domaine laissé aux chevaliers par la paix de Thorn, et se fit duc héréditaire de Prusse; comment, la nouvelle dynastie ducale s'étant éteinte moins d'un siècle après, les Hohenzollern de Brandebourg héritèrent de leurs cousins de Prusse; comment enfin l'histoire du pays teutonique se confondit dans celle de l'État prussien. Une partie importante de l'histoire de la Prusse est celle des revendications exercées par cet État allemand sur la Pologne. Il a fallu, pour les faire prévaloir, beaucoup de temps et d'efforts. Longtemps le duc de Prusse fut un humble personnage. Dès le lendemain de son élection, Albert de Hohenzollern avait essayé de s'affranchir de la suzeraineté polonaise, estimant qu'il était indigne pour un prince de l'empire d'être vassal d'un étranger; il avait compté sur l'aide que lui avait promise Maximilien d'Autriche, empereur d'Allemagne; il avait essayé de réveiller dans le vieux corps germanique l'orgueil et le patriotisme d'autrefois : il n'y avait pas réussi. L'Autriche avait ses affaires, qui n'étaient point celles de l'Allemagne, et, pour combattre la Pologne, l'Allemagne n'avait envoyé au grand maître que quelques bandes d'aventuriers parmi lesquels se trouvait le fils de Franz de Sickingen, qu'on appelait le dernier des chevaliers. Battu, Albert de Brandebourg était allé querir de nouveaux secours. C'est alors qu'il avait rencontré Luther et que le réformateur lui avait prêché la réforme. Cependant la réforme faisait d'elle-même des progrès en Prusse comme dans les pays allemands. Le jour de Noël de l'année 1523, dans l'église cathédrale de Kœnigsberg, l'évêque annonçait aux fidèles « cette joyeuse nouvelle que le Seigneur était né une seconde fois »! L'année d'après, la première imprimerie s'établissait en Prusse; l'esprit nouveau faisait des progrès rapides; des chevaliers même venaient s'asseoir au prêche, et le grand maître ne rencontra point de résistance sérieuse en Prusse quand, éclairé par son ambition autant que par la parole de Luther, il accomplit la sécularisation. Mais ce n'était point encore l'indépendance; il fallut que le duc reçût l'investiture du roi de Pologne, et celui-ci, même après que les électeurs de Brandebourg furent devenus ducs de Prusse, était plus qu'un suzerain ordinaire. Il exigea que l'aigle noire du blason ducal, cette aigle jadis donnée par l'empereur Frédéric II au grand maître Hermann de Salza, et qui rappelait de si grands souvenirs, portât sur la poitrine la lettre initiale du nom du roi de Pologne. Il commandait si bien dans le duché, dont la noblesse lui était très attachée, qu'il y convoquait les diètes, sans l'agrément des ducs. Pour plaire à cette noblesse, demeurée étroitement luthérienne, il proscrivit le calvinisme en Prusse, quoique les électeurs-ducs fussent devenus calvinistes; si bien que, lorsque mourut en 1640 le duc George-Guillaume, son fils fut obligé de demander à la cour polonaise la permission de le faire enterrer selon le rite calviniste. Mais ce fils était Frédéric-Guillaume, le grand électeur, c'est-à-dire le prince qui fonda l'État prussien moderne en détruisant l'esprit provincial dans ses territoires disséminés de la Vistule au Rhin. Après lui, Clèves, Brandebourg et Prusse devinrent les membres d'un seul corps, commandés par une seule tête. La Pologne, vaincue par lui, dut renoncer à la suzeraineté sur la Prusse, et quand le fils du grand électeur voulut se faire roi, son principal titre pour obtenir cette dignité fut qu'il possédait hors de l'empire allemand un domaine où il n'avait d'autre suzerain que Dieu.

C'est ainsi qu'il fallut deux siècles pour qu'une partie de la terre teutonique fût réintégrée dans un État allemand; mais deux tronçons demeuraient en des mains étrangères; les provinces orientales, c'est-à-dire l'antique domaine des chevaliers Porte-Glaives qui s'était détaché après les catastrophes du XVe siècle, pour se perdre peu à peu dans l'immense empire moscovite, et les provinces occidentales que la paix de Thorn avait attribuées à la Pologne. Celles-ci étaient devenues toutes polonaises. Danzig, demeurée une ville à peu près libre, avait mérité que le roi lui permît de mettre sur son écusson la couronne royale. Le caractère allemand s'était perdu plus vite encore dans le reste du pays ; noms d'hommes et noms de villes étaient devenus polonais : Culm s'appela Chelmno, et Marienbourg, Malborg. Les privilèges laissés à ces provinces par la paix de Thorn étaient tombés en désuétude, et dès la fin du XVIe siècle elles avaient été incorporées au royaume, de sorte que leurs députés, au lieu de former une assemblée particulière, siégeaient dans la diète de Pologne. Tout cela n'empêcha pas Frédéric II de remettre la main sur ce vieux pays teutonique. Il est vrai que lorsqu'il le réclama en 1772, Frédéric n'invoqua aucuns droits qui lui vinssent de l'ordre. Dans le mémoire justificatif publié par lui après la prise de possession de la Prusse polonaise, le nom de l'ordre ne fut pas même prononcé ; il ne le fut point le jour où le général Thadden se présenta devant les portes de Marienbourg, ni celui où le roi reçut dans cette ville le serment des députés de la province. Frédéric n'aimait point le moyen âge ; il en détestait les institutions comme les monuments, et la dégradation du château de Marienbourg s'acheva sous son règne. Ce pays n'était pour lui qu'une terre à blé, dont la conquête lui assurait l'embouchure de la Vistule et la liberté des communications entre ses provinces allemandes et prussiennes ; mais, qu'il le voulût ou non, le philosophe de Sans-Souci fut le continuateur de ces barbares chevaliers ; c'est parce que ceux-ci avaient colonisé la rive droite de la Vistule que Frédéric Ier est devenu roi, et que Frédéric II a coopéré au partage de la Pologne; car les historiens allemands contemporains ont raison de le dire : entre les grands maîtres d'autrefois et les rois de Prusse d'aujourd'hui il y a descendance et filiation morale, et la monarchie prussienne, pour avoir dans les dernières années accéléré prodigieusement sa fortune, ne doit point cependant être traitée d'État parvenu. Derrière ces deux derniers siècles, il y a un long développement historique, et, comme dit M. de Treitschke, dont nous avons déjà cité la belle étude, « il faut, pour connaître la nature intime du peuple et de l'État prussiens, être versé dans l'histoire de ces combats sans miséricorde dont la trace, que le Prussien s'en doute ou non, est gravée dans son caractère, ses habitudes et sa vie ».

Cependant la tâche que semblait s'être donnée l'État prussien de ressaisir les territoires jadis colonisés par les Allemands est encore inachevée : les provinces baltiques sont demeurées russes. Il n'est point indifférent de noter à ce propos que l'écrivain dont nous venons de parler, qui est en même temps un homme politique non sans autorité, un des représentants les plus considérables du parti national libéral dans les lettres et dans le parlement, laisse percer en parlant des provinces baltiques des sentiments très marqués de regrets patriotiques. Il flétrit la guerre atroce faite par Ivan le Terrible aux chevaliers livoniens et semble tout près de dire que Pierre le Grand et Catherine ont commis une usurpation en soumettant au sceptre russe « la plantation allemande ». Il regrette que la Livonie et l'Esthonie aient perdu leur vieux nom de duchés et que la race germanique y décroisse, au point qu'elle compte seulement deux cent mille âmes sur deux millions cent mille. Ces deux cent mille, il est vrai, valent pour lui plus que tout le reste : « De ces provinces, dit-il, partent tous les ans quantité d'hommes qui portent dans l'intérieur de la Russie la culture allemande. » Enfin l'écrivain trahit une secrète espérance par la façon dont il dit que la pédagogie allemande et l'église luthérienne regagnent du terrain en Livonie depuis quelques années. Pense-t il donc que l'œuvre d'Albert de Brandebourg, du grand électeur et du grand Frédéric soit inachevée et qu'il la faille finir? qu'après avoir repris le patrimoine des teutoniques, il reste à reconquérir celui des Porte-Glaives? Oui, sans doute, et les provinces baltiques sont encore, à ses yeux, « une colonie allemande menacée » par les Russes. Mais c'est là une fantaisie d'érudit : les successeurs des margraves et des grands maîtres ont cessé depuis longtemps de faire face vers l'est, et, avant de reconquérir les provinces baltiques, il conviendrait qu'ils honorassent d'une plus grande sollicitude cette province même de Prusse, qui a été le berceau de la monarchie. M. de Treitschke se plaint qu'on n'y ait jamais revu la prospérité d'avant Tannenberg, et M. Weber, dans la conclusion de son livre *la Prusse il y a cinq cents ans*, répète la même plainte avec plus de vivacité; il est même ingrat envers le grand Frédéric, au point d'oublier les efforts de ce prince pour peupler la Prusse; mais il reproche avec raison au gouvernement de Berlin d'avoir laissé peser sur le pays de l'est, après qu'il eut tant souffert des guerres napoléoniennes, les contributions qui l'ont écrasé. Les grandes villes, dit-il, achèvent à peine de payer leurs dettes; la province a été longtemps menacée de faire banqueroute; la terre a perdu de sa valeur : avant 1807, elle coûtait plus cher en Prusse qu'en Brandebourg et en Poméranie; elle coûte moins aujourd'hui, bien qu'elle vaille certainement plus. Le mauvais état économique du pays n'est-il pas d'ailleurs attesté par l'émigration qui entraîne tant d'hommes hors de ces provinces, et contraste si fort avec l'immigration d'autrefois?

Il y a contradiction manifeste à regretter que la Prusse n'ait pas poussé plus loin la revendication du territoire des antiques colonies allemandes et à constater en même temps qu'elle néglige les parties reconquises de ce territoire. M. de Treitschke ne sait-il pas pourquoi les provinces baltiques sont demeurées russes et pourquoi le pays de l'ordre a été si fort négligé? Les deux faits ont une même cause. On a remarqué avec raison que l'ancien pays teutonique a commencé à être moins bien traité par ses souverains après l'institution de la royauté prussienne. C'est que la Prusse, devenue grande puissance européenne, a quitté l'étroit théâtre où elle avait vécu, pour s'engager fièrement et glorieusement dans l'arène de la politique européenne. Elle a fait ce qu'a fait l'Autriche au XVIe siècle. L'Autriche aussi a commencé par être une marche; elle a défendu la frontière allemande contre les Slaves et les Hongrois, comme les margraves et les grands maîtres l'ont défendue contre les Slaves et les Lithuaniens; comme eux, elle a reculé cette frontière. Arrivés avant les margraves de Brandebourg à la grande fortune politique, les margraves d'Autriche, devenus empereurs allemands, sont sortis des limites où ils étaient enfermés, pour gouverner l'Allemagne et le monde, du haut de leur Babel bâtie par des peuples qui parlent toutes les langues; mais ils ont usé leurs forces et perdu leur domination sur l'Allemagne et sur le monde, et c'est pour l'historien un curieux spectacle que de les voir aujourd'hui revenus à leur rôle primitif de défenseur des intérêts germaniques dans la vallée du Danube. C'est la toute-puissante Prusse qui les y a ramenés ; mais la Prusse, depuis le jour où ses rois sont apparus sur la grande scène politique, a détourné aussi ses regards de l'Orient pour les porter vers l'Allemagne et la vallée du Rhin. Depuis la fin du siècle dernier, les successeurs des margraves du nord sont devenus des margraves de l'ouest ; le principal ennemi a été non plus le Slave, mais nous.

Nul ne peut dire assurément que la Prusse soit réservée au même sort que l'Autriche. Sa constitution est plus simple et plus forte que n'a jamais été celle de sa rivale, et les temps sont très éloignés sans doute où le regret lui viendra d'avoir déserté le terrain sur lequel elle a grandi d'une lente et sûre croissance; mais quand on remonte, comme nous venons de le faire, si loin dans le passé, on a le droit de regarder au delà des circonstances présentes, loin dans l'avenir, et cette consultation du passé permet de conjecturer qu'un jour il deviendra difficile aux successeurs des margraves et des grands maîtres de régir l'Allemagne et de monter efficacement la garde sur la Moselle et sur le Niémen.

LIVRE III

LES
PRINCES COLONISATEURS
DE LA PRUSSE

LE
GRAND ÉLECTEUR FRÉDÉRIC-GUILLAUME [1],

LES ROIS
FRÉDÉRIC Ier ET FRÉDÉRIC-GUILLAUME Ier

Les États du grand électeur après la guerre de Trente Ans. — Colons de Hollande et d'Allemagne.

Jamais guerre n'a été plus désastreuse pour un pays que la guerre de Trente Ans pour l'Allemagne, et M. Freytag, le romancier historien, n'a point assombri la triste réalité quand il a dit : « Une grande région, depuis longtemps civilisée, où les villes fortes se comptaient par centaines et les villages par milliers, où la prairie alternait avec le champ labouré, avait été de telle façon ravagée que partout on y trouvait des espaces déserts; la nature,

---

1. *Hohenzollernsche Colonisationen*, von Dr Max. Beheim-Schwarzbach. Leipzig, 1874.

redevenue sauvage, après avoir été longtemps enchaînée sous le joug de l'homme, faisait sortir de terre ces vieux ennemis des peuples, la broussaille et la bête fauve. Il fallait être parvenu à moitié du chemin de la vie pour se rappeler l'aspect d'un village avant la guerre, combien de couples dansaient alors sous le tilleul, combien de têtes comptait le troupeau qui paissait dans la prairie... » Dans ce commun désastre, les États de l'électeur de Brandebourg eurent une large part. Pour parler d'une seule de ses provinces, la Marche avait perdu 140 000 âmes sur 330 000. La famine et la peste ayant joint leurs ravages à ceux des armées, la solitude s'était faite dans des districts entiers. En 1639, un courrier expédié de la cour de Dresde à celle de Berlin se plaint d'avoir chevauché un jour durant sans rencontrer une maison où il pût prendre quelque nourriture. « Plus d'affaires, écrit en 1640 le conseil municipal de Berlin! Impossible de se nourrir! Sur une distance de quatre milles, on ne rencontre souvent ni homme ni bête, pas un chien, pas un chat! On ne paye plus les pasteurs ni les maîtres d'école. Beaucoup se sont noyés, étranglés ou poignardés. D'autres s'en vont avec femme et enfants, dans la plus profonde misère! » Quelquefois les vagabonds, entrant dans un village qui venait d'être visité par tous les fléaux réunis, reculaient au seuil des maisons, où des corbeaux, des chiens et des loups se disputaient des cadavres d'hommes et d'animaux. Et pourtant ce n'était point là le dernier degré de l'horreur : car on lit dans un rapport du magistrat de Prenzlow, daté du 9 février 1639 : « Comme la guerre fait depuis plusieurs années chômer le laboureur, la vie est devenue si chère qu'on entend partout les pleurs, les cris, les hurlements des affamés. On se nourrit des aliments les plus étranges; on mange des chiens et des chats, et même on se repaît en pleine rue des ossements des morts. Faut-il le dire enfin? la famine sévit si cruellement que dans la campagne et même dans la ville les hommes s'attaquent les uns les autres; le plus fort tue le plus faible, le fait cuire et le mange. »

Les survivants, qui voyaient le mal durer si longtemps et toujours s'accroître, avaient perdu l'espoir de revoir jamais de beaux jours; les jeunes, qui n'en avaient point connu, ne croyaient point qu'il en eût jamais existé. Plus de travail! A quoi bon semer quand on n'est point assuré de la récolte? Tout était à l'abandon, et l'électeur, pour que le paysan ne laissât point dépérir jusqu'à l'enclos où était bâtie sa chaumière, était réduit à ordonner que personne ne reçût la bénédiction nuptiale avant d'avoir planté six arbres fruitiers dans son jardin. Tel était le misérable état où Frédéric-Guillaume, que ses contemporains devaient appeler avec raison le Grand Électeur, trouva la marche de Brandebourg en l'année 1640. Ses autres provinces n'étaient pas plus heureuses : les Hollandais avaient épuisé le duché de Clèves, sous prétexte de le défendre; les Suédois et les Polonais avaient ravagé le duché de Prusse; la Poméranie citérieure, les territoires de Magdebourg, Halberstadt, Minden, ces acquisitions du grand électeur, se lamentaient autant que les anciennes provinces. Partout les villes dépeuplées, les villages ruinés, les champs abandonnés demandaient des hommes.

Le grand électeur se mit sans retard à en chercher. Il rappela d'abord tous ceux de ses sujets qui avaient fui, en leur montrant la sécurité rétablie après la paix de Westphalie. Il accueillit les gens sans patrie, les bannis, les soldats errants, les pillards qui voulaient faire une fin en achetant des terres avec l'argent volé. Il s'en remettait à lui-même et aux traditions de forte discipline que se transmettent les Hohenzollern, du soin de plier à la règle ces aventuriers. Grand admirateur de la Hollande, où il avait passé sa jeunesse et s'était marié, Frédéric-Guillaume attira un grand nombre de colons de ce pays. Parmi eux, il se trouva des ingénieurs qui l'aidèrent à créer tout un système de canalisation dont le modèle était fourni par la Hollande; puis, des peintres, des sculpteurs, des architectes, qui mirent les arts en honneur dans un pays où ils n'étaient guère connus; surtout, des agriculteurs qui desséchèrent les marais, et dans leurs fermes, appelées des hollanderies, enseignèrent aux Brandebourgeois l'élève du bétail. L'électrice elle-même, véritable Hollandaise, simple, modeste et laborieuse, avait son étable et un jardin modèle où elle ne dédaignait pas de mettre la main à la besogne; dans ce jardin furent récoltées les premières pommes de terre de la Marche, qui est aujourd'hui un des pays du monde où l'on consomme le plus ce comestible.

Les Hollandais ne furent ni les plus nombreux, ni les plus utiles colons que reçut l'électorat au temps de Frédéric-Guillaume. Ce prince eut l'heureuse fortune qu'en repeuplant ses États dévastés, c'est-à-dire en servant ses plus pressants intérêts, il s'acquit la renommée d'un prince hospitalier, protecteur des persécutés et défenseur de la liberté de conscience. Depuis longtemps, le Brandebourg était une terre d'asile. Ce pays n'a donné à la Réforme ni un de ces ardents prédicateurs, moitié théologiens et moitié poètes, qui ont éveillé dans les âmes allemandes l'enthousiasme pour la religion nouvelle, ni un de ces martyrs dont le sang a fécondé la parole de Luther; mais il est, de tous les États allemands, celui à qui la Réforme a le plus profité, parce qu'elle y a été tolérante. Tandis que les diverses sectes enfantées par elle se querellaient partout et se proscrivaient à l'envi, il fallut qu'elles se supportassent les unes les autres en Brandebourg, parce que les Hohenzollern le leur commandèrent. Ils avaient hésité longtemps avant d'embrasser la Réforme; Joachim I*er*, jusqu'à sa mort, qui advint en 1539, demeura un fervent catholique, et quand Joachim II, en signe qu'il se faisait luthérien, communia solennellement sous les deux espèces, il ne se laissa point emporter à des excès de zèle contre le papisme, et ne se déclara pas le champion de Luther. « Je ne veux plus croire, dit-il, à une sainte Église de Rome, mais je ne croirai pas non plus à une sainte Église de Wittemberg. » Son successeur, Jean-Sigismond, se fit calviniste, et voilà ses sujets en grand émoi; ils craignaient que le prince n'exigeât d'eux un changement de croyance, mais l'électeur n'y songeait guère. C'est par politique qu'il était passé au calvinisme, car il avait voulu se concilier l'amitié des Provinces-Unies, dont il avait besoin pour l'affaire de la succession de Juliers. Il était, à peu de chose près, libre penseur, et se contenta de défendre aux prédicateurs des deux sectes de s'insulter réciproquement en chaire. Il essaya même de réunir les deux confessions en une Église nationale pour le plus grand profit de son autorité. Il n'y réussit pas; mais la tolérance fit sous son règne de tels progrès qu'on vit des pasteurs luthériens ordonner des pasteurs calvinistes sans que personne criât au scandale.

Quelle différence entre cette conduite et celle des autres princes de l'Allemagne! Ce n'était point pour conquérir la liberté de conscience que les peuples allemands avaient tant combattu et tant souffert : à la paix d'Augsbourg, les luthériens s'étaient entendus avec les catholiques pour ne rien stipuler en faveur des calvinistes; ceux-ci gagnèrent, au traité de Westphalie, le droit d'exister qui leur avait été refusé jusque-là, mais à leur tour ils ne voulurent pas assurer la liberté aux autres sectes de la Réforme. Encore la faculté d'être catholique, luthérien ou calviniste n'était-elle reconnue qu'aux princes, et l'article 30 du traité stipulait que chaque prince, « suivant la pratique usitée déjà dans l'empire, aurait le droit de réformer la religion de ses sujets, et que les sujets, de leur côté, s'ils ne voulaient pas se ranger à la religion de leur prince, auraient le droit d'émigrer ». Or les princes et les sujets usèrent à l'envi de leurs droits. Il se fit dans l'Allemagne entière un grand mouvement de peuples : des milliers d'hommes se mirent à la recherche d'une nouvelle patrie, le bâton d'exilé à la main, car il y avait de véritables bâtons d'exilés : des règlements princiers en déterminaient la longueur et la forme, et, avant de les livrer aux expulsés, on y gravait des inscriptions. Beaucoup ont été recueillies, et il y en a de curieuses, par exemple celle du bâton d'un bohémien banni pour avoir dit que « personne n'a le droit de commander à la conscience ».

La plupart de ces migrations partirent du sud et de l'ouest, et prirent la direction de l'est. Un seul pays les y pouvait attirer. Ce n'était point l'Autriche, car elle était l'instrument de la contre réformation catholique. Ce n'était pas la Saxe : le prince et le peuple y étaient confits en dévotion luthérienne, et l'on y enseignait que les calvinistes pensaient en vingt-trois points comme les ariens, et en soixante-sept comme les Turcs. C'était le Brandebourg, dont les princes, calvinistes au milieu de sujets luthériens, pouvaient recevoir à la fois et les luthériens expulsés par les calvinistes, et les calvinistes expulsés par les luthériens. Les électeurs avaient fait de la tolérance un principe de leur gouvernement. Dans leur pauvre principauté, qui n'a vécu à travers tant de dangers qu'à force de sollicitude et de soins, ils professaient avant tout la religion de l'État. Ils n'avaient point assez de sujets pour se donner le luxe d'une orthodoxie rigoureuse, et leurs moyens ne leur permettaient pas de se faire persécuteurs : vivre d'abord et faire ensuite de la théologie, telle fut leur commune devise. Tous ceux qui en Allemagne souffraient pour la foi tournèrent leurs yeux vers ce pays lointain, et il vint un jour, néfaste pour la France, où la plate contrée dont le sable boit l'eau de la Havel apparut comme une terre promise aux habitants des pittoresques Cévennes et des rives de la Loire.

Colons français.

Quand le gouvernement de Louis XIV, après avoir épuisé les longs préliminaires de la persécution, en arriva aux violences ouvertes contre les protestants, ce fut entre les États réformés une véritable émulation à qui offrirait un asile aux Français fugitifs. Le grand électeur se signala par son zèle. Comme il craignait que l'Angleterre et la Hollande, plus voisines, mieux connues et plus riches, n'attirassent à elles tous les émigrés, il fut plus pressant et plus engageant qu'elles. Dans l'édit de Potsdam, signé le 29 octobre 1684, et dont il fit répandre en France cinq cents exemplaires imprimés, il promit à tous ceux qui voudraient se rendre dans ses États des secours pour le voyage, des indications sur la route à suivre et des guides; à l'arrivée, la franchise de tous droits pour l'argent, les meubles et les marchandises, la concession gratuite de maisons vides ou abandonnées, un emplacement et des matériaux pour bâtir; l'exemption d'impôts pour dix ans; l'octroi du droit de bourgeoisie ou l'inscription gratuite dans les corporations. Il offrit aux cultivateurs des terres, aux manufacturiers des avances de fonds, aux nobles les emplois qu'il leur plairait de choisir, à tous la formation de communautés où la parole de Dieu serait enseignée par des prédicateurs français, et où des arbitres français rendraient la justice. Tout ce qu'il promit, Frédéric-Guillaume le tint. Sur ces indications, les émigrants du nord de la France se dirigèrent vers Amsterdam, ceux du sud vers Francfort, et des commissaires prussiens, qui les attendaient dans ces deux villes, les conduisirent, aux frais de leur maître, vers le Brandebourg. Ceux des voyageurs qui avaient besoin de secours n'eurent point la peine d'en demander. Des collectes volontaires, auxquelles le clergé catholique lui-même apporta son contingent, des collectes forcées, après que la charité privée fut épuisée, enfin des prélèvements sur le budget de la guerre formèrent un fonds d'assistance qui suffit à toutes les nécessités, si bien que la renommée porta le bruit de ces bienfaits à ceux des émigrés qui s'étaient établis dans d'autres pays, et qu'il en vint d'Angleterre ou de Suisse pour rejoindre les nouveaux sujets de l'électeur Frédéric-Guillaume.

Dans des documents officiels, on évalue à 20 000 le nombre des réfugiés français que reçut le Brandebourg au temps du grand électeur : c'était plus du dixième de la population de cette province; mais on ne peut mesurer par des chiffres les services que rendirent nos compatriotes à leur patrie adoptive. Qui pourrait calculer ce que leur a dû Berlin? Après la guerre de Trente Ans, lorsque Frédéric-Guillaume y établit sa résidence, la capitale comptait environ 6000 âmes; elle avait 950 maisons habitées, qui tournaient vers des rues non pavées des pignons de bois flanqués de fumier et d'étables à porcs. Par le mauvais temps, qui n'est pas rare en ces contrées, la circulation était à peu près impossible dans la rue. Il y avait des ponts sur la Sprée, mais si mauvais qu'un charretier ne s'y pouvait risquer sans recommander à Dieu son chargement et son âme. Le grand électeur fit beaucoup pour purifier et agrandir ce vilain endroit : il en accrut la population, qui s'éleva sous son règne, au dire des uns à 14 000 âmes, au dire des autres à 20 000; mais il faut, dans ce nombre, compter 6000 réfugiés français. Sans aucun doute, ce sont eux qui ont le plus contribué à transformer la ville; parmi eux, un assez grand nombre étaient riches, et les pauvres étaient très industrieux. Ceux-ci s'établirent dans des échoppes à tous les coins de rue et à tous les angles du château électoral; mais ceux-là bâtirent dans le quartier de Dorothée, que les réfugiés appelaient quartier des nobles, des maisons dont les hôtes étaient trop policés à coup sûr pour offrir à la vue du passant de sales étables toutes remplies du grognement d'animaux immondes.

S'il est passé dans l'esprit berlinois des parcelles de l'esprit des réfugiés, c'est l'objet d'une controverse où il est malaisé d'apporter des arguments irréfutables. Il est certain que le Berlinois est plaisant, mais il ne met point de grâce dans sa raillerie, et, comme aucune aménité ne la tempère, elle blesse plus souvent qu'elle n'égaye. Il est sceptique, dédaigneux des théories et des phrases de convention, et il n'a point le culte des traditions historiques : ce sont là certainement des traits heureux ou malheureux de notre caractère national. On va jusqu'à prétendre — nous avons nous-même recueilli cette opinion à Berlin — que parmi les libéraux qui s'évertuent aujourd'hui à détruire en Prusse et en Allemagne les derniers débris du passé féodal, les descendants des réfugiés français se distinguent par l'ardeur de leur rationalisme. Encore une fois, ce sont des matières sur lesquelles on peut discuter sans fin ; mais personne ne peut contester avec bonne foi les grands services rendus à l'électorat par les hôtes de Frédéric-Guillaume comme ouvriers et comme marchands, comme agriculteurs, comme savants, comme artistes et comme soldats.

2043 familles, représentant 10 215 personnes, s'adonnèrent à diverses industries. Ce ne furent point là des ouvriers ordinaires. Honnêtes et laborieux, ces hommes, qui avaient tout sacrifié au repos de leur conscience, l'étaient tous, et leur travail eut en Brandebourg un prix inappréciable : car ils étaient, sinon des inventeurs, des initiateurs.

On sait quels progrès avait faits en France au temps de Colbert le tissage des laines; il avait complètement disparu en Prusse après la guerre : des réfugiés fondèrent des manufactures de laine à Magdebourg, Francfort-sur-l'Oder. Brandebourg, Kœnigsberg. L'industrie de la soie, protégée par Henri IV, Richelieu, Colbert, était chez nous en pleine prospérité : des réfugiés firent en Brandebourg les premières plantations de mûriers. D'autres apportèrent l'art de teindre et d'imprimer les étoffes. Pierre Babry construisit la première machine à fabriquer des bas qu'on eût vue dans les États de l'électeur. François Fleureton y fit réussir la première fabrique de papier. Il y avait en France, depuis le moyen âge, des maîtres chandeliers ; dans l'électorat, au xviie siècle, les grandes maisons étaient encore éclairées par des flambeaux de cire, et les petites par des lampions fumeux, où une mèche trempait dans l'huile de poisson : des réfugiés fondèrent des fabriques de chandelles et, comme c'était une grande nouveauté, se réservèrent le secret de la fabrication. Dans tout cela, nos compatriotes innovaient ; mais que d'industries ils ont ranimées ou développées, comme la tannerie, la maroquinerie, la ganterie de peau, la fabrication des vêtements, les articles de mode et de toilette ! Ils firent un art de l'horlogerie, qui n'était avant eux qu'un métier. La verrerie brandebourgeoise ne fabriquait que des vitres et des bouteilles : ils coulèrent les premières glaces. Enfin la métallurgie leur dut de grands perfectionnements : un réfugié fut directeur des forges et des fonderies électorales.

Un moins grand nombre de nos compatriotes s'adonnèrent au commerce, mais les services qu'ils rendirent furent énormes. Le commerce n'avait jamais été très florissant dans ce pays situé à l'est de l'Elbe, c'est-à-dire à l'extrémité de la zone commerciale de l'Europe, et qui avait si peu de choses à vendre; au milieu du XVIIe siècle, il était nul. Les Français Girard, Michelet, Baudoin, Mangin, Perrault, ouvrirent les premières grandes maisons qui aient eu des relations avec l'étranger.

On ne sait point exactement le nombre de réfugiés qui s'adonnèrent à l'agriculture; mais de nombreuses colonies agricoles françaises furent fondées surtout dans l'Ukermark, dont les campagnes avaient le plus souffert pendant la guerre. Elles ne rendirent d'ailleurs de services spéciaux que pour la culture du tabac et la culture maraîchère. Les Brandebourgeois prisaient peu les légumes et ils appelaient par dérision les Français des « mangeurs de haricots ». L'électeur, qui aimait les légumes, les faisait venir de Hambourg ou de Leipzig; il eut bientôt à sa portée de quoi fournir sa table. Des jardiniers français s'établirent dans les faubourgs de Berlin, à Charlottenbourg et à Moabit, triste quartier sablonneux, auquel ils avaient donné le nom biblique de terre de Moab, qui lui est resté. Par des prodiges de travail et d'habileté ils obtinrent bientôt de superbes récoltes de légumes et de fruits. Les indigènes n'en pouvaient croire leurs yeux, et ce n'était point sans quelque scrupule que leur palais goûtait des délices inconnues : Rusé, le jardinier célèbre du faubourg de Kopenick, fut même accusé de sortilèges nocturnes. On s'habitua pourtant à cette merveille; les maisons des faubourgs devinrent des rendez-vous de promenade où le Berlinois, le dimanche, alla boire et manger sous la treille. Aujourd'hui encore, si l'on prend à Berlin le tramway qui part de la porte de Brandebourg pour aller visiter le pays de Moab, on lit des noms français sur les murs des potagers.

Après avoir énuméré tant de bienfaits matériels, il faut parler encore des services intellectuels rendus par les réfugiés. Ces victimes de la persécution religieuse avaient emmené avec elles ou plutôt elles avaient suivi leurs pasteurs. Beaucoup étaient des érudits, et qui avaient du goût; leur parole donna aux pasteurs brandebourgeois, orateurs médiocres, abondants en phrases creuses et se complaisant aux violences et aux injures, le modèle de l'éloquence de la chaire. Les jurisconsultes étaient assez nombreux dans la colonie, et ils rendaient la justice à leurs compatriotes; mais leurs nouveaux souverains les mirent à contribution. Tout le parlement de la principauté d'Orange avait émigré; il avait conservé son nom et sa constitution; dans les cérémonies solennelles, il figurait, comme il fit aux funérailles de l'électrice Charlotte, en corps et en robe rouge : le successeur de Frédéric-Guillaume l'érigea en cour d'appel. On avait grand besoin de médecins dans la Marche, où l'office en était rempli par des charlatans et des empiriques avec qui l'on traitait à forfait : les réfugiés fournirent des médecins à la cour, comme Jacob de Gaultier, et à la ville, comme le célèbre Duclos, dont le nom est encore donné aujourd'hui par les Berlinois à un remède contre la fièvre. On a vu que Berlin manquait d'architectes : Abraham Quesney travailla beaucoup à l'embellissement de la ville; d'autres rendirent ailleurs les mêmes services. Des peintres donnèrent d'excellentes leçons, qui ne furent guère suivies, il est vrai. Des érudits honorèrent le collège français et l'Académie des sciences fondée en 1700; ils contribuèrent à la prospérité de l'université de Francfort, à la fondation de celle de Halle, et l'on pourrait donner une longue liste des noms français qui ont illustré la science allemande, comme La Motte-Fouqué, Michelet, de La Courbière, les Humboldt, car la mère de ces deux grands hommes était d'origine française.

Les gentilshommes réfugiés prirent place à la

cour et dans l'armée. Plusieurs servirent comme généraux : un moment, le maréchal de Schomberg mit au service du grand électeur son expérience consommée. Beaucoup de soldats français entrèrent dans l'armée électorale, où ils remplirent presque cinq régiments. Les corps des grands mousquetaires et des grenadiers à cheval furent composés en grande partie de Français. Des ingénieurs français entrèrent dans la compagnie, nouvellement instituée, des sapeurs électoraux. Le plus triste, c'est que ces émigrés ne se firent pas scrupule d'éprouver leur valeur contre la patrie qui les avait rejetés : dans la guerre de la coalition d'Augsbourg se distinguèrent les régiments de Varennes et de Briquelmont, et l'on vit, dans les batailles et les sièges des bords du Rhin, resplendir au plus fort du danger l'uniforme écarlate brodé d'or des grands mousquetaires.

Il s'en faut que les écrivains allemands soient unanimes à reconnaître l'importance des services rendus à la Prusse par les réfugiés. Déjà, vers la fin du siècle dernier, Kœnig, dans son *Essai d'une esquisse historique de Berlin*, écrivait qu'au XVIIe siècle la Marche dut bien plus aux gens simples et pratiques venus de Hollande qu'aux réformés français, attendu que ceux-ci « ont apporté, avec les belles mœurs et les beaux usages », beaucoup de choses dont on pouvait fort bien se passer. « Il vaut mieux, dit-il, donner du pain aux gens que de leur apprendre la meilleure façon de l'orner. » Sans doute, mais les réfugiés n'ont-ils pas donné le pain en même temps que la façon de l'orner? Faut-il oublier tant de vaillants industriels et d'ingénieux agriculteurs, pour ne plus regarder que les boulangers et les cuisiniers qui firent connaître en Brandebourg le pain blanc et la cuisine propre, ou les aubergistes qui ouvrirent à Berlin les premiers hôtels convenables qu'on y ait connus, comme l'Hôtel de Paris dans la rue des Frères? Aussi bien cette mauvaise humeur contre les membres les plus humbles de la colonie française ne s'explique-t-elle pas, car les cuisiniers, hôteliers, tailleurs et coiffeurs français ne sont pas parvenus à corrompre la simplicité des mœurs germaniques : ils n'ont appris à leurs concitoyens adoptifs ni à s'habiller avec goût, ni à bien manger. Heureusement pour l'honneur de l'Allemagne, les écrivains sérieux ne se laissent pas aller à ces méchantes querelles. M. Beheim-Schwarzbach, qui vient de publier, après avoir compulsé dans les archives de Prusse nombre de documents inédits, un excellent livre sur les *Colonisations des Hohenzollern*, fait justice des préjugés du patriote Kœnig.

Le roi Frédéric Ier. — Colons vaudois et français.

L'électeur Frédéric III, qui changea dans la suite son titre contre celui de roi, et qu'on appela dès lors Frédéric Ier, ne ressemblait guère à son prédécesseur Frédéric Guillaume : c'est, pour la médiocrité de l'esprit, Louis XIII succédant à Henri IV. Encore Louis XIII connaissait-il sa médiocrité, tandis que Frédéric Ier ne soupçonna pas la sienne, et qu'il la rendit tout ensemble plus visible et plus ridicule en la parant de toutes les pompes d'une fausse grandeur. C'est un véritable parvenu. Jamais officier de fortune n'a considéré ses premiers galons avec autant de joie que cet électeur sa couronne d'or : il est tout entier au plaisir de la sentir sur sa tête ; il la fait rayonner dans des fêtes comme Berlin et Kœnigsberg n'en avaient jamais vu. C'est l'enfant prodigue d'une famille avare. Pourtant il n'a pas oublié toutes les traditions de la maison paternelle : il y a dans ce pays de Prusse de si dures nécessités qu'il s'y faut soumettre malgré qu'on en ait ; si dépensier que l'on soit, il faut y tenir son livre de comptes, et comment tenir un livre de comptes sans songer à augmenter les recettes ? Aussi le règne de Frédéric Ier fut, en de certains points, la continuation, médiocre il est vrai, du règne du grand électeur.

Frédéric Ier avait cependant des qualités, de la bonté, une générosité sincère, bien qu'il eût trop soin de la publier. Il fit ce que n'aurait peut-être pas fait son prédécesseur, ce que n'aurait pas fait assurément son successeur : il laissa partir des colons que la nostalgie tourmentait, et même il s'employa pour les rapatrier.

Frédéric-Guillaume, peu de temps avant de mourir, avait donné des ordres pour que la ville de Stendal, qui était encore en ruines, reçût une colonie de Vaudois. Il avait pris sous sa protection ce malheureux petit peuple, ancêtre des réformateurs et des persécutés, et il avait écrit en leur faveur des lettres qui l'honorent au duc de Savoie Charles-Emmanuel et au roi Louis XIV. Il les avait un instant préservés des fureurs d'une croisade et de la sollicitude d'une « congrégation pour la propagation de la foi », dont les membres, hommes et femmes, s'étaient donné la pieuse mission de convertir à prix d'argent les pauvres montagnards ; mais, après que l'édit de Nantes eut été révoqué, l'exemple donné par le plus grand roi de l'Europe eut plus de poids auprès du duc de Savoie que les représentations du lointain électeur de Brandebourg. Un édit atroce, lancé contre les Vaudois, fut suivi d'une guerre atroce où trois mille hommes furent massacrés et deux mille enfants enlevés à leurs familles. Dix mille prisonniers avaient été faits : tout ce que purent obtenir les puissances protestantes, ce fut le bannissement de ces malheureux, dont la moitié avait déjà succombé dans les horribles prisons où ils avaient été jetés, quand arrivèrent les troupes ducales chargées d'emmener les survivants hors du territoire. On les conduisit en Suisse : le grand électeur y envoya des commissaires chargés de leur offrir un asile. Ils acceptèrent, et ce fut Frédéric Ier qui les reçut en Brandebourg ; mais les Brandebourgeois ne furent point aussi hospitaliers que leur prince ; bien accueillis à Spandau, les Vaudois le furent très mal à Stendal et à Burg. Aucuns préparatifs n'avaient été faits pour les recevoir. Il fallut les loger chez les habitants, qui les reléguèrent au grenier et, par un hiver rigoureux, refusèrent l'approche du foyer même aux malades et aux femmes qui allaitaient leurs enfants. Un concert de lamentations arriva jusqu'à l'électeur, qui ne sut pas trouver de remède à ces misères. Il fut trop heureux, quand en 1690 le duc de Savoie, brouillé avec Louis XIV, eut amnistié les Vaudois, de ménager à ceux qu'il avait recueillis le retour vers leur patrie. Son bon cœur se montra dans le soin qu'il prit de veiller sur eux pendant la route. Il alla jusqu'à leur envoyer quelque argent dans leur propre pays, à la nouvelle qu'ils avaient trouvé leurs maisons détruites et qu'ils étaient exposés à l'intempérie d'une rude saison.

Il ne tint pas même à Frédéric Ier que les réfugiés français ne retournassent dans leur patrie. Quand s'ouvrirent les négociations pour la paix de Ryswick, ces exilés s'abandonnèrent à l'espérance de revoir la France qu'ils n'avaient point oubliée. Ils intéressèrent à leur cause tous les princes de l'Europe, et Frédéric s'employa pour eux avec une persévérance dont il prévoyait sans doute toute l'inutilité. Son ambassadeur à Paris joignit ses efforts à ceux de l'ambassadeur anglais. Pendant le Congrès, les représentants des États réformés firent, en faveur des réfugiés, une démarche collective. Un jour de prière fut célébré dans tous les pays protestants pour prier Dieu d'incliner à la miséricorde le cœur de Louis XIV. Louis répondit que ses anciens sujets ne pourraient rentrer en France qu'à la condition de faire solennellement profession de catholicisme. Le sort en était jeté : les réfugiés ne se considérèrent plus comme campés sur la terre étrangère; l'asile devint pour eux la patrie.

Colons du Palatinat et de Suisse. Réclames et manifestes

Cependant Frédéric Ier n'a point fait que rapatrier ou vouloir rapatrier des colons. Les guerres de Louis XIV lui ont envoyé en grand nombre de nouveaux émigrants. Fuyant leur pays incendié, conquis et ramené de force au catholicisme, un grand nombre d'habitants du Palatinat cherchaient un refuge : ils s'adressèrent à Frédéric, qui accueillit leur requête avec empressement, car il était en train de rebâtir et de repeupler Magdebourg. Le grand électeur n'avait pu relever les ruines faites par le célèbre incendie accompagné de massacres, où avaient péri trente mille hommes, et qui n'avait laissé debout que cent trente huttes de pêcheurs, vides de meubles et d'habitants. C'est vers Magdebourg que Frédéric appela les émigrés, après leur avoir promis toute sorte de privilèges. Il fit répandre dans le Palatinat une sorte de réclame où étaient vantés les avantages et les charmes de la ville. Elle est située, disait le rédacteur de cette affiche écrite en français, « dans une vaste *pleine* sur les bords de l'Elbe, rivière des plus belles et des plus navigables », et, jouant sur l'étymologie du mot Magdebourg, il ajoutait en style du XVIII° siècle : « On dit qu'elle a tiré son nom de Vénus et des Grâces ses suivantes... » Comment résister à de pareilles séductions? 1376 familles, représentant 7000 individus, vinrent s'établir à Magdebourg ou aux environs. Parmi eux se trouvaient des savants, des théologiens, des jurisconsultes, des artisans, des cultivateurs. Ces derniers introduisirent la culture du tabac, qui devint une richesse pour le pays, et tous contribuèrent à rendre à la pauvre ville une partie de sa prospérité d'autrefois.

Cependant les anciens habitants voyaient de mauvais œil ces étrangers que l'on comblait de privilèges, et qui leur faisaient dans leur commerce et leur industrie une concurrence ruineuse. L'électeur n'est occupé qu'à raisonner avec ses sujets et à les apaiser. Tantôt il les avertit d'être plus charitables, s'ils ne veulent pas que « le bon Dieu se mette de nouveau en colère contre la ville »; tantôt il leur explique tout au long qu'ils se méprennent sur leurs vrais intérêts. Une fois même il fait publier par questions et réponses un véritable traité sur les avantages de la colonisation, où se trouve exposé tout le programme des Hohenzollern en cette matière. En voici quelques passages un peu abrégés : « Est-il utile à un pays et à ses anciens habitants que le prince attire des étrangers par certaines immunités et libertés? — Oui, cela est utile, car l'expérience prouve que, plus il y a d'habitants en un lieu, plus il y a d'industrie. D'ailleurs rien n'est plus probant que l'exemple de l'incomparable héros Son Altesse électorale Frédéric-Guillaume, de glorieuse mémoire, qui a pris sous sa très gracieuse protection les Français chassés de chez eux par la persécution religieuse, et attiré ainsi dans le pays d'utiles manufactures de toute sorte. Sa Majesté prussienne n'a fait que suivre ce louable exemple en accueillant très gracieusement les habitants de la ville de Manheim et d'autres lieux ruinés de fond en comble par l'invasion française. — Les anciens habitants n'auraient-ils pas fait tout ce qu'ont fait les nouveaux, si Sa Majesté leur avait donné de pareils privilèges? — Cela est fort douteux, puisque pendant soixante ans ils n'ont rien fait. — Sa Majesté dépense encore chaque année de l'argent pour la colonie. Est-ce que cet argent rapporte quelque profit? — Depuis leur arrivée à Magdebourg jusqu'à l'année 1708 inclusivement, les colons venus du Palatinat ont coûté en tout 11 462 thalers. Or ils ont dépensé en achat et construction de maisons, abstraction faite des avances et réductions qu'on leur a concédées, 102 846 thalers, avec l'argent qu'ils ont apporté du Palatinat ou qu'ils ont gagné par leur travail. Leurs manufactures de tabac et de laine, à ne parler que des plus importantes, de celles qui travaillent pour l'exportation, ont attiré dans le pays 667 395 thalers. Enfin les étrangers ont pour leur seul entretien dépensé près de 1 million de thalers, et il suffit de comparer le budget de la ville en 1689 et en 1708 pour voir si ses revenus ont été augmentés ou diminués… C'est pourquoi ceux qui ont été jusqu'ici mal disposés pour les pauvres étrangers feront bien de cesser leurs hostilités, et de se réjouir par charité chrétienne de voir des malheureux gagner, sans faire tort à qui que ce soit, un petit morceau de pain. Sur ce, que le Très Haut daigne prodiguer également aux anciens et aux nouveaux habitants les trésors de sa bénédiction! » Ainsi se termine par une prière ce budget dressé en forme de catéchisme. On y voit ce qu'on disait tout à l'heure, que Frédéric Ier savait fort bien compter, que la sollicitude des Hohenzollern pour les persécutés n'était point toute désintéressée, et que la charité chrétienne était en Prusse un placement, fort légitime d'ailleurs, qui rapportait beaucoup plus que 100 pour 100.

La qualité de persécuté n'était pas nécessaire pour ouvrir aux immigrants les portes de la Prusse. En l'année 1693, les gouvernements de Zurich et de Berne ayant recommandé à Frédéric des sujets protestants de l'abbé de Saint-Gall qui se disaient vexés par leur maître, ce prince fit répondre qu'il les accueillerait volontiers, mais qu'il verrait aussi arriver avec plaisir des artisans de tous les cantons, « pourvu qu'ils eussent quelque argent ». Il désigne l'espèce d'artisans qui lui manquent : il faut ici des fileurs, là des maçons, ailleurs des marchands ou des laboureurs. Tous auront des privileges et des immunités ; les cultivateurs devront acheter leurs terres : on leur fera de bonnes conditions, mais il est nécessaire qu'ils apportent au moins 200 thalers. On les dispenserait volontiers de cette exigence si « les temps n'étaient pas si durs » ! D'ailleurs on aura grand soin de leurs familles ; le roi garantit aux enfants l'apprentissage gratuit, et même, s'il se trouve parmi eux quelques *ingenia*, il leur promet le bienfait de la table commune au collège de Joachimsthal à Berlin, et plus tard une bourse à l'université de Francfort.

Ces promesses attirèrent bon nombre de Suisses dans les États de Frédéric, où l'on trouvait toujours de la place et de la besogne. C'est vers l'est, dans le duché de Prusse et la Lithuanie, que le roi dirigea les nouveaux colons. Ici encore, que de désastres à réparer, plus lamentables que ceux dont nous avons vu le tableau! Dans la guerre qui éclata vers la fin du XVIIe siècle, entre la Pologne d'une part, la Suède et le Brandebourg de l'autre, les Polonais avaient demandé des secours aux Tartares, qui envahirent, au nombre de 50 000, les provinces prussiennes. En moins d'une année, Tartares et Polonais brûlèrent 13 villes et 249 bourgs et villages. Ils étranglèrent 23 000 hommes et en emmenèrent 34 000 en captivité. Plus terrible encore fut la peste qui vint après la guerre : Kœnigsberg perdit en huit mois 10 000 habitants, le district d'Insterburg 66 000. En tout, il y eut plus de 200 000 victimes, si bien que la province prit l'aspect d'un désert. Il aurait fallu, pour combler tous ces vides, qu'il arrivât de Suisse de véritables armées d'émigrants. Or il n'en vint que 6000 ou 7000, parmi lesquels un certain nombre s'arrêtèrent en Brandebourg. Pour accroître ce nombre très insuffisant, Frédéric chercha en Suisse des colons d'une autre sorte.

Il y avait dans les cantons de Berne et de Zurich un certain nombre de disciples de Menno, ce singu lier réformateur, contemporain de Luther, qui voulait que ses fidèles, non contents de pratiquer la pure doctrine religieuse, enseignassent au monde la perversité des lois politiques qui le régissaient, et le préparassent à s'en donner de meilleures. Ils ne devaient en aucun cas recourir à la violence ; les yeux fixés sur un État idéal où il n'y aurait plus ni mensonge, ni injustice, ni haine, ils n'opposaient aux abus qu'une résistance passive, refusant le serment, qui suppose le mensonge, et le service militaire, qui suppose la haine. Cette conduite n'était pas du goût des princes. Plusieurs s'adressèrent à Luther pour savoir de lui comment il fallait traiter ces novateurs : le réformateur, alléguant saint Paul et l'Esprit-Saint, répondit qu'il ne fallait pas les souffrir, et dès le XVIe siècle les mennonites furent persécutés en Suisse, mais il en demeura toujours. A la fin du XVIIe siècle ; le gouvernement zurichois voulut forcer à s'armer ceux qui habitaient sur son territoire : ils refusèrent. Il voulut exiger qu'à défaut de serment ils répondissent au moins oui ou non aux questions qu'on leur adressait en justice : ils n'y consentirent pas. Il leur ordonna de s'exiler, ils demeurèrent : alors la persécution commença. Au même temps, Berne édictait contre les mennonites le bannissement, la marque, les galères, la mort. A la fin, Frédéric Ier intervint comme protecteur de ces persécutés. Il se trouva en concurrence avec les États généraux de Hollande, qui offraient aussi un asile aux mennonites. Les deux puissances se surveillèrent l'une l'autre, car chacune d'elles aurait volontiers pris à sa charge les colons riches et remis les pauvres à la charité de l'autre. A la fin, les mennonites arrivèrent dans la Prusse orientale, où on leur permit d'honorer Dieu comme ils voulaient, sans crainte des recruteurs royaux. On ne sait pas au juste combien ils étaient, mais il est certain qu'ils n'étaient pas nombreux, et que leur arrivée ne changea guère l'état des choses dans la malheureuse province.

Frédéric Ier n'avait point dans la volonté assez de suite ni d'énergie pour remédier aux maux dont souffrait la Prusse. Quand il mourut, la désolation y régnait toujours ; d'immenses espaces demeuraient incultes, la végétation sauvage croissait à l'aise dans les vastes cimetières qui s'étendaient à perte de vue partout où avait sévi le fléau, et de grands bois, qui sont encore debout aujourd'hui, s'y formèrent, enlaçant dans leurs racines les ossements de tous ces misérables.

Frédéric-Guillaume Ier. — Mennonites et déserteurs. — Colonisation de la Prusse orientale.

On vit bien, dès le jour du couronnement de Frédéric-Guillaume Ier, que le nouveau prince entendait régner tout autrement que n'avait fait le défunt. Au lieu de dépenser pour la cérémonie 6 millions de thalers comme Frédéric Ier, Frédéric-Guillaume y employa 2 547 thalers 9 pfennigs, et il est probable qu'il trouva que cela était bien cher. La cour de Prusse fut tout de suite transformée. Plus de beaux habits : le roi n'en porte point et ne les tolère pas autour de lui. La mode qu'il aime, c'est le vêtement court et l'épée longue. Il ne se complaît pas, comme Frédéric, dans l'admiration de sa dignité royale, mais quel roi fut jamais plus pénétré du sentiment de ses devoirs? Il ne néglige aucun détail et veut tout voir par lui-même. Ses promenades sont des inspections ; sa canne, dans les rues de Berlin, s'abat sur le dos des oisifs. Il a des tendresses à sa façon pour les travailleurs; par exemple, il s'intéresse personnellement aux paysannes, qu'il admet à Königshort dans « l'école pour la fabrication du beurre », fondée par lui : si elles ont été laborieuses et dociles pendant les deux années d'apprentissage gratuit qu'elles ont faites, et qu'il les trouve aptes à répandre « la science » dans les campagnes, il leur compte une dot de 100 thalers, afin qu'elles puissent épouser de « bons gars ». L'actif et laborieux personnage ne se perd pourtant point dans l'infiniment petit : il s'est rendu un compte très exact des besoins de ses États; il a mis à l'étude les meilleurs moyens d'y satisfaire, et, la décision prise, il y a conformé toute sa vie.

Comme le grand électeur, il voit que le remède à la misère de ses États est la colonisation; mais il ne veut pas prendre de colons de toutes mains : il exige de ceux qu'il accueille parmi ses sujets le travail et l'obéissance. C'est lui qui a trouvé la devise de la monarchie prussienne : *Nicht raisonniren*, c'est-à-dire *ici l'on ne raisonne pas*. Or les mennonites raisonnaient beaucoup trop, suivant lui, et ces chercheurs d'idéal n'étaient pas son fait. On sait le goût que le « roi-sergent », comme on l'a surnommé, avait pour les soldats géants, qu'il appelait « mes chers longs gars »; aucune puissance au monde n'était capable de protéger contre ses effrontés recruteurs les malheureux auxquels la nature avait donné une belle taille. Un jour ces agents arrêtèrent en Italie un prédicateur descendant de la chaire. Ils exerçaient leur industrie sur les grands chemins, où ils enlèvent une fois un ambassadeur de l'empire : comment s'en seraient-ils laissé imposer par les scrupules religieux des mennonites? Sans doute ils étaient disposés à respecter les sentiments de créatures de taille médiocre, mais ils estimaient que toute liberté de conscience cessait à six pieds au-dessus du sol. Mis sur la piste d'une famille de géants qui faisaient partie d'une communauté de mennonites, ils pénétrèrent de nuit dans les maisons qu'elle habitait, y commirent des brutalités et emmenèrent six beaux hommes à Potsdam ; là on mit dans le rang ces pauvres philosophes et on leur commanda l'exercice : un seul obéit ; les cinq autres résistèrent si longtemps et si bien qu'il fallut à la fin les laisser partir. Blessé dans sa plus chère affection, offensé aussi par le ton des réclamations qu'il reçut, le roi ordonna aux mennonites de sortir du royaume pour faire place « à d'autres bons chrétiens, qui ne tiendraient pas pour défendu le service militaire ». Dans la suite, il se départit un peu de cette sévérité, quand on lui eut écrit de Kœnigsberg que la caisse des impôts souffrirait du départ des mennonites. Il ne pouvait pas être insensible à cette sorte d'argument, lui qui disait qu'il était le ministre des finances et le ministre de la guerre du roi de Prusse. Le ministre des finances fit entendre raison au ministre de la guerre ; mais au fond Frédéric-Guillaume ne pardonna jamais à ces chrétiens qui ne voulaient point entrer dans sa garde.

Il exigeait que les colons s'établissent au lieu qu'il indiquerait, sans esprit de retour. Un départ était à ses yeux une désertion. Des paysans de la frontière lithuanienne ayant passé en Pologne à l'instigation de Polonais qui les avaient aidés à emmener leurs troupeaux, leur mobilier, y compris les portes et les fenêtres de leurs maisons, il en conçut une violente colère contre la Pologne entière, et il envoya l'ordre de ne plus admettre parmi les colons un seul Polonais « sous peine de mort ». Du reste, il ne jugeait pas bon qu'on accueillît ainsi, tout près de la Pologne, dans un pays qui n'était pas germanisé, des colons qui ne parlassent pas le « bon allemand »! Il se défie beaucoup aussi des Juifs, qui ne savent pas demeurer en place et qui sèment les mauvais conseils; il lance des édits contre « ces vagabonds et autres mauvaises gens », qu'il accuse de provoquer la désertion des paysans. « Si quelqu'un, dit-il, met la main sur un de ces Juifs, qu'on lui compte tout de suite une grosse récompense. »

Frédéric-Guillaume savait que le meilleur moyen de retenir les colons était d'observer scrupuleusement les promesses qu'on leur avait faites pour les attirer. Malheur à qui se rendait coupable de quelque injustice envers les hôtes de la monarchie prussienne! Un conseiller de guerre qui avait commis une exaction au détriment de réfugiés fut à peine pris qu'il fut pendu. Pour que la sollicitude royale eût son plein effet, le roi institua une commission spéciale de colonisation, et il publia sous forme de patentes une sorte de code des droits et des devoirs du colon. Tout y était réglé pour toutes les catégories d'immigrants; il leur y distribuait d'une main généreuse les libertés et les privilèges. Pour eux, cet avare devenait prodigue. En un temps où les recettes de l'État ne montaient qu'à 7 400 000 thalers, il dépensa 1 million par an, pendant six ans, dans la seule Lithuanie. Les intérêts intellectuels et moraux de ses nouveaux sujets ne le préoccupaient pas moins que leurs intérêts matériels. Il respecta leur liberté de conscience, étant, comme ses prédécesseurs, très tolérant, car il célébra aussi pieusement le centenaire de Luther que celui de la conversion au calvinisme de Jean-Sigismond, et quand il établit à Spandau et à Potsdam des fabriques d'armes, il donna des aumôniers catholiques à des ouvriers de Liège qu'il fit venir : peu lui importait qu'on fût papiste, pourvu qu'on fabriquât de très bons fusils. Seul le rationaliste et l'athée ne trouvaient pas grâce devant ses yeux; il les mettait en prison; mais il n'entendait pas protéger la foi par l'ignorance. Il multiplia les écoles dans les provinces où il appela le plus de colons. « Je serais bien avancé, disait-il, si, après avoir mis le pays en culture, je n'y avais pas fait de bons chrétiens. » Malgré des difficultés de toute sorte, il fonda en Lithuanie et dans la Prusse orientale 1380 écoles. Toute cette peine eut sa récompense. En 1725, 9539 habitants nouveaux avaient été appelés en Prusse ; plusieurs villes et 460 villages avaient été fondés. Ce n'était qu'un début; l'intolérance religieuse allait, une fois encore, gagner à la Prusse de nombreux enfants.

Colons de Salzbourg et des pays autrichiens. — Politique religieuse de la Prusse et de l'Autriche.

L'évêché de Salzbourg était une des plus anciennes et des plus illustres principautés de l'Allemagne; il comptait 200 000 habitants, parmi lesquels la Réforme s'était glissée en dépit des princes-évêques et de la persécution. Deux prélats tolérants s'étant succédé à la fin du XVIIe et au commencement du XVIIIe siècle, le nombre des dissidents s'accrut encore pendant cette trêve, et le baron Léopold de Firmian montra, dès son avènement au trône épiscopal, l'inquiétude et le mécontentement qu'il en ressentait. Après beaucoup de mesures maladroites, de missions manquées, de pèlerinages sans succès et de menaces inutiles, l'évêque, réprimandé d'un côté par les puissances réformées, appuyé de l'autre par l'empereur Charles VI, eut recours à la force ouverte, qui ne réussit pas mieux que le reste. Invoquant alors l'article de la paix de Westphalie, il ordonna aux non-catholiques de s'exiler, mais sans leur laisser les délais fixés par les traités; il retira un moment sa décision, puis y revint : bref, il s'aperçut trop tard qu'il avait commis une faute énorme quand 30 000 de ses sujets, et des meilleurs, eurent, après avoir subi les plus mauvais traitements, passé la frontière.

Il y avait longtemps que le roi Frédéric Guillaume était aux écoutes ; un des premiers, il avait protesté contre la persécution. Les écrivains catholiques assurent qu'il envoya des émissaires dans l'évêché pour y fomenter le mécontentement : cela est très vraisemblable, mais peut-être la réputation d'une terre d'asile, qu'avait value à la Prusse, depuis plus d'un siècle, la conduite de ses princes, suffit-elle pour expliquer que les Salzbourgeois se soient adressés à Frédéric-Guillaume. En 1731, le roi reçoit deux de leurs envoyés ; il leur promet que, quand même plusieurs milliers de leurs compatriotes voudraient venir se réfugier dans son pays, il les recevrait tous « par grâce, par amour et par charité » ! Bientôt il appelle les exilés par des manifestes publics et il envoie à Ratisbonne un agent chargé de les conseiller et de les guider. Alors la plupart de ces malheureux se mettent en marche vers la Prusse. L'un d'eux a laissé un long récit de leur odyssée ; on y sent à la fois la tristesse de l'exilé, la ferveur du chrétien et la reconnaissance du persécuté pour l'accueil que l'on a fait en route à cette portion du peuple de Dieu qui cherche la terre promise : des processions venaient au devant des voyageurs, on les saluait en style biblique, on leur faisait faire dans les villes, aux acclamations du peuple et au chant des psaumes, de belles harangues qui faisaient ressembler leur fuite à un triomphe. On voit dans ce récit que plusieurs princes essayèrent d'arrêter et de retenir chez eux les Salzbourgeois ; mais toutes les tentatives furent inutiles : « En Wurtemberg, le prince nous fit beaucoup de bien au physique comme au moral ; que le Seigneur notre Dieu le lui rende et le bénisse ! Mais il ne voulait pas nous laisser partir pour la Prusse, et un jour arrivèrent trois hommes qui nous partagèrent en trois groupes ; aussitôt nous courûmes les uns vers les autres, et, confondant nos rangs, nous nous écriâmes : « Nous « n'irons pas plus loin, tant que nous ne nous serons « pas assurés qu'on nous conduit en Prusse », et les trois hommes se dirent : « Nous n'avons rien « à faire avec ces gens-là, car ils ne veulent aller « qu'en Prusse ! »

Frédéric-Guillaume attendait les Salzbourgeois. Il n'avait d'abord compté que sur 5000 ou 6000 immigrants ; mais il reçut un rapport annonçant qu'il en arrivait plus de 20 000. « Très bien ! écrivit-il en marge. Dieu soit loué ! Quelle grâce Dieu fait à la maison de Brandebourg ! car, bien sûr, cette grâce nous vient de Dieu ! » Quand le premier convoi passa par Potsdam, il le voulut voir. Ce fut le 29 avril 1732 : le prédicateur de la cour et le clergé, les écoles, allèrent au-devant des arrivants et les haranguèrent, pendant qu'un médecin offrait ses soins aux malades ; enfin arriva l'ordre de se rendre au parc et de se ranger devant le château. On y était à peine arrivé que le roi parut. Se tournant vers le prédicateur de la cour : « Avez-vous causé avec eux? demanda-t-il. Quelle sorte de gens est-ce ? » Le prédicateur répondit qu'il avait trouvé dans leurs âmes une pure foi évangélique. « Et vous, reprit le roi, s'adressant au commissaire qui avait amené le convoi, êtes-vous content d'eux? Se sont-ils bien conduits en route? » Le commissaire loua leur conduite. Alors le roi de Prusse prit à part quelques-uns des émigrés et les interrogea sur leurs croyances : il trouva leurs réponses modestes et conformes à l'Évangile. Il leur fit distribuer de l'argent, s'entretint avec beaucoup, au hasard, répétant sans cesse : « Ça ira bien; vous vous trouverez très bien chez moi, mes enfants! Ça ira bien! » Quelque temps après, rencontrant une autre troupe d'immigrants, il se mit sur le côté de la route, les fit défiler devant lui, et leur commanda de chanter le psaume : « C'est sur mon Dieu que je me repose dans le danger! » Ils ne savaient pas l'air et s'excusèrent. Alors il entonna lui-même à pleine voix le cantique, et la foule émue se mit à chanter avec lui. Quand le défilé fut achevé : « Allez, leur dit le roi, allez avec l'aide de Dieu! » D'autres fois, il faisait une sorte de confession publique : « J'espère bien qu'il n'y a pas ici de débauchés, disait-il, pas de goinfres, pas d'ivrognes ! » Et il finissait toujours en promettant à tous sa sollicitude et sa bonne grâce.

La province de Prusse eut la plus forte part dans la répartition des colons : elle reçut 15 508 personnes et elle en fut toute transformée. Artisans habiles, les Salzbourgeois firent la fortune des petites villes de Prusse et de Lithuanie, qui avant eux n'avaient pas d'industrie; agriculteurs laborieux, ils disputèrent le sol à la végétation sauvage. D'ailleurs ils apportèrent de l'argent dans leur patrie adoptive. Des collectes faites en faveur des persécutés de Salzbourg dans les pays protestants ayant produit environ 900 000 florins, la plus grande partie en fut envoyée en Prusse. Parmi les nouveaux sujets de Frédéric-Guillaume, il s'en trouvait qui avaient laissé derrière eux des biens assez considérables dont ils ne percevaient que le revenu fort amoindri. Le roi s'employa auprès de l'évêque pour que ces biens fussent vendus, et l'opération, après beaucoup de difficultés, rapporta plusieurs centaines de milliers de thalers; mais la véritable richesse dont les exilés gratifièrent le pays, ce fut leur travail, qui excita l'émulation des anciens habitants. Frédéric-Guillaume sut apprécier à leur valeur les services qu'ils lui rendirent. Il oublia la défiance qu'ils lui montrèrent au temps où il négociait la vente de leurs biens, et ne s'irrita point des plaintes que leur arrachèrent, une fois les années de franchise écoulées, la lourdeur des impôts et le grand nombre des corvées. Cet homme était capable de patience et même de douceur quand il s'agissait du bien de l'État. Il habitua peu à peu les gens de Salzbourg à la pensée que dans le pays de Canaan où il les avait appelés, on ne donnait rien pour rien, et que la terre et le prince y réclamaient le prix de leur générosité : la terre, la sueur du front des travailleurs ; le prince, une part de leur gain et de leur labeur et au besoin leur sang.

Après l'évêché de Salzbourg, c'est l'Autriche, la Silésie et la Bohême qui ont envoyé en Prusse, au temps de Frédéric-Guillaume, les plus nombreux colons. Quel contraste entre la politique religieuse de l'Autriche et celle de la Prusse, aux XVIe et XVIIe siècles ! Après avoir un moment hésité, les Habsbourg exercent sur les divers pays soumis à leur domination toutes les fureurs de la contre-réformation. Ferdinand II, sous le règne duquel commence la guerre de Trente Ans, ne laisse à ses sujets réformés que l'alternative entre l'abjuration et l'exil. Ferdinand III et Léopold suivent, avec plus de dureté peut-être, les mêmes errements. Ces princes avaient pris pour maxime : « plutôt régner sur un désert que sur un pays plein d'hérétiques ! » et ils s'en inspirèrent si bien qu'un jour ils reculèrent épouvantés devant leur propre ouvrage. En 1636, les Habsbourg avaient fait une telle perte d'hommes que leur zèle se radoucit et qu'ils interdirent l'émigration, mais on continua d'émigrer en cachette jusqu'au jour où, l'intolérance ayant recommencé à sévir, les réformés usèrent publiquement du droit d'émigrer qui leur fut conféré par le traité de Westphalie. Toutes les parties de la monarchie souffrirent cruellement de cette politique ; elle triompha dans l'archiduché, mais au prix de quels sacrifices! Presque toute la vieille noblesse et la vieille bourgeoisie s'exilèrent ; la population de Vienne fut en partie renouvelée, et l'on vit des villes autrefois florissantes par leur commerce, comme Freistadt, tomber en décadence pour ne plus se relever. Même spectacle en Silésie! Depuis la paix de Westphalie jusqu'au moment où Frédéric II s'empare de la province, l'émigration ne s'interrompt pas, et, comme c'étaient surtout des Allemands qui avaient embrassé la Réforme, l'élément slave reprit le dessus dans ce pays, qui était déjà aux trois quarts germanisé. En Bohême, le désastre fut plus grand encore, et il eut des conséquences plus graves.

Devenus rois de Bohême en 1526, les Habsbourg n'avaient pas tardé à suivre la conduite la plus impolitique qu'on pût imaginer. Le souvenir de Jean Huss, mort sur un bûcher, autour duquel les soldats de l'empereur d'Allemagne avaient monté la garde, vivait toujours dans ce pays ; malgré les concessions religieuses faites aux utraquistes, ainsi nommés parce qu'ils communiaient sous les deux espèces, il était resté des terribles guerres hussites une violente haine nationale et religieuse contre tout ce qui portait un nom allemand. Le professeur, le marchand, l'ouvrier allemands étaient détestés à l'égal du Juif. On réveillait avec une pieuse ferveur les vieux souvenirs tchèques ; on s'apitoyait sur le sort des Slaves de Misnie, de Brandebourg et de Prusse, autrefois exterminés par les Germains, et c'était le vœu de tout bon patriote que « le royaume d'or, le royaume très chrétien fût à jamais purifié de cette vermine qui menaçait de le remplir ». Pourtant, quand l'Allemagne, à son tour, eut produit son réformateur, la plupart des Allemands qui étaient demeurés en Bohême s'étant convertis au luthéranisme, et la doctrine nouvelle ayant en même temps fait de grands progrès parmi les Tchèques, la communauté de croyance semblait devoir apaiser l'antipathie de race. Si quelque fatalité n'avait voué les Habsbourg au sort d'instrument de la réaction catholique, ils pouvaient, pour le plus grand profit de l'Allemagne, opérer la réconciliation ; mais ils ne s'inspirèrent que de leur haine contre la Réforme. Ils essayèrent de rapprocher les utraquistes des catholiques, et pour cela se mirent à flatter le patriotisme tchèque : l'empereur Matthias rendit en 1615 l'édit fameux qui proscrivait à la fois la langue allemande et le luthéranisme en Bohême. Cet acte inouï de la part d'un empereur allemand ne profita point à celui qui l'avait signé : le luthéranisme avait eu le temps de faire des progrès énormes parmi les Tchèques, et, quand la persécution commença, elle fit autant de victimes parmi eux que parmi les Allemands.

Il n'est point de notre sujet d'exposer ici le martyrologe de la Bohême, donnée en proie aux jésuites par les Habsbourg pendant et après la guerre de Trente Ans. Un chiffre en dira plus qu'un long récit sur les désastres dont elle fut accablée par la guerre et par l'intolérance : de 4 millions d'habitants, la population descendit à 800 000 ! Il y a aujourd'hui encore en Bohême plus d'un endroit où elle n'est pas remontée au chiffre qu'elle atteignait en 1620, et pourtant l'hérésie ne fut pas extirpée. Parmi les Bohémiens que l'on voyait à la messe, le rosaire en main, beaucoup, une fois rentrés chez eux, portes et fenêtres closes, chantaient les cantiques de la Réformation. La croyance se transmit de père en fils, en secret, jusqu'au jour où le tardif édit de tolérance rendu par Joseph II à la fin du XVIII° siècle permit à chacun de montrer sa foi en public, et prouva que de nombreuses étincelles d'un feu mal éteint avaient couvé sous les ruines de la Bohême.

Cependant les exilés avaient pris des routes diverses ; il dut s'en rendre un grand nombre en Brandebourg et en Prusse dès le temps du grand électeur ; Frédéric Ier en reçut aussi, sans aucun doute ; mais on ne trouve de renseignements précis sur cette nouvelle immigration qu'à partir de Frédéric-Guillaume Ier. Les Bohémiens ne vinrent pas alors directement de Bohême en Prusse. Ils s'étaient arrêtés aussi près que possible de leur pays, en Saxe, où ils avaient formé de grandes colonies, l'électorat saxon ne refusant pas l'hospitalité aux luthériens ; mais bientôt ils s'y trouvèrent trop nombreux ; beaucoup, qui n'étaient point de stricts adeptes de la confession d'Augsbourg, craignirent pour la liberté de leur conscience, surtout quand les électeurs de Saxe se furent convertis au catholicisme. Quand le bruit se répandit parmi eux de l'accueil qui avait été fait aux Salzbourgeois par le roi de Prusse, huit Bohémiens, sous la conduite d'un pasteur, se rendirent à Potsdam, et demandèrent audience à Frédéric-Guillaume.

Frédéric-Guillaume les reçut aussitôt. Ils lui firent le plus touchant tableau de leurs misères, et lui adressèrent les prières les plus pressantes, pendant qu'il allait et venait par la chambre, pesant, suivant sa coutume, le pour et le contre. « Faites-les venir, dit-il à la fin, je les établirai chez moi. » Ils étaient déjà en route. Un convoi de 500 hommes s'était formé, puis avait si démesurément grossi qu'il compta plusieurs milliers de têtes. Aussitôt le gouvernement saxon s'inquiète et réclame. Or Frédéric-Guillaume se repentait de la décision trop prompte qu'il avait prise. Il ne savait pas au juste ce que valaient ces Bohémiens, et des gens qui voulaient ainsi changer de place une seconde fois ne lui disaient rien de bon. Il était encore fort occupé avec les Salzbourgeois, et il craignait qu'à la fin l'opinion publique allemande ne donnât raison aux catholiques qui l'appelaient un voleur de sujets. Il envoya un commissaire au-devant des nouveaux arrivants pour les examiner, et, quand celui-ci rapporta que c'étaient pour la plupart de pauvres gens fort misérables et couverts de haillons, il envoya l'ordre de ne les pas recevoir à la frontière. Les Bohémiens désespérés se dispersèrent, mais ils ne cessèrent de s'adresser au roi pour le fléchir. A la fin, Frédéric-Guillaume leur fit savoir qu'il les admettrait à la condition qu'ils se présentassent par très petites troupes pour ne pas éveiller l'attention. Il répartit les Bohémiens entre toutes ses provinces, mais leur laissa former à Berlin une colonie qui compta 2000 âmes. Il exigea d'abord qu'ils lui donnassent des gages de bonne conduite, et, quand ils se furent montrés trois années durant rangés et travailleurs, il leur témoigna sa sollicitude. Un quartier nouveau fut bâti pour eux dans la capitale ; la rue de Guillaume, où demeurent encore aujourd'hui des descendants de ces exilés, fut agrandie pour eux.

« Chacun d'eux, comme écrivait un de ces malheureux à des amis demeurés en Bohême, put gagner et manger tranquillement son morceau de pain, et louer Dieu d'une bouche et d'un cœur joyeux. » Le roi leur fit bâtir dans la rue de Frédéric une église spéciale, qu'on appela l'église de Bethléem en souvenir de celle dont Jean Huss avait été le pasteur à Prague. Encore une fois, telle était la fortune des Hohenzollern qu'en cherchant, pour repeupler et fortifier leurs États, des contribuables et des soldats, ils semblaient donner à la Prusse la mission de réparer toutes les injustices et d'assurer le repos des consciences persécutées.

Résultats de la colonisation sous les trois princes.

Dans cette histoire de la colonisation en Prusse au temps du grand électeur, de Frédéric Ier et de Frédéric-Guillaume Ier, il n'a été tenu compte que des immigrants arrivés par grandes troupes et comptés à la frontière : le chiffre officiel en est de 53 000; mais il y faut ajouter celui des colons plus nombreux qui s'étaient déjà réfugiés dans les États des Hohenzollern avant la paix de Westphalie, ou bien qui, après cette paix, s'y rendirent, soit isolément, soit par petites troupes. Il faut aussi rechercher la part qui revient, dans l'accroissement normal de la population, à ces nouveaux venus dont la grande majorité fut établie en pays sain et fertile et auxquels des privilèges de toutes sortes firent une situation meilleure que celle des anciens habitants. On arrive alors à ce résultat qu'en 1640, à la mort de Frédéric-Guillaume, 600 000 sujets du roi de Prusse étaient des réfugiés ou des fils de réfugiés ; or le roi de Prusse en ce temps-là ne commandait qu'à 2 400 000 sujets !

Ici les réflexions se pressent sous la plume ; il les faut ajourner jusqu'à ce que nous ayons étudié l'histoire de la colonisation sous le règne de Frédéric II, qui suivit, en le dépassant, l'exemple de ses prédécesseurs ; mais déjà l'on voit s'éclairer d'une lumière nouvelle l'histoire de la monarchie prussienne, et apparaître une des causes de la fortune d'un État à peine compté jusque-là, et qui s'éleva bientôt au rang des grandes puissances, malgré la France et l'Autriche, dont la volonté faisait alors la loi sur le continent. Il n'est pas une faute commise par ces deux pays qui n'ait profité à leur future rivale. Que d'enseignements dans la comparaison entre la politique religieuse de la Prusse et celle de l'Autriche ! Quels services inappréciables Louis XIV n'a-t-il pas rendus au grand électeur ! Quel contraste entre le roi-sergent et Louis XV ! En cette année 1732, où Frédéric-Guillaume arrêtait un moment sur la route de la Prusse les Salzbourgeois réfugiés, pour leur apprendre l'air d'un psaume, la cour de France discutait les chances qu'avait Mme de Mailly d'être déclarée maîtresse du roi ; Guérin de Tencin, archevêque d'Embrun, parjure et simoniaque avéré, et La Fare, évêque de Laon, qui eût été, dit Barbier, « un mauvais sujet pour un mousquetaire », tonnaient contre les jansénistes ; le parlement défendait les droits du pouvoir temporel contre les évêques et le pape, malgré le roi, qui lui prodiguait les rigueurs et finissait par capituler devant lui ; Paris courait au cimetière de Saint-Médard pour voir les paralytiques recouvrer l'usage de leurs bras et de leurs jambes sur le tombeau d'un diacre visionnaire!

Il ne faut point reculer devant ces souvenirs, si tristes qu'ils soient pour nous. Qui veut comprendre l'avenir qui s'approche, les prodiges du règne de Frédéric II et les hontes du règne de Louis XV doit se représenter Frédéric-Guillaume à l'œuvre, en tenue d'ouvrier et tout occupé à bâtir l'État prussien, pendant qu'à Paris un monde frivole, couvert de soie et de velours, apprête en se jouant les funérailles d'un régime auquel, grâce à Dieu, n'étaient point liées à jamais les destinées de notre pays.

FRÉDÉRIC LE GRAND

Administration colonisatrice.

Le règne de Frédéric le Grand ouvre une période nouvelle dans l'histoire des princes colonisateurs de la Prusse. Frédéric ne se contente pas en effet, comme le grand électeur, comme les rois Frédéric Ier et Frédéric-Guillaume Ier, de mettre à profit des circonstances extraordinaires pour acquérir de nouveaux sujets : c'est en vertu d'un plan arrêté d'avance qu'il provoque une immigration régulière dans ses États. Disciple de l'école physiocratique, qui eut au XVIIIe siècle tant d'illustres adeptes, il professe que « les paysans sont les pères nourriciers de la société », et, pour en accroître le nombre dans ses provinces, il fait d'extraordinaires efforts, commencés au début de son règne et poursuivis jusqu'à la dernière minute de sa vie. Avec lui, la colonisation devient une pure affaire économique ; aussi ne se met-il pas, comme ses devanciers, en frais de zèle religieux ; on ne trouverait dans ses lettres, billets et notes marginales aucune métaphore biblique : ses États sont, non point une terre promise, mais une terre en cours d'exploitation, et, comme il sait à un denier près le prix de revient d'un colon, pas une fois il ne parle de grâces spéciales octroyées par Dieu à la royale maison de Brandebourg. Certes ses prédécesseurs avaient beaucoup fait pour la colonisation de la monarchie, mais ils lui avaient laissé beaucoup à faire. A son avènement, Frédéric régnait sur un État de 2145 milles carrés, habités par environ 2 500 000 sujets ; or la seule province de Brandebourg, dont la superficie ne mesure que 734 milles carrés, compte aujourd'hui 2 900 000 habitants ! Il restait donc beaucoup de vides à remplir dans les anciennes provinces et dans les nouvelles, dans la Silésie et la Prusse occidentale, ces conquêtes de Frédéric ; la population était si insuffisante et l'élément slave si considérable qu'il fallait une large infusion de sang germanique. Enfin la guerre de la succession d'Autriche et celle de Sept Ans, contrariant et suspendant l'effort de Frédéric, décimèrent ses sujets et le forcèrent à redoubler sa peine pour guérir les maux dont il avait été le témoin, en même temps que pour achever l'œuvre commencée par ses ancêtres.

Frédéric voulut que la colonisation devînt une branche spéciale de l'administration prussienne, comme la levée de l'impôt ou de la milice. Les chambres des diverses provinces, sorte de directoires administratifs, durent se rendre compte des besoins de leurs pays respectifs, faire le relevé des maisons inoccupées, des terrains abandonnés, évaluer le nombre de colons qui pouvaient être établis dans leur ressort, et classer avec méthode ces renseignements dans des tableaux à plusieurs colonnes, dont le roi lui-même avait donné le modèle et qu'il examinait de fort près, car il surveillait à tous moments les chambres provinciales. On trouve mille traces de son intervention personnelle : que de promesses signées de son nom; mais que de menaces aussi! Il fallait stimuler le zèle de fonctionnaires déjà surchargés par la besogne d'une administration bureaucratique, et qui se voyaient par surcroît obligés de chercher des colons, de veiller à leur transport, de les établir, et de trouver les ressources nécessaires pour payer la dépense; car, si le roi consentait à les aider, comme il fit souvent, d'une main très généreuse, il voulait qu'à l'ordinaire les frais de la colonisation demeurassent à la charge des provinces qui en devaient profiter. Bien des demandes d'argent sont impitoyablement repoussées par lui. « Je n'ai pas le sou », écrit-il en marge, ou bien : « Je suis pauvre comme Job », ou bien encore : « J'ai aujourd'hui mal à l'oreille et je n'entends pas bien ce que vous voulez dire. » Cependant il voulait être servi à point nommé. L'infatigable activité de ce novateur déconcertait des gens habitués à la régularité d'un travail routinier. Comme le neuf paraissait mauvais à ces vieux serviteurs, ils faisaient les plus respectueuses observations où revenaient sans cesse les mots « inutile » et « impossible », qui ne plaisaient point à Frédéric. Des représentations véhémentes et des châtiments bien appliqués vinrent à bout de la résistance ouverte ou cachée. C'est avec une véritable indignation que le roi parle des récalcitrants : il ne trouve pas de mots assez gros pour les flétrir; il les traite d'individus « méchants et sans conscience »; il les accuse d'avoir fait entre eux « une entente infernale pour maltraiter les colons qu'il appelle dans sa patriotique sollicitude »; il leur enjoint de cesser tout de suite une « conduite honteuse, impie et nuisible au pays ». Quand un prince comme Frédéric parlait un pareil langage, il ne restait plus qu'à obéir : c'est ce qu'on fit, et tel qui au fond de l'âme pestait contre les ordres du prince se fit gourmander pour des excès de zèle commis en les exécutant.

Les colons eux-mêmes causaient au roi de graves embarras. Il en arrivait de tous les pays du monde. Ce n'étaient plus, comme jadis, de graves et pieux réformés conduits par leur conscience, et si exacts serviteurs de Dieu qu'ils devenaient tout de suite les serviteurs du roi. Les chambres provinciales n'avaient pas tort de se plaindre qu'il y eût parmi eux des aventuriers. Plus d'un ne se fit pas scrupule d'exploiter malhonnêtement le bon vouloir du souverain. On en signala qui s'étaient fait payer à deux reprises les frais de voyage, ou qui plusieurs fois étaient sortis du royaume pour y rentrer et toucher chaque fois la prime d'arrivée. D'autres croyaient tout naïvement que leur présence suffisait au roi, et que celui-ci n'avait rien à leur demander, si ce n'est des enfants. « Voici la moisson mûre, disaient-ils aux inspecteurs; qui est-ce qui va la couper? » Ils s'estimaient des manières de personnages, et, quand ils étaient mécontents, ils menaçaient de s'en aller, en donnant, si je puis dire, leur démission de colons. Un jour l'un d'eux, des plus favorisés, eut l'audace de dire au roi en pleine figure qu'il allait, avec sa famille, chercher un pays où il fît meilleur à vivre. « Tu as cent fois raison, mon ami, repartit Frédéric; moi qui te parle, si je connaissais un endroit où je fusse mieux qu'ici, j'irais bien aussi. » Pourtant les désertions l'exaspéraient; mais c'est aux chambres provinciales qu'il les imputait. En vain cherchaient-elles à lui représenter que les déserteurs étaient des ivrognes, et leur départ un débarras : il se fâchait tout rouge, prescrivait un redoublement de surveillance, des revues deux fois la semaine. On lui proposa d'exiger des colons le serment de demeurer : il est inutile, répondit-il, de multiplier les serments, car on en viole déjà bien assez. Il recourut pour empêcher ces sortes d'évasions à un moyen plus sûr en forçant les magistrats du lieu à payer l'argent dépensé pour les fugitifs. Il accordait volontiers à ceux qui se répandaient en plaintes sur le caractère des étrangers que « la première génération ne vaut pas toujours grand'chose » ; mais il travaillait pour l'avenir et voulait que tout le monde patientât comme lui, jusqu'à ce que la discipline prussienne eût fait son œuvre.

Les agents à l'étranger.

Pour aider les chambres provinciales dans le recrutement des colons, Frédéric établit deux agences spéciales, l'une à Francfort-sur-le-Mein, pour l'Allemagne du sud, l'autre à Hambourg, pour l'Allemagne du nord : la dernière était chargée d'arrêter au passage les émigrants qui se disposaient à s'embarquer pour l'Amérique. Toutes les deux faisaient des annonces dans les journaux, ou bien elles envoyaient dans les pays où ces annonces étaient interdites des messagers spéciaux, qui faisaient de la propagande occulte. Les recruteurs gagnaient, comme on dit en allemand, une « douceur » par tête de recruté : c'étaient trois thalers pour un maître ouvrier célibataire, cinq thalers pour un maître ouvrier marié. Cette industrie avait sa belle et sa morte saison. « Voici le printemps, écrit à Frédéric l'agent de Francfort; le temps est propice à chercher des colons »; mais, pour que les affaires marchassent à souhait, il fallait que quelque calamité s'abattît sur les pays circonvoisins. Frédéric n'en a pas laissé passer une sans en tirer quelque profit. La persécution religieuse sévit-elle en plein XVIIIe siècle, par exemple en Saxe ou en Autriche, où l'on signale en 1752 des emprisonnements et des transportations d'hérétiques, ou bien en Pologne, où la noblesse, élevée par les jésuites, ajoute l'intolérance aux maux dont ce pays allait mourir : aussitôt le roi de Prusse intervient officiellement auprès des gouvernements, officieusement auprès des persécutés. Pour attirer ces derniers, aucun moyen n'est omis, si petit qu'il soit. En 1742, on mande de Glogau à Frédéric que « le moment est opportun pour faire profiter la Silésie des persécutions dont souffrent les pays voisins ». Qu'il plaise seulement au roi de faire bâtir dans deux villages, à la frontière de Pologne et à celle de Bohême, deux églises protestantes où le service divin soit célébré en polonais et en bohémien : cela fera venir un grand nombre de colons de Silésie, et en outre, tous les dimanches, environ sept mille personnes qui, « par la consommation qu'elles feront de bière et d'eau-de-vie, apporteront de l'argent dans le pays ». Les églises ne coûteront pas cher; il suffira qu'elles soient très simples, et même « il est inutile d'y mettre des portes ». Ne voit-on pas bien dans ces détails l'ingénieuse parcimonie d'une petite maison qui veut devenir grande? Mais le meilleur moyen d'attirer des persécutés, c'était de continuer l'heureuse politique des Hohenzollern. Frédéric n'y manqua point, lui qui voulait que dans ses États chacun gagnât le paradis à sa manière, et il prouva même sa tolérance d'une façon fort originale : à côté de tous ces persécutés, qui pour la plupart étaient des victimes du zèle des jésuites, il fit place un beau jour, quand ils eurent été chassés des États catholiques, aux jésuites eux-mêmes.

La persécution religieuse n'était pas le seul fléau qui vînt en aide aux agents de la Prusse. En 1747, la Bohême est en proie à une terrible famine : rapport en est fait aussitôt à Frédéric, qui s'apitoie sur la « mauvaise qualité du pain » mangé par les pauvres Bohémiens, et qui espère que « ses sujets profiteront de la circonstance et réfléchiront aux moyens d'attirer chez eux » quelques-uns des affamés. En 1767, la ville de Lissa, pour la troisième fois depuis un siècle, est détruite par un incendie. « N'y a-t-il pas quelque chose à faire? » écrit-on à

Frédéric. Le roi, sans tarder, publie en allemand et en polonais une patente où, après quelques mots de condoléance sur le malheur qui a frappé la pauvre ville, il déclare avoir entendu dire que plusieurs victimes du sinistre « laissaient voir de l'inclination à venir s'établir en Silésie », et il fait l'habituelle énumération des privilèges qui les attendent. Le mauvais gouvernement de la Pologne, où se perpétue l'anarchie, et de certains petits États, comme le Mecklembourg, où des potentats sans budget se ruinent à imiter la cour de Louis XIV, tout est prétexte à Frédéric pour débaucher les sujets de ses voisins. Ceux-ci se plaignent les uns après les autres. L'électeur de Saxe, un des plus éprouvés, écrit au roi de Prusse que « sa manière d'agir est contraire à toutes les règles du bon voisinage », et qu'il espère la voir bientôt cesser : cette espérance fut trompée, car les agents reçurent seulement l'ordre d'agir avec une plus grande prudence. Une lettre de Frédéric à son représentant près de la cour de Vienne trace de point en point la ligne de conduite qu'un habile homme, bien pénétré des intentions de son maître, doit tenir en pays étranger pour pratiquer l'embauchage des colons, tout en gardant l'honnêteté des apparences. « Vous aurez soin de mettre en circulation les édits que je vous envoie, mais de la bonne façon et sans que vous ayez l'air de vous y intéresser. Si vous apprenez qu'une ou plusieurs familles ayant quelque avoir montrent du penchant à venir s'établir dans nos États, vous devez les fortifier dans leurs résolutions. Si elles signalent quelques *desiderata*, faites-m'en tout de suite un rapport bien détaillé. Soyez assuré de mes bonnes grâces spéciales pour vos efforts; mais mettez dans toute cette affaire de si grands ménagements qu'on ne puisse jamais vous reprocher d'induire des sujets à quitter leur maître. » Il paraît que ces conseils étaient bien suivis, et que les souverains ne savaient pas mettre la main sur les recruteurs de Frédéric. Ils multiplient les édits contre « le crime de l'émigration », et l'on en trouve où perce de la fureur contre les « émissaires et négociateurs d'émigration », qui devront être « appréhendés au cou sur le moindre soupçon, et, suivant la gravité des circonstances, punis de diverses peines corporelles, même de la mort ». Rien n'y faisait. Quand Frédéric avait un intérêt momentané à ménager un prince, il modérait le zèle des recruteurs, mais il était d'une parfaite indifférence pour ceux dont il n'avait rien à craindre ni à espérer. Sa conduite en Pologne fut odieuse; il tirait de ce malheureux pays tout ce qu'il y pouvait trouver d'ouvriers habiles ou laborieux : c'étaient pour la plupart des Allemands entre les mains desquels était presque toute l'industrie des grandes villes. Les agents prussiens n'y mettaient point de vergogne : « Je fais marcher l'émigration grand train », écrivait l'un d'eux à Frédéric; mais il arriva que plusieurs seigneurs s'opposèrent au départ des immigrants. La Prusse était encore en paix avec la Pologne : c'était au mois d'avril 1769; le roi fit pourtant partir trois régiments. Cette petite armée, sous prétexte d'aller au-devant d'un convoi de chevaux de remonte, s'avança jusqu'à Posen, et ramena dans ses rangs les fugitifs, après avoir tué ou dispersé une poignée de Polonais qui avaient cherché à lui disputer le passage d'un pont. Ainsi ce n'était pas assez que les calamités de toutes sortes dont étaient affligés les pays voisins enrichissent la Prusse, comme la peste « enrichit le noir Achéron ». Quand les sinistres auxiliaires de la propagande prussienne venaient à manquer, Frédéric ne reculait pas devant ces interventions à main armée qui ressemblent fort à du brigandage.

La répartition des colons dans les provinces de la monarchie.

Les colons recrutés par ces moyens divers furent répartis entre les provinces de la monarchie prussienne. Parmi les anciennes, la Lithuanie et la Prusse orientale en reçurent au moins 15 000 : la province de Magdebourg et de Halberstadt, 20 000;

la Poméranie, 20 000 également; la Nouvelle-Marche, 24 000; mais la plus favorisée fut le Brandebourg, c'est-à-dire le pays qui était immédiatement placé sous le regard de Frédéric, que ce prince aimait comme le berceau de la monarchie, et dont il a voulu écrire l'histoire de sa propre main. Dès son avènement, le roi avait ordonné qu'on lui présentât un « exposé solide et bien travaillé, où l'on rechercherait si jadis, avant la guerre de Trente Ans, il y avait dans la Marche plus et de plus grands villages qu'aujourd'hui, et où l'on examinerait s'il ne convenait pas d'en créer de nouveaux et d'agrandir les anciens ». On lui répondit qu'il y avait en Brandebourg plus de villages qu'autrefois, que tout y était pour le mieux, qu'on y pouvait cependant trouver place encore pour 111 familles, représentant 555 personnes : Frédéric approuva fort la conclusion; il remercia les auteurs du travail, et de 1740 à 1756 il trouva place en Brandebourg pour 50 000 colons! Il est vrai que des marécages avaient été desséchés, les bords humides et malsains des rivières assainis et fertilisés; le bétail paissait et les paysans moissonnaient en des endroits où l'on n'avait vu, de mémoire d'homme, ni bêtes ni gens; la population des villes s'accroissait énormément, car Berlin, si misérable avec ses 6000 habitants, au temps du grand électeur, et qui n'en avait encore que 68 931 à l'avèncment de Frédéric, en comptait, quinze ans après, 100 336, c'est-à-dire près de 32 000 en plus!

C'est au milieu de cette prospérité qu'éclata la guerre de Sept Ans. Toute la monarchie fut couverte de ruines, et le Brandebourg très éprouvé; mais à quoi bon peindre encore une fois la désolation de cette province? On y retrouverait les misères que nous avons décrites en parlant de la guerre de Trente Ans, car peu de pays ont, dans le cours d'une plus laborieuse existence, essuyé plus d'orages que ce pays de Prusse! Frédéric voulut mesurer l'étendue du désastre pour y proportionner son effort : il apprit que la population avait décru de 66 840 âmes, et se mit à l'œuvre; il y apporta une telle énergie, déclara si nettement aux faiseurs de remontrances qu'il donnait des ordres et ne recevait pas de conseils, aux récalcitrants qu'il irait jusqu'au bout de ses desseins, « dussent les gens crier jusqu'au dernier jour », qu'en 1778 le mal était plus que réparé. La population du Brandebourg a gagné, pendant le seul règne de Frédéric, 207 000 âmes. Il faut tenir compte de l'accroissement normal qui vient du surcroît des naissances et ne pas oublier qu'un assez grand nombre d'étrangers s'établirent dans la Marche sans être des colons proprement dits; mais une appréciation modérée porte le nombre de ces derniers au moins à 100 000.

Pour se rendre un compte exact de la prodigieuse activité du roi de Prusse, il faudrait faire par le menu l'histoire de la colonisation dans chaque province ; mais on risquerait de se perdre dans la quantité infinie des détails. On ne peut pourtant parler si brièvement de la Silésie, car ici Frédéric n'a pas voulu seulement augmenter le nombre des habitants et accroître la richesse publique au profit de son armée et de son trésor. Il s'agissait de rendre prussienne une province dont l'acquisition fut la plus importante de son règne.

Située sur le revers septentrional des Carpathes et s'étendant entre la Bohême et la Pologne, la Silésie, pays slave, avait été, au moyen âge, rattachée à l'un et à l'autre des deux royaumes slaves, et elle était entrée en 1526 dans les domaines de la maison d'Autriche, quand les Habsbourg devinrent rois de Bohême. Comme les destinées de l'Allemagne auraient été changées si l'Autriche, au lieu de s'éprendre d'une ambition cosmopolite, de combattre pour des possessions espagnoles, italiennes, néerlandaises, hongroises, d'égarer sa politique et d'épuiser ses forces sur ce trop vaste échiquier, s'était appliquée à fonder solidement sa domination sur la Bohême et sur la Silésie ! L'élément germanique y était assez fort déjà pour qu'elle pût consommer dans la haute vallée de l'Elbe et de l'Oder l'œuvre d'assimilation que les margraves de Brandebourg ont menée à si bonne fin sur le cours inférieur de ces deux fleuves, slaves jadis, allemands aujourd'hui. Une fois les Habsbourg fortement établis dans toute la région sud-est de l'Allemagne, aucune puissance n'eût été capable d'arrêter leurs progrès à l'ouest; la Prusse ne les eût pas empêchés, comme elle fit en 1779, d'annexer la Bavière. car la Prusse ne fût pas devenue grande puissance : la Silésie, avant-garde de l'Autriche dans la Basse-Allemagne, attachée au flanc du Brandebourg, poussant sa pointe septentrionale entre Berlin et Posen, rendait impossible tout développement ultérieur de la monarchie prussienne vers l'Orient.

C'est pour toutes ces raisons que, l'année même de son avènement, à la nouvelle que la mort de Charles VI ouvrait la succession d'Autriche, Frédéric, sautant à bas du lit où le retenait la fièvre, rassembla ses troupes et, laissant ses ministres arranger des mensonges diplomatiques, conquit en quelques mois une province de 600 milles carrés, habitée par 1 200 000 habitants : il augmentait ainsi d'un tiers l'étendue de ses États et le nombre de ses sujets. Aussitôt commença dans toute la province un merveilleux travail. Le premier soin de Frédéric fut de se fortifier dans sa conquête; il avait trouvé les forteresses dans un état complet de délabrement : en peu de temps, il les mit en état de défense. La province reçut un gouverneur particulier directement placé sous les ordres du roi. Une sage administration financière éleva les impôts sans provoquer de réclamations, parce que la charge en fut mieux répartie. D'ailleurs l'argent, au lieu d'être chaque année transporté au château impérial de Vienne, restait dans le pays pour être employé à la défense et à des améliorations de toute espèce : sur 3 300 000 thalers, Frédéric n'en réclamait que 17 000 pour lui. L'affranchissement intellectuel de la Silésie commença au lendemain de la conquête. Des ballots de livres furent portés dans la province, où l'on ne pouvait guère lire auparavant, tant était longue la liste des livres interdits par la censure de Vienne, qui se montrait plus sévère même que la congrégation romaine de l'*Index*. Les Silésiens n'en purent croire leurs yeux en lisant des brochures où étaient critiqués, souvent avec hardiesse, les actes mêmes de leur nouveau souverain. Les haines religieuses étaient vives entre les deux confessions qui se trouvaient en présence, et les protestants, longtemps opprimés, croyaient le moment venu de la revanche; mais Frédéric ménagea les catholiques. Tout en réduisant le nombre des jours fériés, qui étaient très nombreux et qui causaient une perte de travail qu'un contemporain évalue à 5 100 000 journées d'ouvrier, il traita le clergé catholique avec beaucoup d'égards, laissant même, par un privilège inouï dans ses États, le droit de battre monnaie au prince-évêque de Breslau. Il ne toléra aucune atteinte à la liberté de conscience. Un jour, c'était au lendemain de la bataille de Striegau, — comme il se trouvait à Landshut, — 2000 paysans vinrent le trouver et, l'entourant, lui demandèrent de leur accorder seulement « la très gracieuse permission de mettre à mort tous les catholiques des environs ». Le roi philosophe eut alors une inspiration subite : « Aimez vos ennemis, s'écria-t-il, bénissez ceux qui vous maudissent, rendez le bien pour le mal, priez pour ceux qui vous insultent et vous persécutent, si vous voulez être les véritables fils de mon Père qui est au ciel. » Les paysans, qui ne s'attendaient pas à cette réédition du sermon sur la montagne, se retirèrent plus calmes et très édifiés.

Cependant l'immigration avait commencé. D'abord était arrivée l'armée des fonctionnaires prussiens : les commis d'octroi, pour la plupart anciens sous-officiers invalides, que l'on voyait assis et fumant à la porte des villes, présents au poste de l'aube à la nuit, malgré la médiocrité de leur salaire ; — les percepteurs, gardiens fidèles du coffre de bois où ils enfermaient leurs recettes, et qui était le seul ornement de leur modeste bureau. Raides, ponctuels, incorruptibles, ils donnèrent aux Silésiens une haute idée de l'État qui avait de si zélés serviteurs. En même temps qu'eux étaient arrivés les soldats prussiens. L'Autriche n'entretenait que 2000 hommes dans la province : Frédéric en mit 40 000 Équipés, exercés comme s'ils étaient toujours à la veille d'entrer en campagne, disciplinés à la prussienne, ils firent faire aux habitants, accoutumés à voir les troupes autrichiennes s'endormir dans la vie de garnison, des comparaisons qui n'étaient pas à l'avantage des dernières. La Prusse avait à peine pris possession de sa conquête, et déjà ses nouveaux sujets sentaient que c'était pour l'éternité.

A leur tour arrivèrent les colons. Frédéric avait refusé de s'occuper de colonisation la première année. « D'abord les forteresses! avait-il dit; il ne faut pas brûler la chandelle par les deux bouts! » Le roi de Prusse avait alors d'excellentes raisons pour ne pas faire double dépense : il lui restait. après la conquête de la Silésie, 150 000 thalers pour tout avoir; mais, dès qu'il put disposer de quelques ressources, il les mit au service de son idée favorite. L'état de la province était lamentable. Telle avait été l'incurie de l'administration autrichienne qu'on trouvait en cent endroits la trace de ruines accumulées, un siècle auparavant, par la guerre de Trente Ans : dans les campagnes, des fermes abandonnées; dans les villes, des quartiers ruinés portant sur les murs noircis des maisons la marque de l'incendie. L'année même de la paix de Dresde, deux édits royaux appelèrent des colons, et bientôt les villages de la montagne se peuplèrent de fileurs qui blanchirent leurs toiles à l'eau des rivières, et les jours de marché remplirent les places de petites villes comme Hirschberg, Landshut, Waldenburg, dont la prospérité s'accrut tous les jours. En 1759 et en 1762, de nouveaux édits, spécialement appliqués à la Silésie, provoquèrent une immigration en masse.

Ici comme en Brandebourg, le travail fut interrompu par la guerre de Sept Ans, si glorieusement soutenue par Frédéric, précisément pour la défense de cette province que la reine de Hongrie ne pouvait se consoler d'avoir perdue. On sait que Marie-Thérèse aimait la Silésie au point qu'elle ne pouvait retenir ses larmes à la vue d'un Silésien ! Frédéric aimait aussi cette province, non point de cette sentimentale affection, mais de l'ardent amour d'un avare qui a conquis un trésor sans prix et qui a tremblé un moment qu'on ne l'arrachât de ses mains. Dès qu'il fut hors d'inquiétude, il se remit à l'ouvrage. Prix de la victoire, la Silésie avait été le théâtre principal de la guerre ; c'est-à-dire qu'elle en était sortie méconnaissable. Pour de si grands maux, Frédéric voulut de grands remèdes. Il alla visiter, comme il disait, « l'enfant qui lui était né dans la douleur ».

Rien ne put échapper à cet œil royal largement ouvert, à la fois énergique et lucide, qui voulait tout voir, et, par un don de nature, voyait toutes choses. Le roi devinait pour ainsi dire la qualité des terrains, comme eût fait l'agriculteur le plus exercé. Sa correspondance avec le gouverneur de la Silésie semble celle d'un grand propriétaire avec son régisseur. « Voyez un peu, écrit-il un jour, s'il n'y a pas lieu d'entreprendre des travaux considérables et qui promettent un bon revenu, comme dessèchements de marais... Je crois être sûr qu'il y a quelque chose à faire, par exemple à Oppeln et dans les environs. — Il n'y a rien à faire, répond le gouverneur : le sol est tourbeux; on n'y trouverait pas de quoi nourrir un colon. — Pensez-y tout de même, réplique le roi, et tenez en réserve l'argent nécessaire. » L'année suivante, nouvelle objurgation au gouverneur, nouvelles doléances de celui-ci sur la mauvaise nature du sol. « Donnez-vous donc la peine, écrit le roi, d'examiner le terrain soigneusement, au lieu de parler ainsi à la légère et faites-vous aider par les gens qui s'y connaissent. » Or il se trouva que Frédéric avait raison, car l'agriculture finit par faire d'immenses conquêtes sur le sol en friche de la Silésie. Non content d'appeler des colons sur les terres de la couronne, Frédéric résolut de persuader aux grands seigneurs de fonder des villages sur les vastes territoires mal exploités qu'ils possédaient. Afin de triompher de toutes les résistances, il fit lui-même la propagande de ses idées. Il y mettait beaucoup de chaleur et il aimait à s'imaginer qu'il convainquait tout le monde : le moindre signe d'adhésion lui suffisait pour qu'il crût ou feignît de croire qu'on était de son avis. Un jour, étant à Cosel, il entreprit le comte Posadowski sur la nécessité de faire défricher les forêts silésiennes par des colons. Le comte, adversaire déclaré du projet, gardait un silence prudent, interrompu de loin en loin par quelque « oui » timide, arraché par la politesse et par la déférence. Frédéric n'en demanda point davantage; quelques jours après, occupé à convaincre un autre interlocuteur, il lui dit qu'il avait eu avec Posadowski une intéressante conversation où il avait gagné l'approbation sans réserves du comte. Celui-ci, à qui l'on rapporta le propos, en fut très effrayé, prévoyant que le compliment aurait quelque suite fâcheuse; en effet, il n'attendit pas longtemps avant de recevoir l'invitation officielle de « présenter un rapport sur ses projets ultérieurs de colonisation ».

Quiconque voulait faire sa cour au roi bâtissait un village sur ses terres. « Je ne puis plus servir mon roi comme soldat, écrit un vieux gentilhomme qui quittait le service; mais je veux, comme vassal, lui prouver mon zèle, car sa volonté sera pour moi jusqu'à la tombe le plus sacré des ordres », et il fonde une colonie. Appeler des colons. c'était, pour le fermier des domaines, le moyen de se ménager la prolongation d'un bail avantageux; pour le condamné, qui avait quelque forte amende à payer, celui de se libérer honorablement. Un ambitieux souhaitait-il d'ajouter à son nom quelque titre, de s'appeler par exemple « monsieur le conseiller secret » : — « Créez un village », disait Frédéric. A la fin, quand les esprits eurent été bien préparés, il publia un édit resté célèbre en Silésie sous le titre de « très haute déclaration, en vertu de laquelle de nouveaux villages doivent être bâtis aux endroits convenables, avec une large assistance en argent comptant, que Sa Majesté a très gracieusement résolu d'accorder aux propriétaires de domaines ».

« C'est notre très gracieuse volonté que chacun de nos fidèles vassaux doit bâtir un ou plusieurs villages sur ses terres, s'il se trouve en situation de le faire. » Ainsi commence l'édit, et, pour juger par lui-même si ses fidèles vassaux étaient « en situation » de lui obéir, le roi demandait des renseignements sur « la grandeur et la position des forêts qui ne pouvaient être mises en culture que par des colons, sur les clairières qui s'y trouvaient, sur les marais qu'il était possible de dessécher à l'aide de rigoles, sur les étangs, sur les champs situés trop loin des fermes pour pouvoir être commodément labourés ». Il indiquait l'étendue minimum que devrait avoir le territoire de tout village, pour l'établissement duquel il serait sollicité un subside, le plan des maisons et les matériaux qu'il y fallait employer. Il déterminait la part contributive de l'État dans les frais d'établissement, ordonnait que tous les colons fussent des personnes libres, que « l'on pensât à l'enseignement scolaire, qui est si nécessaire », et que l'on réservât une maison pour un « bon maître d'école »; enfin qu'on se mît à l'œuvre sans retard, afin que, l'année suivante. « un nombre appréciable de villages nouveaux » fussent déjà debout. L'effet de cet édit fut extraordinaire. Les opposants, traqués par le gouvernement de la province, se soumirent. Le roi n'épargna ni son argent ni ses faveurs. Plusieurs fois par an, on lui envoyait le compte des créations nouvelles; il approuvait, félicitait, mais toujours il stimulait à faire davantage. A la fin de son règne, il put constater qu'il avait enrichi de plus de 60 000 sujets sa province de Silésie.

Non moindre fut sa sollicitude pour la Prusse occidentale. On sait que ce pays fut, avec l'évêché d'Ermeland et le district de la Netze, la part de Frédéric dans le premier partage de la Pologne. Prêt depuis longtemps à profiter de ce démembrement prémédité, il avait envahi sans bruit ces territoires, et le rapt s'était accompli sans qu'une goutte de sang fût versée. Trente ans avaient passé sur la tête de Frédéric depuis qu'il avait pris possession de la Silésie; pourtant c'est la même ardeur, la même intrépidité au travail. Il visite, comme il dit cyniquement, « son petit morceau d'anarchie ». Il n'est que trop vrai que l'état en était navrant. « Le pays est désert et vide, dit le rapport officiel sur le district de la Netze; le bétail est mauvais et dégénéré, les instruments de labour sont grossiers, on ne connaît pas même la charrue de fer; les champs sont épuisés, couverts d'ivraie et de pierres; les prairies tournent au marécage, les bois sont dévastés par les tailles. Les forteresses, la plupart des villages et des villes sont en ruines. Les habitations ne semblent pas faites pour recevoir des hommes : ce sont de misérables huttes de boue et de paille, construites avec le goût le plus primitif et les plus simples moyens. La guerre sans fin, les incendies, les pestes, la détestable administration, ont dévasté ce pays et l'ont démoralisé. La classe des paysans est perdue; il n'y a point de bourgeoisie. Les marécages et les bois sauvages prennent la place où jadis (au temps de l'ordre teutonique), si l'on en juge d'après les cimetières allemands, vivait une population nombreuse. » Les sombres couleurs de ce tableau ne sont pas chargées, et il est certain qu'un quart au moins du territoire avait été laissé sans culture et que les villes étaient peuplées comme des villages : Bromberg, qui a aujourd'hui près de 30 000 habitants, en comptait alors 800 à peine!

Pour relever ce pays misérable, Frédéric employa tous les moyens à la fois, matériels et moraux : abolition du servage, proclamation de l'égalité devant la loi, de la liberté de conscience, fondation d'écoles, en même temps secours pécuniaires aux villes, prêts sans intérêts aux nobles campagnards indigents, introduction de races de chevaux venus de Dessau et de boucs importés d'Espagne, distribution gratuite de semences. Le pays fut divisé en petits districts, dont chacun avait son préfet, son tribunal, sa poste, son service de santé; pas une ville où quelque quartier ne s'élevât du milieu des ruines; partout on labourait, on piochait, on bâtissait. Au bout d'un an, Frédéric écrit à Voltaire : « J'ai aboli l'esclavage, j'ai réformé des lois barbares et j'en ai introduit de raisonnables; j'ai ouvert un canal qui met en communication la Vistule, la Netze, la Warta, l'Oder, l'Elbe; j'ai reconstruit des villes qui étaient ruinées depuis la peste de 1704, desséché vingt milles carrés de marécages, introduit dans ce pays la police, dont le nom n'y était pas même connu. » Le canal dont il est ici question fut construit avec une rapidité prodigieuse; en seize mois il fut achevé, grâce au travail de nuit et de jour de six mille ouvriers et à une dépense de

740 000 thalers. Dans l'été de 1773, Frédéric eut la joie de voir des bateaux chargés sur l'Oder descendre la Vistule. En même temps, il faisait d'énormes dépenses pour protéger le pays contre le fléau périodique des inondations. Et déjà les colons arrivaient de toutes parts. La chambre de la province avait reçu les instructions les plus précises. « *Quod bene notandum*, lit-on en marge d'un ordre de cabinet, tout ceci doit être observé à la lettre. ou bien gare à la chambre ! Il faut que mes ordres soient exécutés ponctuellement et tout de suite ! » On obéit. Il serait fastidieux de relever ville par ville le résultat de ces efforts. Pour ne parler que de Culm, la malheureuse ville, quand elle devint prussienne, avait conservé ses vieilles murailles et ses vieilles églises; mais d'un grand nombre de maisons il ne restait que les caves, béantes sur la rue, et habitées par des misérables. Des quarante maisons de la place du Marché, vingt-huit n'avaient plus ni fenêtres ni toits. Frédéric donna l'argent à poignées : 2635 thalers pour le pavage, 36 884 pour quinze établissements industriels, 5106 pour réparations de maisons, 3839 pour les bâtiments publics, 80 343 pour constructions de maisons bourgeoises, 11 749 pour une église et pour une école; 73 223 pour l'établissement de colons, cordonniers, tailleurs, jardiniers, maçons, charpentiers, drapiers, marchands, etc.

Quand tout ce monde fut en place et tous ces bâtiments debout, Frédéric put se vanter d'avoir bâti une nouvelle ville. Quand le même travail eut été fait dans tout le pays, il put se vanter d'avoir créé une province nouvelle.

Résultats de la colonisation à la mort de Frédéric II. — Provenance des colons. — Grecs et Tziganes — Fusion dans la population. — Conséquences politiques.

Somme toute, c'est 300 000 sujets que Frédéric II a introduits, pendant un règne de quarante-six ans, sur les terres de la monarchie prussienne. Il les a répartis entre les anciennes villes, 900 villages nouveaux et plusieurs milliers d'établissements tout exprès créés pour les colons. Qu'on se rappelle maintenant l'œuvre de ses devanciers et qu'on l'ajoute à la sienne, on arrive à cette conclusion qu'en 1786 presque le tiers de la population prussienne était composée de colons établis en Prusse depuis le grand électeur. Pareil fait ne se retrouverait dans l'histoire d'aucun autre État moderne.

On sait déjà d'où sont venus, sous les prédécesseurs de Frédéric, ces voyageurs en quête d'une patrie nouvelle. Pendant le règne de Frédéric, c'est l'Allemagne qui a fourni le plus fort contingent, et, en Allemagne, la Saxe, le Wurtemberg, le Palatinat, l'Autriche. Hors de l'Allemagne, la Pologne a été le pays le plus exploité par les recruteurs prussiens ; mais il n'est guère de nation au monde qui n'ait eu ses représentants parmi les colons de Frédéric. Des Français, en très petit nombre il est vrai, vinrent s'établir en Silésie. Dans presque toutes les villes, des Italiens tenaient commerce de « galanteries » et de « délicatesses », deux mots que les Allemands nous ont empruntés : galanterie désigne à peu près toutes les sortes d'ornements, depuis la bijouterie jusqu'à la passementerie, et délicatesse toute sorte de comestibles, parmi lesquels la charcuterie. Frédéric voulut aussi attirer des Grecs, afin de nouer par leur entremise des relations commerciales avec le midi et avec l'orient. Il chargea un agent à Venise de vanter aux Grecs qui habitaient cette ville les douceurs de l'existence qui leur était réservée en Prusse. L'agent se mit en relations avec Theocletus de Polydes, prélat qui se donne le titre solennel de *Orientalis ecclesiæ Græcæ humilis prælatus, abbas infulatus et chorepiscopus Poliadiæ et Bardorum in Macedonia*,…. etc. Le résultat fut médiocre d'ailleurs, et il ne vint en Silésie que quelques Constantins et quelques Démétrius. Les hôtes les plus extraordinaires de la monarchie prussienne furent assurément les Tziganes. Frédéric voulut attacher au sol de ses États jusqu'à ces étranges émigrés de l'Orient, qui, continuant la vie nomade des anciens jours, erraient par troupes nombreuses dans la Prusse orientale et en Lithuanie, détestés, mais redoutés par les habitants. Frédéric Ier avait lancé contre eux des édits terribles, ordonnant qu'on plantât à la frontière des potences avec cette inscription : *châtiment de la canaille tzigane, hommes et femmes*, et qu'à leur approche les milices fussent convoquées par la cloche d'alarme ; mais les Tziganes revenaient toujours, enhardis par la peur que faisait aux autorités prussiennes leur réputation de sorciers. Frédéric II, qui avait d'abord renouvelé contre eux les menaces de son père, finit par se demander s'il n'y avait rien à faire de ces vagabonds. Il s'en servit d'abord à l'armée comme d'espions ; il les fit ramasseurs de chiffons pour ses fabriques de papier, et il finit par en établir dans différents endroits quelques colonies dont on reconnaît aujourd'hui encore les descendants à leurs traits, à leurs mœurs de saltimbanques et de musiciens ambulants, à l'habitude de voler, qui a persisté surtout chez les femmes, victimes d'un atavisme séculaire.

C'est donc une mosaïque, patiemment et savamment composée, que la population prussienne au temps de Frédéric. Les pièces en sont encore distinctes, bien que le temps en ait terni et quelque peu confondu les couleurs. Pour ne parler que des principaux groupes d'immigrants, on reconnaît encore dans la Prusse orientale à de certaines particularités du langage et du vêtement, au souvenir qu'ils ont gardé de leurs ancêtres, aux chansons et aux contes du foyer, les descendants des Salzbourgeois. Dans la Prusse occidentale, on retrouve d'un coup d'œil les Souabes qu'y a fait venir Frédéric II ; leurs cheveux noirs et leurs yeux de couleur foncée, leur taille svelte font contraste avec les têtes blondes, les yeux bleus, l'épaisseur des gens du nord. Ils ont plus que ceux-ci l'esprit d'initiative et l'entrain au travail. Ces Souabes sont arrivés presque tous pauvres dans leur nouvelle patrie, attirés par les édits de Frédéric, que des agents leur avaient lus sous le tilleul du village ou dans les cabarets. Quelques-uns partirent alors, conduisant des chariots où ils avaient entassé tout ce qui se pouvait emporter, depuis les ustensiles de ménage jusqu'aux paquets de nippes inutiles, ou poussant devant eux un maigre troupeau de porcs ou d'oies; la plupart portaient leur fortune au bout de leur bâton. Presque tous étaient des manouvriers; mais quand, arrivés en Prusse, on leur donna des terres, ils ne firent point de difficultés pour se transformer en laboureurs. Tel, venu pour être maçon, alla, ceint du tablier de sa corporation, ensemencer sa terre. On vit derrière la charrue de jeunes femmes qui prenaient vaillamment la place de leurs maris morts en route. Apres à la besogne, économes jusqu'à l'avarice, ils ont quintuplé la valeur du sol. Leurs descendants ont gardé quelque chose de leur humeur ; ils sont plaisants avec quelque dureté, aiment à railler le voisin au risque de l'irriter, et, comme jadis dans l'Allemagne du sud, ils échangent de village à village de grosses plaisanteries méchantes. On dit que les femmes d'origine souabe ne résistent guère aux tentations illégitimes, et que c'est encore là un souvenir de la première patrie. Les superstitions de ces fils de colons sont celles de la Souabe, d'où leurs pères ont apporté leurs livres magiques ou prophétiques, parmi lesquels l'*Albert le Grand, ou les secrets sympathiques et naturels de l'Égypte, dûment conservés, et approuvés pour bêtes et gens.* Le patois souabe est demeuré la langue de leur foyer, celle des chansons licencieuses qu'ils chantent à de certaines fêtes, sur la pelouse des danses, ou devant la maison de la bien-aimée. Le maître d'école s'irrite contre « cette affreuse langue », contre ce *Schwoabsch*, comme il dit, en parodiant la lourde prononciation des Wurtembergeois ; mais ceux-ci persistent dans leurs habitudes, et, s'ils ont quelque secret à se dire devant des étrangers, ils parlent hardiment tout haut leur vieil idiome : le maître d'école lui-même n'y entend rien.

A quelques minutes de Berlin se trouve un village qui offre à la curiosité de l'historien les plus intéressantes observations. Ce village, qu'on appelle Rixdorf, n'a pas moins de 7000 habitants ; une partie est habitée par des Allemands, l'autre par des Bohémiens. Ceux ci sont divisés en plusieurs communautés religieuses, celles des calvinistes, des luthériens et des frères bohêmes : reste des hussites, persécutés partout, jusqu'à ce qu'ils fussent arrivés sur la terre hospitalière du Brandebourg, ces derniers ont conservé le souvenir de l'ancienne patrie aussi présent que s'ils étaient arrivés hier. Ils vivent entre eux, formant une sorte de petite république dont les lois morales sont sévères, car toutes sortes de plaisirs, la danse et même le jeu de cartes, y sont interdits; contre les délinquants il y a une série de peines, la remontrance du pasteur, la citation devant « les anciens », la sommation de s'amender, l'exclusion temporaire de la table sainte, enfin l'exclusion de la communauté même. Les frères bohêmes parlent l'allemand, et leurs pasteurs par ordre des rois prêchent en cette langue ; mais ils n'ont point oublié le bohémien, qu'ils parlent à la maison et qui a place dans l'enseignement de l'école. C'est dans le texte bohémien qu'ils lisent la Bible; les psaumes sont écrits et chantés dans les deux langues, et, la nuit de Noel, après la prière, qui est faite en allemand, on entend tout à coup retentir le *Cas rodosti*, hymne bohémien à trois strophes, dont la vieille mélodie, originale et saisissante, remplit d'émotion l'âme des assistants. Longtemps les frères bohêmes n'ont pu s'accorder avec la communauté des calvinistes, ni avec celle des luthériens qui, elles-mêmes, ne s'accordaient pas entre elles. Ces trois membres exilés d'une même famille étaient fort animés les uns contre les autres, se querellant, s'injuriant, se comparant à diverses bêtes de l'Apocalypse. Il a bien fallu pourtant qu'ils se tolérassent à la fin : les calvinistes et les luthériens ont encore leur église à part; mais ils entretiennent une école commune. Moins austères et moins fanatiques que les frères bohêmes, ils ont moins fidèlement gardé l'empreinte de leur origine. Pourtant ils n'ont pas oublié leur langue. Dans les rues de Rixdorf, on entend les Bohémiens se séparer après une conversation sur les mots : *Z panem bohem,* c'est-à-dire « avec Dieu Notre-Seigneur », qui remplacent l'*adié* des Allemands, et le soir, suivant qu'on se promène dans telle rue ou dans telle autre, on est salué par le *gute Nacht* des Allemands ou par le *dobre noc* des Bohémiens.

La langue française n'a pas eu la même fortune que le patois souabe ou la langue bohémienne : elle a disparu. S'il y a encore quelques églises où, comme à Berlin, le prêche se fait en français, il y a plus d'Allemands que de fils de réfugiés qui viennent écouter : c'est une manière d'exercice à l'usage des Berlinois. En quelques endroits, par exemple à Ziethen, dans l'Uckermark, où une colonie française, éloignée des villes, a mieux gardé ses souvenirs, il reste au milieu de l'allemand du pays bon nombre de mots français, mais défigurés. Les enfants disent aux parents mon *pir*, ma *mir*; un lit s'appelle une *kutsche* : c'est le mot couche prononcé à l'allemande; groseille est devenu *gruselshen*. Les noms de famille ont subi de pareilles altérations : Urbain s'est changé en *Irrbenk*, Dupont en *Dippo*, Vilain en *Villing*. Les noms de baptême sont demeurés français, Jean, Jacques, Rachel, mais rendus méconnaissables par la façon dont on les dit. Il est pourtant encore des morceaux de langue française que récitent les enfants dans les familles des réfugiés. Ce sont quelquefois les commandements de Dieu, écrits en style du XVIe siècle, et l'on est un peu surpris d'entendre des petites filles réciter ainsi l'un des versets : « Tu ne paillarderas pas. » Tous enfin savent répéter, sans la comprendre, la confession de foi calviniste : le dernier souvenir de la patrie vit dans ces quelques lignes pour lesquelles les arrière-grands-pères des Urbain et Dupont ont souffert la douleur de l'exil.

Il y a d'autres signes auxquels on peut reconnaître les colons d'origine française. Leur physionomie est demeurée telle, qu'un Français, transporté d'un village de France dans ce village de Ziethen, éprouverait une singulière impression à voir aller et venir des paysans presque tout semblables aux nôtres, auxquels il serait tenté d'adresser la parole, mais qui ne la comprendraient pas et qui n'ont rien de commun avec lui! J'ai eu, dans un récent voyage en Allemagne, la preuve frappante de cette persistance de la physionomie française. Un soir, à l'orchestre d'un théâtre, comme je regardais pendant un entr'acte la salle, qui était très pleine, mon voisin me dit : « Vous avez un compatriote ici; cherchez bien et vous le trouverez. » Mon regard s'arrêta bientôt sur quelqu'un que je désignai, sans hésiter, à mon interlocuteur. Je ne m'étais point trompé : la personne que j'avais si vite découverte était un membre du parlement d'Allemagne, portant un nom tout français, et descendant d'un réfugié. En le regardant bien, j'aperçus pourtant quelque chose d'étranger sur sa figure : c'était la tête d'un Français, mais d'un Français triste. M. Beheim-Schwarzbach marque fort bien par quelques mots en quoi les fils des réfugiés diffèrent de leurs compatriotes. mais aussi en quoi ils leur ressemblent : « Ils sont, dit-il, presque tous châtains; leurs yeux, de couleur foncée, sont brillants et curieux; la stature est moyenne, élancée; les doigts des femmes, gracieux, longs, effilés, se distinguent des gros doigts lourds des Allemandes; mais sur les visages repose le calme, le flegme de la bonhomie allemande, qui transforme ces physionomies françaises. »

Plus le temps marche, plus les différences s'effacent : le mélange des familles de provenances diverses, autrefois rare, devient de plus en plus fréquent ; la rapidité et la commodité croissantes des communications font que tous les petits groupes d'étrangers, autrefois compacts, se dissolvent et s'éparpillent. Il y a longtemps que les privilèges juridiques, civils et autres accordés aux colons ont été supprimés, et que les fils des réfugiés sont rentrés dans le droit commun. Les seuls mennonites avaient su faire respecter jusqu'à nos jours l'exemption du service militaire qui leur fut octroyée par le grand électeur et confirmée par le grand Frédéric. Après que la Prusse fut devenue un État constitutionnel et que la volonté du roi cessa d'être la loi unique, les ministres placèrent encore les privilèges des mennonites au-dessus de la constitution ; mais en 1867 le parlement de l'Allemagne du nord, malgré les protestations qui se firent entendre en faveur des disciples de Menno, vota l'article 57 : « Tout Allemand doit le service militaire, et ne peut se faire remplacer dans l'accomplissement de ce devoir. » Depuis ce temps, ces ennemis de la guerre émigrent en masse. Venus de Bohême en Prusse, ils vont de Prusse en Amérique ; mais qu'importe, dit M. Beheim-Schwarzbach ! « Ils ont donné depuis longtemps tout ce qu'ils pouvaient donner ! L'État les a récompensés assez généreusement, et l'État est un organisme vivant, soumis aux lois de la croissance, qui ne peut se laisser comprimer par des liens qu'on a jetés sur lui il y a plusieurs siècles. »

Ces étrangers venus de tous les points de l'Allemagne et de l'Europe se sont donc fondus dans la population : il n'y a plus que des Prussiens en Prusse. Tous ont aux heures de danger témoigné leur amour à la patrie adoptive : en 1814, les mennonites, ne pouvant combattre, avaient donné leur or. Il ne faut point s'aviser de parler aux fils des réfugiés français d'une communauté d'origine : les plus bienveillants se hâtent de déclarer qu'ils sont de « vrais et sincères Allemands ». D'autres offensent les Allemands eux-mêmes par l'intempérance de leur germanisme, comme a fait ce cuistre qui, au moment où allait s'ouvrir la guerre de 1870, a du haut d'une chaire de l'université de Berlin demandé pardon à Dieu et aux hommes de porter un nom français. S'il m'est permis d'invoquer encore une fois des souvenirs personnels, je dirai que, si j'ai reçu un très gracieux accueil dans la petite colonie française de Hanau, dont les dames avaient prodigué les plus charitables soins à nos prisonniers malades, c'est avec un Français berlinois que j'ai échangé les seuls mauvais propos que j'aie essuyés et rendus en Allemagne depuis la guerre.

En disparaissant dans la population prussienne, ces étrangers y ont versé leurs génies divers, et ils ont fait qu'elle ne ressemble à aucune autre. Une race nouvelle s'est formée du mélange de ces races. Qu'on veuille bien se souvenir que cette population elle-même, prise dans son ensemble, n'est point indigène. Les provinces sur lesquelles a régné Frédéric, Brandebourg, Poméranie, Prusse orientale et occidentale, Lusace, Silésie, n'étaient habitées, au vi° siècle, que par des Slaves. Pendant le moyen âge, des immigrants venant de tous les cantons d'Allemagne et de Hollande se sont dirigés vers ces pays : moines apportant la parole chrétienne, marchands en quête de débouchés nouveaux, paysans séduits par l'appât d'une propriété libre, chevaliers cherchant aventures et fiefs au détriment du païen, margraves qui veulent s'agrandir, toute cette foule mêlée de prêcheurs, de vendeurs, de laboureurs, de combattants, a pénétré dans les petits États slaves, et, se glissant ici parmi les anciens habitants, là se substituant à eux, a préparé l'extension de l'Allemagne bien au delà des frontières que lui donnait Tacite. A la fin du moyen âge, il y avait une sorte de nationalité brandebourgeoise parlant un dialecte spécial, le dialecte de la Marche, dont Luther vante les qualités dans ses *Propos de table*; mais les désordres des xiv° et xv° siècles, les luttes religieuses du xvi° et cette terrible guerre de Trente Ans ont un instant compromis le travail des siècles : c'est alors que les princes colonisateurs ont fait, pour réparer le mal, les efforts dont on vient de lire l'histoire, que de nouveaux colons, venus, comme les premiers, de tous les cantons de l'Allemagne, et auxquels s'en sont joints d'autres, venus de l'étranger, ont comblé les vides de l'ancienne colonie; qu'en un mot la Prusse, cette œuvre artificielle, savante et forte, commencée par les Ascaniens, a été achevée par les Hohenzollern.

Faut-il faire remarquer que chaque fois qu'un ban nouveau d'immigrants est arrivé, il a provoqué dans le pays une recrudescence de travail? L'ancien habitant, qu'une catastrophe a plongé dans la ruine, reste comme anéanti sous le coup qui l'a frappé. Il ne dispute pas à la végétation sauvage le champ qu'elle envahit; il ne relève pas les quartiers déserts d'une ville : il reste cent ans, à Magdebourg ou à Breslau, sans balayer les décombres d'un incendie; mais le colon, qui de très loin est venu tout exprès pour labourer un champ ou pour bâtir une maison, arrache l'ivraie et déblaye les ruines : le plus nonchalant des désœuvrés d'Europe, transporté sur un terrain qu'on lui concède en Amérique ou en Algérie, ne sent-il pas en lui un réveil d'énergie? C'est en partie par l'exemple de ces étrangers que la population prussienne fut maintenue dans cette perpétuelle ardeur au travail qui a permis aux sujets de tirer d'un pays pauvre des produits inespérés, aux rois d'entretenir des forces militaires hors de proportion avec le nombre de leurs sujets, et de tenir tête, comme a fait Frédéric, aux premières puissances du monde coalisées contre lui.

LIVRE IV

LA FONDATION DE L'UNIVERSITÉ DE BERLIN

Rôle national des universités allemandes [1].

Au mois d'août 1807, le roi de Prusse Frédéric-Guillaume III reçut en audience privée à Memel, où il résidait en attendant la permission de rentrer à Berlin, le docteur Schmalz, professeur à l'université de Halle, que Napoléon avait supprimée au lendemain d'Iéna. Le souverain chassé de sa capitale accueillit bien le professeur chassé de sa chaire. Il ne consentit point, il est vrai, à tout ce que lui demandait le docteur Schmalz. Celui-ci eût voulu que l'université de Halle fût transférée à Berlin; mais Halle avait été cédé avec le duché de Magdebourg au royaume de Westphalie, dont le souverain était Jérôme Bonaparte, et l'on n'en pouvait distraire même cet être moral qu'on appelle une université, sans s'exposer à la colère de Napoléon, « dont les lèvres n'avaient qu'à siffler, comme a dit Henri Heine, pour que la Prusse

[1]. *Gründung der koniglichen Friedrich-Wilhelms-Universität*, von Rudolph Kopke.

n'existât plus ». Frédéric-Guillaume renvoya pourtant son visiteur satisfait, car il promit de fonder à Berlin une université nouvelle. « Il faut, lui dit-il, que l'État supplée par les forces intellectuelles aux forces physiques qu'il a perdues. » C'est une belle parole, et rien ne permet de croire que le roi de Prusse ne pensât pas comme il disait : les Hohenzollern sont restés longtemps de trop petits seigneurs, et ils ont été trop intelligents pour dédaigner une force, de quelque nature qu'elle fût. Tous ont tenu en supérieure estime la force matérielle, mais presque tous ont marqué des égards à la force intellectuelle. Au reste, l'idée qu'un des moyens les plus efficaces de relever la Prusse après Iéna était de fonder une université nationale était très naturelle en ce pays, et le roi, dans sa conversation avec le docteur Schmalz, ne fit qu'exprimer la pensée d'un grand nombre de ses sujets.

Les universités allemandes en effet ont toujours été activement mêlées à la vie nationale, depuis le jour où la première a été fondée à Prague, au XIVᵉ siècle, sur le modèle de la florissante « École de Paris ». Jamais institution apportée de l'étranger n'a poussé plus avant dans un sol nouveau de plus fortes racines. Dès le XVᵉ siècle, les universités commencent à jouer un rôle; les idées nouvelles qui agitent les esprits s'y abritent contre la persécution : le moment venu, elles y recrutent des intelligences et des bras pour se défendre. Au xvie siècle, ce sont des champs de bataille : le cri de révolte de Luther part de Wittemberg, où se forment en même temps les pères de l'Église nouvelle et les premiers maîtres qui, portant dans la science la liberté d'esprits affranchis de la tradition, lui ont découvert de nouveaux horizons. Cependant le catholicisme, d'abord surpris, se défend avec vigueur et par les armes mêmes avec lesquelles il est attaqué ; des deux parts, on fonde des écoles nouvelles et l'on réforme les anciennes : Luther estime qu'il n'est pas d'œuvre plus digne d'un pape et d'un empereur, ou, pour traduire plus exactement, « rien de plus pontifical ni de plus impérial » qu'une bonne réforme des universités. On se disputait donc les âmes comme les territoires : les esprits se heurtaient dans les salles des cours, comme les armes s'entre-choquaient sur les champs de bataille ; on élevait école contre école, comme forteresse contre forteresse. Jamais peut-être plus bel hommage ne fut rendu à la force intellectuelle.

Il est vrai qu'après le combat vinrent la fatigue et l'épuisement. Les forces matérielles de l'Allemagne ne furent pas seules atteintes par la guerre de Trente Ans : ce qui restait d'activité intellectuelle dans les petits États qui survécurent à la tourmente fut mis à relever les ruines. Alors commença la vie égoïste enfermée dans un cercle étroit, et les universités, obéissant à la destinée commune, furent frappées de déchéance comme l'Allemagne elle-même. A Tubingue, à Wittemberg, à Leipzig, la théologie dégénère en une polémique tracassière. Piétistes et orthodoxes s'injurient niaisement et méchamment jusqu'au jour où, le rationalisme protestant ayant paru, ils unissent contre lui leur haine, haine terrible, étant à la fois allemande et dévote. En même temps que la liberté dans la foi, disparaît la liberté dans la science, opprimée sous le poids des formules et d'une érudition pédantesque. Il faut attendre jusqu'à la fin du XVIIIe siècle le réveil de la vie intellectuelle en Allemagne. Ce réveil est éclatant, il est vrai : Gœttingue inaugure l'ère féconde de ses découvertes historiques; Leipzig met sa gloire à aimer et à faire connaître par une critique nouvelle l'antiquité classique; à Iéna, Schelling, disciple de Spinoza et prédécesseur de Hegel, enseigne cette poétique philosophie de la nature qui n'a pas longtemps contenté les esprits, mais qui a fait faire d'admirables progrès aux sciences naturelles; à Kœnigsberg, Emmanuel Kant, après avoir élaboré par le travail quotidien de longues années la *Critique de la raison pure*, publie ce livre fameux, que l'Allemagne met huit ans à comprendre, et qu'elle se prend à aimer ou à détester avec tant de force, que depuis Luther il ne s'était point vu pareille agitation dans les esprits. Ces maîtres et d'autres, moins illustres, mais grands encore, savants, lettrés, philosophes, parlant du haut des chaires à une jeunesse nombreuse et docile, attirent vers eux l'attention universelle et rendent à la nation allemande quelque sentiment de sa dignité au moment où achève de mourir dans l'impuissance et dans le ridicule le Saint-Empire romain germanique, ce corps décrépit qui depuis longtemps n'avait plus rien de saint, ni d'impérial, ni de romain, ni de germanique, et qui, à chaque fois qu'il voulait intervenir dans les affaires de ce monde, « était en retard d'une année, d'une armée, d'une idée » !

Les universités étaient donc en pleine activité lorsque survinrent les désastres qui achevèrent le vieil empire et mirent en un suprême péril même le jeune État de Prusse : il est naturel qu'un souverain leur ait voulu faire une part dans l'œuvre de la régénération. De tous les princes d'Allemagne, les Hohenzollern sont précisément ceux qui ont le mieux connu l'utilité que l'on peut retirer de la création d'une université en temps et lieu bien choisis. Ils en fondent une à tous les moments décisifs de l'histoire de Prusse. Quand Albert de Hohenzollern jette aux orties son manteau de grand maître de l'ordre teutonique et se fait luthérien pour devenir duc, il ouvre l'université de Kœnigsberg et lui assigne la mission de répandre aux bords orientaux de la Baltique la doctrine à laquelle il doit sa couronne. Quand le grand électeur Frédéric-Guillaume prend possession des premiers domaines que la Prusse ait occupés sur le Rhin, il crée l'université de Duisbourg. afin d'anoblir pour ainsi dire la nouvelle province, de lui faire apprécier l'honneur d'appartenir à un prince-électeur du Saint-Empire. et de s'attacher les générations qui allaient être élevées dans une maison au fronton de laquelle on lisait : *Friderici Guilelmi Academia.* Ce prince voulut faire mieux encore, et ce n'est pas une des moindres singularités de son histoire que le projet qu'il conçut de fonder à Berlin « une université des peuples, des sciences et des arts », libre asile de l'esprit ouvert à toutes les doctrines scientifiques, aux victimes de toutes les croyances religieuses, aux juifs et aux mahométans comme aux chrétiens, aux incrédules comme aux croyants. Il voulait que cette université fût « le lien des esprits, le siège des Muses, la forteresse de la sagesse, cette souveraine maîtresse du monde ». Des traités internationaux lui devaient assurer le bénéfice de la neutralité, afin que « le bruit des armes n'étouffât point la voix des Muses ». L'enseignement y serait affranchi de tout contrôle; l'administration y appartiendrait à des consuls élus par les professeurs. L'université aurait le droit de haute et basse justice, et relèverait directement et uniquement de l'électeur. Elle aurait sa bibliothèque, son imprimerie, pourvue des caractères de toutes les langues, ses laboratoires, ses hôpitaux, son église. Curieux rêve, et qui fut plus qu'un rêve, car l'électeur a publié la charte de fondation de cette grande école! Ce fut sa façon de payer son tribut à une mode du XVIIe siècle, où il y eut tant de « rêveurs d'Atlantides ». On a prêté à notre Henri IV, auquel Frédéric-Guillaume ressemble par plus d'un trait, le rêve de la paix perpétuelle. D'autres, comme Fénelon, imaginèrent un État où régnerait la pure justice. En Allemagne, terre classique de la pédagogie, car en tout Allemand il y a un pédagogue, l'Atlantide fut une université idéale, irréalisable comme la paix perpétuelle ou le règne de la pure justice.

Le successeur du grand électeur fonda en 1694 l'université de Halle. Il était entré dans la grande alliance formée contre Louis XIV, et, afin de mériter le titre de roi qu'il prit quelques années plus tard, il voulait s'illustrer pour la double gloire des armes et de l'esprit. C'est pourquoi, quand Heidelberg, ce vieux sanctuaire de la science allemande, eut été détruit par l'invasion française, il revendiqua pour l'électorat de Brandebourg l'honneur de rétablir sur un autre point l'université disparue. « Je ne me suis plus souvenu, dit-il le jour de l'inauguration à laquelle il vint assister avec toute sa cour, des grosses dépenses que j'ai faites pour mon armée et pour la défense du pays. Sous les armes et au bruit des trompettes, j'ai ouvert aux Muses ce libre asile, car ce sont les sciences qui font de l'homme un homme et lui donnent une patrie sur cette terre. » Il voulut être recteur honoraire de l'université nouvelle. Singulière alliance du militarisme et de la pédagogie ! Avant le « roi-sergent », la Prusse a été gouvernée par le roi-recteur.

On ferait preuve assurément de naïveté grande à croire que les Hohenzollern fussent enflammés d'un amour tout désintéressé pour « la science qui fait l'homme »; au vrai, ils attendaient d'elle qu'elle fît des Prussiens. Il leur importait médiocrement qu'elle donnât à l'homme « une patrie sur terre », pourvu qu'elle les aidât à faire plus grande la patrie prussienne, et l'on a toujours compté à Berlin exercer, à l'aide des universités, une attraction continue sur les petits États qui en étaient déshérités ; mais, quel que soit le mobile, le fait ne laisse pas de nous intéresser. Au lendemain de l'acquisition d'une province, nos rois avaient coutume de créer un parlement qui portât aux extrémités du royaume la tradition monarchique formée au centre : après chaque conquête, les Hohenzollern créent une université. N'ont-ils pas en ce siècle-ci fondé celle de Bonn après l'acquisition des provinces rhénanes, et, de nos jours, celle de Strasbourg après que nous avons perdu l'Alsace-Lorraine? Le fait se répète si souvent qu'on ne saurait pas ne point l'attribuer à la volonté réfléchie d'obtenir des esprits, par un commun système d'éducation, l'obéissance à la loi commune.

En 1807, il ne s'agissait pas de faire la conquête morale d'une province nouvelle : la monarchie mutilée se repliait sur elle-même et rassemblait ses forces pour un combat suprême dont on ne savait pas le jour, mais qui était prévu par tout le monde. Ce que voulait le roi de Prusse, c'était, comme disait alors un des futurs professeurs de l'université, « accroître par l'éducation la force de résistance des âmes allemandes, dans la même mesure que croissait l'oppression ». Cette foi en la puissance des idées est assurément très remarquable ; mais comment ne l'aurait-on pas eue en Prusse, en 1807, au moment où la réalité de cette puissance était attestée par des faits éclatants?

Certes si une philosophie paraît préoccupée de pures idées, c'est celle de Kant; si un philosophe ressemble peu aux philosophes ses contemporains qui, de ce côté du Rhin, se sont dès l'abord jetés dans la mêlée politique et mesurés contre des réalités, c'est le modeste penseur universitaire, si calme, si régulier dans sa vie, dit Henri Heine, qu'en le voyant sortir de chez lui, suivi de son fidèle serviteur, et se diriger vers « l'allée du Philosophe » pour la remonter et la redescendre dix fois, les bourgeois de Kœnigsberg tiraient leurs montres et les réglaient, si elles ne marquaient pas deux heures et demie. Pourtant cet homme fut un révolutionnaire, et Heine, dans le livre *De l'Allemagne*, où il s'évertue à nous faire comprendre son pays avec le doute visible que nous y puissions parvenir, invente une étrange histoire pour nous expliquer comment une révolution a pu être faite par un professeur. Il conte qu'un mécanicien anglais fabriqua un jour un merveilleux automate à figure humaine, marchant, parlant, et auquel il ne manquait qu'une âme : l'automate voulut avoir cette âme, et il la réclama si impérieusement, de nuit et de jour, que le pauvre mécanicien obsédé s'enfuit sur le continent : la machine l'y suivit, et, quand elle l'eut rejoint, grinça tristement à son oreille ces paroles : *Give me a soul*, donne-moi une âme! « C'est une chose douloureuse, ajoute Heine, quand les corps que nous avons créés nous demandent une âme; mais une chose plus affreuse, plus terrible, c'est d'avoir créé une âme et de l'entendre vous demander un corps et vous poursuivre de ce désir... La pensée que nous avons fait naître dans notre esprit est une de ces âmes, et elle ne nous laisse de repos que nous ne lui ayons donné un corps. La pensée veut devenir action! » Or Emmanuel Kant avait fait naître en ses disciples une âme nouvelle qui cherchait un corps, et une pensée qui devint action, le jour même où l'État du grand Frédéric sembla réduit à néant; car ce furent les disciples de Kant qui entreprirent alors de relever la monarchie prussienne. Le maître avait dévoilé les misères de la raison spéculative, mais en même temps il avait démontré que nous avons la pleine possession de nos actes; plus il avait fait l'intelligence petite, plus il avait grandi la volonté : les disciples, hommes d'État et philosophes, pensèrent que la Prusse, œuvre compromise de l'intelligence politique, devait être relevée par l'action et par la volonté. Les hommes d'État proclamèrent que, pour fortifier la communauté, il fallait affranchir les forces individuelles, et, dans la loi bienfaisante du 9 octobre 1807 « sur le libre usage de la propriété », ils écrivirent « qu'il est conforme aux éternelles lois de justice et aux principes d'un État bien ordonné d'écarter les obstacles qui avaient empêché jusque-là l'individu de déployer ses forces à la recherche de l'aisance ». Les philosophes, habitués à contempler l'éternel et l'immuable, ne se sentirent pas atteints par l'accident, si terrible qu'il fût, d'une bataille perdue. Il y a, dirent-ils, des biens hors de la portée de Napoléon lui-même, et qui sont la foi, la science et la tradition du passé. Il fallait seulement rendre la foi plus active, la littérature plus populaire, et confier à la science le renouvellement de l'esprit par l'éducation. Ainsi fut conçu par des métaphysiciens de l'école de Kant le projet de stimuler les forces matérielles par la suppression des entraves féodales, et les forces intellectuelles par la fondation d'une université. Peut-être de si longues explications étaient-elles nécessaires pour faire comprendre à maints politiques français, trop dédaigneux de ce qui n'est point la pure politique, l'idée, au premier abord surprenante, de réparer une défaite militaire en créant une école.

Préparatifs de la fondation de l'université de Berlin. — Projets et théories

Les ressources ne manquaient pas à Berlin pour y fonder une université. Il s'y trouvait une académie des sciences, une école des mines, un collège médico-chirurgical, qui était une vraie faculté de médecine, des cours de droit au ministère de la justice, une école forestière au directoire général des domaines, une école et une académie des beaux-arts, une bibliothèque, un jardin botanique, un observatoire, des cabinets d'histoire naturelle, un musée anatomique, des collections d'instruments pour la physique, l'astronomie et la chirurgie, des cabinets de médailles et une galerie de tableaux. Quelques années encore avant la guerre, Frédéric-Guillaume III avait fondé des hôpitaux, une académie d'architecture, une école industrielle, une école agricole, un bureau de statistique. Le gouvernement s'efforçait ainsi de satisfaire aux divers besoins de la population ; mais Berlin ne possédait encore que des écoles professionnelles, sans lien les unes avec les autres : la tâche de l'université devait être de les élever au-dessus de la préparation à des métiers, et d'en faire les parties harmoniques d'une grande unité. L'université ouverte, on y pourrait rattacher plusieurs de ces professeurs libres qui donnaient alors sur toute sorte de sujets ce que nous appelons des conférences. C'étaient des académiciens, des médecins, des magistrats, des administrateurs, des ecclésiastiques, des professeurs de gymnase. Quiconque croyait avoir quelque chose à dire se pourvoyait d'une autorisation de la police, louait un local, affichait son cours, et, pour peu qu'il eût du talent, réunissait autour de sa chaire un nombreux public, avide d'être initié aux connaissances nouvelles. Beaucoup de ces professeurs libres n'étaient que des parleurs, mais il se rencontrait parmi eux quelques hommes qui remuaient les esprits par la force de leur talent et de leur caractère : devant un auditoire où les ministres et les ambassadeurs prenaient modestement place, le plus illustre des disciples de Kant, Fichte, enseignait à la manière antique, discutant avec ses auditeurs, comme Socrate, pour leur « expliquer avec une évidence mathématique l'énigme du monde », et leur démontrer « l'intime accord du savoir et de l'action, de la science et de la conscience ».

Les hommes étaient donc prêts, comme les instruments : longtemps on délibéra sur la meilleure façon d'employer les uns et les autres, et la délibération fut instructive. Des opinions très diverses se trouvèrent en présence. Quelques esprits, se disant pratiques, ne voulaient point qu'on fondât une école à la façon allemande ou, sous prétexte de liberté protestante et scientifique, on perdît à la recherche de quelques curiosités vaines le temps qui devait être employé à former de bons serviteurs pour l'État et pour l'Église. Ainsi avait pensé Frédéric II, qui eût voulu remplacer les universités par des écoles spéciales où l'enseignement fût réglé par un programme et contrôlé par des examens. D'autres voulaient au contraire épargner à l'institution nouvelle les entraves qui, dans les vieilles universités, gênaient l'exercice de l'absolue liberté de penser, supprimer par exemple les facultés, comme trop favorables à l'esprit de corporation, qui est tout l'opposé de l'esprit scientifique, et se rapprocher autant que possible de l'idéal jadis rêvé par le grand électeur. La vérité se trouvait entre ces deux opinions extrêmes, car l'université ne pouvait être ni un simple assemblage d'écoles professionnelles, ni cette sorte d'île enchantée dont les habitants, étrangers aux nécessités humaines, contempleraient en toute sérénité l'infini où se confondent la mer et le nuage.

Le cabinet du roi s'étant adressé à tous les hommes capables de donner un bon avis, il vint de bons avis de tous les côtés à la fois. Nombre d'écrits parurent, pleins d'enthousiasme, de patriotisme, d'espérance. Partout on y retrouve la conviction qu'un État qui a gardé, dans l'extrémité où il est réduit, de telles préoccupations intellectuelles ne saurait périr, et que cette aspiration « vers les hautes régions » est le gage d'une résurrection et d'un brillant avenir. « Terre ! terre ! je vois la terre! » s'écrie Reil, écrivant à Nolte. « Je suis ivre de joie, écrit Loder à Hufeland, à la pensée que le roi ouvre l'ère nouvelle de la monarchie prussienne en aidant au développement de la culture scientifique dans notre pays. C'est un Dieu qui a mis au cœur de notre roi cette idée, que la réforme de l'État doit commencer par une éducation meilleure de la génération à venir, et que cette éducation doit être à la fois scientifique et morale. » Une de ces lettres privées et publiques, qui étaient comme autant de consultations au sujet de la future université, portait comme épigraphe cette maxime, qui était dans le cœur de tous : « Il ne faut jamais désespérer de la république! » Mais les deux opinions les plus considérables furent celles de Fichte et du pasteur Schleiermacher, un des hommes qui ont le mieux possédé le don d'agir sur les autres hommes, parce qu'étant à la fois érudit et éloquent, philosophe et chrétien, il conciliait en lui-même ces deux puissances souvent ennemies, la raison et la foi.

On dira peu de chose ici du système de Fichte, qui n'était point applicable et ne fut pas appliqué. Moins préoccupé de l'éducation du commun des mortels que de celle « des serviteurs de l'idée », Fichte, dans un langage à la fois géométrique et sacerdotal, à la manière des réformateurs antiques, disciples de Pythagore et constructeurs de cités idéales, traça le plan d'un monastère universitaire, dont les moines seraient les candidats au professorat, séparés du reste du monde, nourris, logés et entretenus par l'État, portant un uniforme d'honneur et soumis à une règle comme des religieux; car Fichte était l'homme de la discipline et du devoir, et c'est par le renoncement de l'individu à sa liberté personnelle qu'il prétendait le conduire à la « liberté supérieure de l'âme ». Tout autre était le projet de Schleiermacher, qui, en quelques pages où la pensée reste claire en étant profonde, exposa les vrais principes de l'enseignement supérieur. « L'école, l'académie, l'université, dit-il, ont chacune leur mission. A l'école, l'esprit est dégrossi par une gymnastique intellectuelle; à l'université, on éveille chez l'étudiant l'esprit scientifique en lui montrant le lien qui unit toutes les parties du savoir ; à l'académie se fait l'exposition de la science. » Les étudiants sont divisés en deux classes : ceux qui se vouent à la science pure, et ceux qui se destinent à quelque profession. Pour les uns et pour les autres, l'enseignement de la philosophie est une initiation nécessaire; mais il ne s'agit point ici de pure spéculation : Schleiermacher veut que la philosophie prouve la réalité du savoir, détruise le prétendu antagonisme entre la raison et l'expérience, ouvre des perspectives à l'intelligence sur les immenses domaines de la nature et de l'histoire. La philosophie, au reste, ne doit pas absorber en elle tout l'enseignement. Les facultés ont leur raison d'être et subsisteront, à la condition qu'elles ne dégénèrent pas en écoles spéciales, et qu'elles consentent à n'être que les parties d'un tout. Comme Fichte, Schleiermacher pense qu'il faut au maître un « séminaire » d'élèves réguliers, car, dit-il, « l'enseignement est la communication de l'intime »; c'est « une dialectique continue contre l'ignorance », qui ne saurait s'exercer devant des auditeurs de passage ; mais toute contrainte sera bannie de l'université, où il ne sera pas fait de cours obligatoires. Les étudiants seront attirés et retenus au pied des chaires par la force et par le mérite de l'enseignement, sans le secours d'un mécanisme réglementaire ; ne faut-il pas que leur caractère se forme et que l'on commence par avoir confiance dans leur raison, qu'il s'agit de développer? Les maîtres devront être aussi libres que les élèves ; ils nommeront les administrateurs de l'université, qui se gouvernera elle-même, car « l'esprit scientifique est démocratique de sa nature ». A côté de l'université nouvelle, que Fichte voulait unique, subsisteront les anciennes : le monopole est une contrainte, et il est fatal à la science, à laquelle profitent les libres débats d'écoles rivales.

Schleiermacher examine à la fin si Berlin est un lieu bien choisi pour être le siège d'une université. Déjà la question avait été vivement discutée dans les conférences et publications sur la matière. Beaucoup d'objections avaient été faites contre Berlin. Les étudiants, qui ne sont pas riches en Allemagne, ne fuiraient-ils pas une ville où le loyer et la nourriture étaient à si haut prix? Les facilités que le vice trouve toujours dans une capitale, et à Berlin autant qu'en une autre ville du monde, n'étaient-elles point à redouter pour la moralité de la jeunesse allemande? Le professeur ne serait-il point un peu perdu dans la foule, lui qui était à Gœttingue et à Halle par exemple une manière de personnage? L'éclat du trône ne nuirait-il pas à la chaire? L'étudiant, ce tyran des petites villes, sur le pavé desquelles il faisait sonner ses bottes et laissait traîner son grand sabre, garderait-il dans la résidence royale, sous l'œil de la police et de la haute magistrature, les immunités juridiques et tant de sottes coutumes outrecuidantes et pédantesques dont il était si fier et qui le distinguaient du bourgeois, qu'on appelle en Allemagne le *philistin*? Telles étaient les craintes des admirateurs des vieilles coutumes. Les hommes sérieux répondaient que, pour avoir une école vivante, il la fallait placer là où était la vie, c'est-à-dire à Berlin; car dans cette ville, où se traitaient les plus grandes affaires, et se produisait chaque jour quelque question nouvelle, les maîtres ne pourraient s'endormir, et les théories surannées fuiraient devant la lumière. Quant aux étudiants, il n'y avait point de mal à ce qu'ils laissassent le grotesque attirail de leurs corporations tapageuses, et se confondissent dans le grand courant de la population berlinoise. Schleiermacher résuma le débat et dit le dernier mot : il reconnut que le choix de Berlin n'était point sans dangers; mais il voulut qu'on tînt compte de la situation présente de l'État. La création d'une université dans la capitale servirait la cause nationale : voilà qui dominait tout, et le philosophe terminait par ces prophétiques paroles : « Quand sera fondée cette organisation scientifique, elle n'aura point d'égale ; grâce à sa force intérieure, elle exercera son empire bien au delà des limites de la monarchie prussienne. Berlin deviendra le centre de toute l'activité intellectuelle de l'Allemagne septentrionale et protestante, et un terrain solide sera préparé pour l'accomplissement de la mission qui est assignée à l'État prussien. »

Dans tout ce projet, Schleiermacher n'avait pas donné la moindre place à la chimère; il n'avait fait, en somme, que défendre le système des vieilles universités, éprouvé par une longue expérience, et qui avait pour lui la raison autant que la tradition. Pour en corriger les abus, il ne voulait pas d'autre remède que la liberté. Bien entendu, il était admis sans discussion et comme une règle tout élémentaire qu'aucun professeur n'aurait le monopole de son enseignement. Le *privat-docent* pourrait élever sa chaire contre la chaire du professeur titulaire et lui disputer les étudiants. Ceux-ci, obligés d'acheter par une rétribution le droit de suivre un cours, auraient la liberté de choisir le maître auquel ils porteraient leur nom et leur argent. Les Allemands tiennent à cet usage de la rétribution directe du maître par l'élève, s'ajoutant au traitement payé par l'État : ils lui attribuent le triple avantage d'établir entre les professeurs une émulation où l'argent joue son rôle après l'honneur, de faire mieux apprécier aux étudiants un enseignement qui coûte un sacrifice, d'écarter l'oisif et le badaud, auditeurs d'occasion, qui, se renouvelant sans cesse, obligent le professeur à faire de chaque leçon un tout bien composé, sans intime relation avec ce qui précède ni avec ce qui suit, de sorte, comme dit Fichte, que « le cours d'une année est comme un tas de sable, auquel chaque leçon apporte son grain ».

Difficultés matérielles et morales. — Les premières leçons de l'université. — Organisation du personnel et de l'enseignement par Humboldt.

L'accord étant fait, grâce à la discussion publique, il semblait que l'inauguration de l'université ne dût guère se faire attendre; mais elle fut retardée par diverses circonstances. C'est justice de louer, comme nous avons fait, la noble pensée de régénérer un pays vaincu en ranimant ses forces intellectuelles et morales: mais c'est justice aussi d'ajouter que le zèle dans l'exécution ne répondit point à la beauté de la conception. Les embarras où était impliquée la monarchie furent d'abord cause de quelque retard. Le système politique fut modifié : au gouvernement direct par le cabinet succéda le gouvernement par les ministres. Des mains de Beyme, le principal conseiller du roi, la conduite des affaires passa en celles de Stein. Ce grand ministre savait assurément le prix et la force de l'éducation : « C'est de l'éducation et de l'instruction de la jeunesse, écrit-il en 1808, que nous devons le plus attendre. Vienne le jour où, par une méthode fondée sur la nature intime de l'homme, chaque force de l'esprit sera développée, et la connaissance des principes régulateurs de la vie enseignée et entretenue ; où l'amour de Dieu, du roi, de la patrie, sera cultivé avec soin, au lieu d'être si légèrement négligé : nous verrons alors croître une génération physiquement et moralement forte, et s'ouvrir devant nous un meilleur avenir! » Mais l'homme qui disait de si belles paroles était le ministre d'un État à peine assuré de son lendemain ; il lui fallait aller au plus pressé, qui était de trouver de l'argent pour payer la contribution de guerre, racheter le territoire encore occupé par les vainqueurs, et réorganiser l'administration et l'armée. Au reste, il n'était pas de ceux qui voulaient que Berlin fût le siège de l'université. Il craignait pour la moralité publique les effets de l'humeur entreprenante des étudiants et de la proverbiale faiblesse des filles berlinoises. « Cela fera, disait-il, trop de bâtards par an ! »

Ces dispositions du ministre encouragèrent divers mécontents dont la résistance n'était point honorable. C'était le collège médico-chirurgical, qui protestait contre toutes leçons de médecine faites sans sa permission et son contrôle. C'était l'académie, qui prenait ses précautions contre l'université future : son directeur fit un grand discours, où il démontra qu'il fallait réserver à l'académie l'*objectif*, c'est-à-dire la science, et confiner l'université dans le *subjectif*, c'est-à-dire dans l'enseignement, de telle sorte qu'une bonne mémoire suffirait au professeur de l'université, au lieu que l'académicien aurait le le privilège du génie. L'académie craignait d'ailleurs d'être gênée dans l'usage de la bibliothèque royale, et d'avance elle s'en plaignait. C'était l'université de Francfort-sur-l'Oder qui redoutait la concurrence de Berlin et faisait répéter par ses défenseurs que la grande ville effaroucherait les Muses, qui « aiment le séjour des bois et des vallons ». D'autres difficultés venaient de professeurs dont on voulait s'assurer le concours, et qui le mettaient à trop haut prix. Plusieurs qui étaient venus à Berlin pour y attendre leur « vocation », ne voyant rien arriver, se lassèrent. Ils prêtèrent l'oreille aux instances qui leur vinrent d'autre part; de tristes exemples de faiblesse furent donnés même par des promoteurs du grand projet : un d'eux fut sur le point d'accepter une chaire à l'université de Halle, rouverte par la permission de l'empereur et désormais université napoléonienne. Tant l'héroïsme continu est difficile même à des philosophes, et l'attrait d'un beau traitement irrésistible, même sur des professeurs qui ont voué leur vie à la science allemande !

Les fidèles furent pourtant plus nombreux que les défaillants, et, pour retenir ces derniers, ils demandaient instamment que l'on commençât, si modestement que cela fût. On commença donc. Quatre professeurs, désignés pour faire partie de l'université nouvelle, inaugurèrent leurs leçons dans l'hiver de 1807 à 1808. Parmi eux était Fichte. Il lut ses « discours à la nation allemande », qui furent entendus de l'Allemagne entière, car il faisait de sa patrie l'éloge le plus passionné, mais aussi le plus propre à relever les courages. Il opposait le génie germanique à l'esprit néo-latin, vantait les qualités de la langue allemande, la force de travail du peuple allemand, le grand service que, par deux fois, il a rendu à l'humanité en délivrant le christianisme de l'esclavage des formes catholiques et en rapprenant au monde la liberté philosophique de penser qu'il avait oubliée depuis l'antiquité. Puis il demandait s'il y avait encore un peuple allemand, si ce peuple se reconnaissait dans le miroir qu'il lui mettait sous les yeux, s'il n'avait point envie de redevenir ce qu'il avait été jadis, et quel moyen il y faudrait employer. « Oui, s'écriait-il, il y a un moyen d'entrer dans le monde nouveau, c'est l'éducation, c'est-à-dire l'art de former dans l'homme une ferme et infaillible bonne volonté ! Pour que nous ne soumettions pas notre esprit, faisons-nous un esprit solide et assuré ! Que chez nous la pensée et l'action soient d'une seule pièce et forment un tout inséparable, alors nous serons ce que sans cela nous nous contenterons toujours de devoir être, — des Allemands. » Ce qui ajoutait à l'âpre saveur de ces discours, c'est que les disciples de Fichte pouvaient tout à la fois entendre parler le maître et les tambours français résonner dans la rue. Fichte avait conscience du danger qu'il courait, et même il était porté à s'exagérer son héroïsme. Ce n'est point que l'autorité française ne surveillât ses collègues et lui. Pour des discours où il exhortait ses ouailles à résister de toutes leurs forces « aux attaques du mauvais », le pasteur Schleiermacher fut cité devant le maréchal Davout ; mais Davout se contenta de l'appeler « tête ardente », et, après lui avoir recommandé d'être plus circonspect, sous peine de châtiment, il le renvoya chez lui. Schmalz, pour une « adresse aux Prussiens », fut signalé comme dangereux au maréchal, qui le fit arrêter, mais le remit en liberté très peu de jours après, attendu que les charges n'étaient pas suffisantes. Une semaine plus tard, les troupes françaises quittèrent la ville sans que Fichte eût été même inquiété. Il semble que cela contrarie les Allemands, qui lui voudraient mettre en main la palme du martyre. L'auteur de l'histoire de l'université de Berlin, M. Kopke, la lui donne sans marchander, car voici comme il parle de la mort du grand orateur, qui advint en 1814, pendant la guerre d'indépendance : « La mort saisit aussi Fichte, au chevet de sa femme, qui, après avoir soigné avec une infatigable charité les blessés et les malades dans les lazarets, fut atteinte d'une fièvre typhoïde. Comme elle entrait en convalescence, Fichte, gagné par le mal, s'alita; il était dans un état désespéré quand il apprit que nos armées avaient victorieusement passé le Rhin, et il mourut, comme il avait vécu, pour la patrie. » On conviendra que voilà une nouvelle espèce de martyre, le martyre par ricochet. Ajoutons que, si quelque Français de nos jours, dans une ville occupée par l'ennemi, se fût permis de dire sur la supériorité de la race française une très petite partie de ce qui fut professé par Fichte sur la supériorité de la race allemande, en sous-entendant à chaque mot un appel à la révolte, il n'eût pas attendu longtemps avant d'être arrêté, jugé, condamné, fusillé.

Cependant quatre professeurs, quel que soit leur mérite, ne font pas une université. Les négociations, pour compléter le personnel, languirent jusqu'au jour où, Dohna ayant été appelé au ministère de l'intérieur après la retraite de Stein, la direction de la section de l'instruction publique fut confiée à Guillaume de Humboldt. Personne autant que lui n'était capable de mener à bien cette grande entreprise. C'était un homme d'État autant qu'un homme de science. Collaborateur de Kant plutôt que son disciple; profond connaisseur en lettres anciennes; presque l'émule de Wolf, le grand critique et le grand philologue; interprète autorisé de Gœthe; intime ami de Schiller, il avait lui-même fait faire les plus grands progrès à l'étude du langage. Bockh a tracé de lui, dans un éloge funèbre prononcé devant l'Académie, un beau portrait qui est ressemblant. « Rarement, dans les temps modernes, il s'est rencontré un homme qui ait manié les affaires publiques et la science avec tant d'adresse et de grandeur. C'était un homme d'État véritable, pénétré d'idées et guidé par elles, un homme d'État de haut esprit, à la façon de Périclès. Philosophie, poésie, éloquence, érudition historique, philosophique, linguistique, s'unissaient en lui sans discordance! » Sans effort et rien qu'à consulter sa pensée, Humboldt trouva le plan de l'université modèle, où les lettres et les sciences vivraient, comme en lui-même, en parfaite harmonie.

Un local, de l'argent, des hommes, il chercha tout à la fois. Le local fut bientôt trouvé : ce fut le palais du prince Henri, frère de Frédéric II. Le palais avait des habitants qui ne délogèrent pas volontiers : c'étaient d'anciens serviteurs du prince, des officiers du cabinet militaire, et le conseil municipal de la ville, qui tenait là ses séances. Il faut croire que ces hôtes n'étaient pas aussi pénétrés que le roi de la nécessité de « réparer les forces intellectuelles de la nation », car il fut très difficile de leur faire quitter la place. Les militaires cédèrent les derniers; quand ils partirent, ils laissèrent leurs chevaux, dont on eut toute la peine du monde à se débarrasser, pour transformer les écuries en laboratoires. Enfin l'université fut maîtresse chez elle, et elle put être fière de son domicile : le roi avait prouvé qu'il entendait faire grandement les choses en lui donnant ce palais, le plus beau de la ville après le sien, orné, selon le goût du XVIIIe siècle berlinois, de colonnes et de pilastres corinthiens, situé au plus bel endroit de l'avenue « sous les Tilleuls », auprès de la bibliothèque, de l'arsenal, où sont réunis les trophées des victoires prussiennes, à quelques pas enfin du propre palais des rois de Prusse! C'était un infaillible moyen d'attirer sur l'institution l'attention des indifférents et le respect de la foule.

Sur la dotation de l'école nouvelle, il y eut de longs débats. Humboldt aurait voulu que l'université reçût en don perpétuel des domaines qu'elle administrerait elle-même, afin « qu'une entière liberté fût assurée à la conviction scientifique ». Les savants étaient de son avis. Le roi et le ministre des finances y inclinèrent d'abord; mais il se trouva des difficultés d'exécution qui durèrent tout le temps que Humboldt dirigea l'instruction publique. Les politiques firent alors des objections, qui parurent très graves au roi, et la décision fut prise contrairement aux vœux de Humboldt, sous un de ses successeurs, Schukmann, qui fut plus soucieux des droits de l'État que de l'indépendance « de la conviction scientifique ». Schukmann pria le chancelier Hardenberg de décider s'il convenait de rendre les établissements scientifiques à tout jamais indépendants de l'État et indifférents à la constitution et à la dynastie, s'il fallait mettre le droit idéal et cosmopolite du savant au-dessus des obligations positives du citoyen envers le roi et envers ses concitoyens. Personne, dit-il, ne peut deviner l'avenir, car l'esprit du temps flotte au gré des théories les plus diverses; mais la liste des pensions montre que celui qui satisfait les besoins des estomacs a de solides garanties contre le travail des têtes. Fallait-il abandonner ces sûretés dans l'aveugle confiance que la raison dominerait jusqu'à la fin des siècles? « Je sais bien, disait le directeur de l'instruction publique, que ce sont là de très vulgaires pensées, et qu'on les peut présenter comme telles, en les comparant à la belle maxime que la libre éducation scientifique est le but le plus élevé de la destinée humaine. Je suis plein de respect pour cette belle maxime, mais je garde mon opinion. » Il la fit même prévaloir; du moins la dotation pécuniaire annuelle fut-elle convenable, car l'université figure au budget des établissements scientifiques, dès sa première année, pour 54 146 thalers, c'est-à-dire pour environ 204 000 francs. Si l'on tient compte de l'état misérable des finances prussiennes, et si l'on ajoute que le produit des rétributions scolaires était entièrement réservé aux professeurs, il faut convenir que la Prusse dépensait ainsi dans des années de malheur, pour une seule école d'instruction supérieure, à peu près autant que notre riche pays a dépensé jusqu'à ces dernières années pour tous ses établissements de même ordre réunis.

C'est dans le choix du personnel, où il ne rencontra pas de contrariétés, que Humboldt a rendu les plus grands services. Il eut la satisfaction, sachant exactement ce qu'il voulait, et voulant ce qu'il fallait, d'agir suivant sa volonté. Que ne puis-je citer en entier le rapport au roi, où se montre si bien l'unité de ses convictions politiques et scientifiques ! « Déjà, dit-il, les réformes qui ont été faites dans l'État ont assuré à la malheureuse Prusse le premier rang comme puissance intellectuelle et morale en Allemagne : parmi ces réformes, la création de l'université sera une des plus importantes. Dans un temps où un maître étranger et une langue étrangère dominent en Allemagne, il n'y a presque plus de libre asile pour la science allemande : il en faut ouvrir un et y appeler les hommes de talent qui ne savent plus où se réfugier. » Il se mit à la recherche de ces hommes. Il eut soin de s'éclairer des meilleurs conseils, car il appela auprès de lui une « délégation de savants », chargée d'arrêter « les principes pédagogiques et les maximes dont l'administration devrait s'inspirer »; mais nul ne connaissait mieux que lui ces principes et ces maximes : il en a semé les admirables lettres qu'il a écrites de sa propre main à tous ceux qu'il voulait appeler à l'université de Berlin, et aussi ses rapports au roi sur les vocations. On pourrait composer avec ces documents ce qu'on appelle en langue de bureau les notes du personnel; on y verrait quelles qualités Humboldt requiert d'un professeur. Il loue Fichte d'être un des premiers philosophes de l'Allemagne, mais aussi un homme « qui, dans le commun malheur, a donné les preuves les plus convaincantes de la fermeté de son caractère et de la pureté de son patriotisme »; chez Schleiermacher, le talent du « professeur de théologie le plus distingué, du prédicateur le plus aimé de Berlin », mais aussi « le caractère le plus incorruptible ». Il prie le roi d'appeler à Berlin Reil, « un des meilleurs médecins de l'Allemagne », et qui a fait faire les plus grands progrès à la science; d'ailleurs, ajoute Humboldt, « Reil a sur l'organisation des études médicales des idées qui suffiraient à rendre sa présence très désirable ici, et en même temps il se recommande par son caractère et par son ferme dévouement envers Votre Majesté Royale et l'État prussien ». De semblables propositions sont faites pour Savigny, professeur de droit à Landshut, « un des premiers, parmi les juristes allemands, qui traite en philosophe la science du droit, s'éclaire au flambeau d'une vraie et rare érudition philologique, et qui saura diriger l'étude de la jurisprudence, aujourd'hui hésitante et embarrassée entre la vieille législation romaine et la moderne »; pour Klaproth, « qui a enrichi la chimie par ses découvertes et auquel il faut donner le moyen de se consacrer sans souci à la science »; pour vingt autres, plus ou moins illustres dans toutes les spécialités du savoir humain, mais qui s'élevaient au-dessus de ces spécialités pour les faire contribuer à l'éducation générale de l'esprit.

Rien ne rebutait Humboldt dès qu'il s'agissait de gagner un homme de mérite. Ses négociations furent très difficiles avec Wolf. C'était le premier, sans conteste, des philologues classiques; il était pénétré du sentiment de sa valeur, et demandait beaucoup d'argent, encore plus d'égards. Il était tourmenté de l'envie de faire « une figure extra-scientifique », et de s'entendre appeler « monsieur le conseiller d'État ». Humboldt s'en affligeait : « Un savant comme vous, lui écrivait-il, ne doit pas être conseiller d'État; il doit se mieux estimer, mépriser les titres et ne point s'embarrasser de lourdes affaires! » Wolf tenait bon, et l'aigreur de son caractère finissait par lasser ses meilleurs amis; mais Humboldt ne se lassa point. Plus que l'érudition, il estimait chez Wolf la façon dont ce professeur transmettait sa science, car « tous ses élèves apportaient dans leurs recherches une vraie profondeur d'esprit ». Comme Niebuhr, cet autre admirateur de Wolf, Humboldt pensait qu'on devait pardonner bien des défauts à un homme qui avait mené tant d'autres hommes « à la vie supérieure par l'amour de l'antiquité ». Le large esprit du créateur de l'université n'admettait point que l'on emprisonnât son intelligence dans quelque coin du savoir : « sans la connaissance de l'antiquité classique et sans la philosophie, disait-il, il n'y a pas de culture intellectuelle »!

Humboldt ne mena point jusqu'au bout l'œuvre à laquelle il avait consacré de si heureux efforts; pour des raisons mal connues, il obtint au mois d'avril 1810 d'être relevé de ses fonctions, et fut nommé ambassadeur à Vienne. Un instant, on craignait que son départ ne compromît le succès de l'entreprise; mais on touchait au but, et il n'y avait plus qu'à suivre la route tracée. Les facultés furent complétées; aux professeurs ordinaires et extraordinaires s'adjoignirent de nombreux *privat-docenten*, pris pour la plupart dans les collèges de la capitale. Le corps universitaire, dont les membres commençaient à se connaître et à délibérer en commun, était pénétré de cette vérité, qu'il fallait laisser subsister et même au besoin provoquer de l'opposition entre les doctrines des maîtres, pour que la science ne fût pas tranquillement « exploitée par chacun d'eux comme un métier ». Fichte, quelque grande que fût sa renommée, ne suffisait point à la faculté de philosophie : on cherchait à lui opposer quelqu'un qui pensât autrement que lui et qui représentât, en face de l'idéalisme, la philosophie naturelle. Schleiermacher proposait Steffens, adversaire de Fichte, et qui avait enseigné avec éclat à Halle. Au dire d'un autre professeur, Steffens était l'homme du monde le plus capable « d'éveiller l'intelligence des jeunes gens, de les remplir d'enthousiasme pour la science, de leur donner le sentiment de quelque chose de plus haut que ce qu'on rencontre dans la vie quotidienne » ! Le débat dura longtemps, et la direction de l'instruction publique finit par y intervenir, près de deux ans après qu'il était commencé. Schukmann fit un rapport au roi sur la nécessité d'appeler un nouveau professeur de philosophie. « Je ne prétends pas, dit-il, juger le système de Fichte, mais il est de notoriété publique qu'il n'a rien à voir avec les sciences positives ni avec la vie pratique. Tous les journaux et un grand nombre d'écrits montrent au contraire que la philosophie naturelle de Schelling domine les esprits. Il ne m'appartient pas de donner une opinion sur cette philosophie, ni de décider si elle n'est pas un pur produit de l'imagination et d'un esprit pénétrant jouant avec des hypothèses; ce qui est certain, c'est qu'elle a trouvé accès dans les sciences positives, qu'on l'y prend pour guide dans les recherches, et qu'à moins d'y être initié on ne comprend rien aux écrits contemporains sur la médecine, la physique et la chimie. Je pense donc qu'il est indispensable d'appeler un professeur chargé d'enseigner ce système. » Voilà un modèle de la conduite que doit tenir l'État dans un débat tout scientifique : impartial, mais bien informé, il ne doit être guidé que par l'intérêt supérieur de la science.

Ouverture de l'université. — Son rôle politique.

A la fin de septembre 1810, les apprêts étaient terminés. Le règlement intérieur avait été arrêté après que trois professeurs, délégués par leurs collègues, eurent visité les universités anciennes pour y consulter les traditions et l'expérience. Les facultés avaient nommé leurs doyens; les professeurs ordinaires, formant le sénat académique, avaient élu le recteur : Schmalz revêtit le premier la dignité rectorale, qui lui conférait le titre de « magnificence » et le droit de figurer à la cour. On avait choisi le sceau de chaque faculté, puis celui de l'université. Le 22 septembre, le roi reçut le rapport final, et le programme des leçons, où se lisaient tant de noms de professeurs illustres, fut publié. Le 1ᵉʳ octobre, le registre des inscriptions fut ouvert. L'opinion publique en Allemagne s'intéressait vivement à ces débuts de la grande institution. La *Gazette d'Augsbourg* saluait « la renaissance intellectuelle d'un État durement éprouvé », et elle félicitait Berlin, au nom « de tous ceux qui ont des sentiments allemands, qu'ils habitent aux bords du Rhin ou bien aux bords du Danube »! Enfin, le 10 octobre, après que les professeurs eurent prêté entre les mains du recteur « le serment d'être fidèles et obéissants au roi et de se consacrer tout entiers à l'université », le sénat académique fut officiellement constitué. Presque tous les cours étaient ouverts à la fin du mois. Il n'y eut point d'inauguration solennelle, comme avait été cent soixante ans plus tôt celle de Halle, point de prince entouré de ses ministres et de la cour, point de salves de canon, de discours sans fin, de défilés sous les arcs de triomphe, point de médailles commémoratives jetées au peuple, ni de fontaines versant le vin à tout venant. La fondation de Halle avait préparé l'élévation du royaume de Prusse ; celle de l'université de Berlin préparait sa résurrection, mais cette résurrection était encore incertaine et l'avenir était menaçant.

Ainsi fut créée l'université berlinoise. Dans les années qui suivirent, mainte imperfection fut corrigée, et l'on ne saurait trop recommander le livre de M. Kopke à ceux que préoccupe la pédagogie de l'enseignement supérieur. Un épisode nous attire dans l'histoire de ces années : je veux parler du rôle que l'université a joué dans le mouvement national de 1813. Nulle part cette insurrection patriotique n'a été plus louée qu'en France : car nous avons ce privilège des peuples généreux de pouvoir admirer nos ennemis. Chose étrange, nous y mettons même de l'aveuglement et de la partialité ! Il faut que ce soit un Allemand qui nous ramène à l'exacte vérité, en nous montrant que ce bel héroïsme a, pour éclater, attendu qu'il pût le faire sans danger. « Lorsque Dieu, les frimas et les Cosaques, dit Henri Heine, eurent détruit les meilleures troupes de Napoléon, nous autres Allemands, il nous prit la plus vive envie de nous délivrer du joug étranger ; nous brûlâmes de la colère la plus mâle contre cette servitude trop longtemps supportée ; nous nous échauffâmes au son des belles mélodies et des mauvais vers des chansons de Körner, et nous gagnâmes la liberté dans les combats, car nous faisons tout ce que nous commandent nos princes. » L'université de Berlin ne fut point plus téméraire que la cour et le peuple de Prusse. Au mois d'août 1812, comme une partie de notre armée traversait Berlin pour se rendre à Moscou, les professeurs, qui célébraient une fête, y invitèrent très poliment le gouverneur français et les officiers supérieurs, auxquels Bockh lut un beau parallèle, en langue latine, entre Athènes et Sparte; après quoi, nos soldats se rendirent où les attendaient « Dieu, les frimas et les Cosaques ». Les esprits avaient été remués par leur passage; mais une victoire des armes françaises eût calmé cette effervescence, et nos généraux au retour auraient retrouvé leur place d'honneur dans la salle des fêtes du palais de l'université. M. Kopke, sans qu'il s'en doute, est de l'avis de Henri Heine, car il dit : « Bientôt arrivèrent les premières nouvelles de l'anéantissement de l'armée française; on sentit que le moment décisif était venu; les salles de cours commencèrent à se vider!... » Et pourtant il serait sottement injuste de ne point louer l'empressement que mirent les étudiants à offrir leur vie pour le service de la patrie, quand le roi, après de misérables hésitations, eut publié l'*Appel à mon peuple*. Ce ne fut point alors une distinction que de s'enrôler : ceux qui restaient étaient l'exception. On ne se demandait point entre étudians : « Sers-tu ? » on disait : « Où vas-tu servir ? »

Un étudiant en théologie écrit à son frère, qui vient de s'enrôler comme lui : « Sois pieux, et confie-toi en Dieu. Il faut que l'individu périsse pour que la communauté demeure. Il faut semer ce qui est mortel pour que l'immortel fleurisse ; nous voulons mourir pour la patrie, afin que de nobles fruits sortent de cette noble semence ! » On sent à ces paroles le disciple de Schleiermacher et de Fichte. Ce furent plus que des paroles : car la seule université de Berlin, qui comptait alors 450 étudiants, eut beaucoup de blessés et 43 morts dans les guerres de 1814 et de 1815. Elle laissa quelqu'un des siens sur chaque champ de bataille : deux sont ensevelis au pied de la colline de Montmartre. L'université donna une fête funéraire en l'honneur des morts, puis elle célébra les vainqueurs à sa façon : elle honora de ses diplômes de docteur les ministres et les généraux qui avaient le mieux mérité de la chose publique, parmi eux, Blücher, que le peuple appelait *le général En avant*, et que l'université nomme en son docte langage *Germanicæ libertatis vindicem acerrimum, gloriæ borussicæ reciperatorem, invictum, felicem, immortalem.*

Ainsi l'université de Berlin, comme ses devancières, s'était, en une circonstance solennelle, mêlée à la vie nationale. Depuis, elle a rendu les plus grands services à l'État, qui l'avait fondée dans la misère et le péril. La prédiction de Schleiermacher s'est accomplie à la lettre : Berlin est depuis longtemps la métropole intellectuelle de l'Allemagne protestante. Son université a su appeler à elle les plus illustres savants et les philosophes les plus capables « de changer la pensée » d'une génération, et de créer « une âme nouvelle ». N'oublions pas qu'en Allemagne, une transition quasi insensible ayant conduit de la réforme à la philosophie, les philosophies diverses y sont comme des religions qui s'emparent des âmes : Kant est un réformateur comme Luther, et Hegel, qui en ce siècle a régné sur l'université de Berlin, fut une sorte d'apôtre. Un très perspicace écrivain allemand a pu dire que 1813 n'aurait pas été possible si Kant n'avait point parlé, ni 1866 si Hegel n'avait fait pénétrer dans les esprits ses doctrines sur l'État. C'est ainsi qu'entre ses devoirs envers la science pure et ses devoirs envers l'État, l'université berlinoise a trouvé des accommodements. Au besoin elle n'hésite pas à sacrifier les premiers aux seconds, s'il faut en croire M. le professeur du Bois-Reymond, qui a prononcé le 5 août 1870 cette parole sur laquelle devraient méditer les politiques : « L'université de Berlin, casernée (*einquartiert*) en face du palais du roi, est la garde du corps intellectuelle de la maison de Hohenzollern. »

FIN

TABLE DES MATIÈRES

Avant-propos 1

LIVRE PREMIER
Les prédécesseurs des Hohenzollern en Brandebourg

I. Fondation de la Marche de Brandebourg 21
   Une opinion nouvelle sur les origines de l'État prussien. 21
   Le pays de Brandebourg. — Slaves et Allemands des bords de l Elbe............................ 24
   Avènement des Ascaniens........................ 32
   Progrès territorial de la Marche de Brandebourg..... 38

II. Les institutions de la Marche de Brandebourg....... 50
   Caractère exceptionnel des institutions de la Marche. 50
   Colonisation de la Marche........................ 51
   Organisation politique............................ 56
   Décadence et persistance de ces institutions......... 60

LIVRE II
Les prédécesseurs des Hohenzollern en Prusse

I. La conquête de la Prusse par les chevaliers teutoniques 75
   Les destinées de l'Ordre teutonique................. 75
   La vieille Prusse. — Voyageurs et missionnaires..... 78
   La conquête..................................... 93

II. La puissance de l'Ordre teutonique................ 118
   Le grand maître à Marienbourg..................... 118
   Les institutions de l'Ordre et du pays teutoniques.... 125
   Prospérité du pays de l'Ordre...................... 140
   Puissance militaire et rôle historique de l'Ordre...... 152

III. La chute de l'Ordre teutonique.................. 164
  Causes de la décadence de l'Ordre................. 164
  Croisades lithuaniennes........................... 174
  Guerres étrangères et civiles. — Ruine de l'Ordre.... 184
  La revanche allemande en Prusse................... 200

LIVRE III

Les princes colonisateurs de la Prusse

I. Le grand électeur Frédéric-Guillaume. — Les rois Frédéric Ier et Frédéric-Guillaume Ier................ 215
  Les Etats du grand electeur apres la guerre de Trente ans. — Colons de Hollande et d'Allemagne......... 215
  Colons français................................... 223
  Le roi Frédéric Ier. — Colons vaudois et français..... 232
  Colons du Palatinat et de Suisse. — Reclames et manifestes... 236
  Frederic-Guillaume Ier. — Memnonites et déserteurs. — Colonisation de la Prusse orientale................ 243
  Colons de Salzbourg et des pays autrichiens. — Politique religieuse de la Prusse et de l'Autriche...... 249
  Resultats de la colonisation sous les trois princes.... 260

II. Fredéric le Grand................................. 263
  Administration colonisatrice...................... 263
  Les agents a l'étranger........................... 268
  La repartition des colons dans les provinces de la monarchie... 273
  Resultats de la colonisation a la mort de Frederic II. — Provenance des colons. — Grecs et Tziganes. — Fusion dans la population. — Conséquences politiques... 289

LIVRE IV

La fondation de l'Université de Berlin.

Rôle national des Universites allemandes............ 303
Preparatifs de la fondation de l'Université de Berlin. — Projets et théories.............................. 316
Difficultés matérielles et morales. — Les premières leçons de l'Université. — Organisation du personnel et de l'enseignement par Humboldt................ 325

Coulommiers. — Imp Paul BRODARD — 364 96.

www.ingramcontent.com/pod-product-compliance
Lightning Source LLC
Chambersburg PA
CBHW060337170426
43202CB00014B/2800